Ökumenisches Institut für Friedenstheologie
Jahrbuch Friedenstheologie 2024

Schöpfung – Gewaltfreiheit Widerstand

edition pace

© 2024

Ökumenisches Institut für Friedenstheologie
Jahrbuch Friedenstheologie 2024
Schöpfung – Gewaltfreiheit – Widerstand
Herausgegeben von Matthias-W. Engelke, Stefan Federbusch OFM, Gudula
Frieling, Wolfgang Krauß, Gottfried Orth und Stefan Silber

edition pace

Lektorat: Die Herausgeberin und Herausgeber
Gestaltung der Titelseite: Matthias-W. Engelke
Satz & Buchgestaltung: Matthias-W. Engelke

Umschlagbild: Kreuzweg für die Schöpfung: Von Lützerath nach Büchel
Vor dem Atomwaffenlager Büchel
Foto: Thomas Nauerth

Herstellung und Verlag: BoD – Books on Demand, Norderstedt
auf der Grundlage der Digitalversion, Köln, am 11. Juli 2024
ISBN 9783759758132

Schöpfung – Gewaltfreiheit – Widerstand

Jahrbuch Friedenstheologie 2024
Ökumenisches Institut für Friedenstheologie

Herausgegeben von
Matthias-W. Engelke – Stefan Federbusch OFM
Gudula Frieling – Wolfgang Krauß – Gottfried Orth
Stefan Silber

Inhalt

Kommentare zum neuen Friedenswort der Deutschen Bischofskonferenz

Zur Debatte

Projekte

Rezensionen

Statt eines Nachwortes

Editorial

Jahrbuch Friedenstheologie 2024: Schöpfung – Gewaltfreiheit – Widerstand

Matthias-W. Engelke, Stefan Federbusch OFM, Gudula Frieling, Wolfgang Krauß, Gottfried Orth und Stefan Silber

Der Titel des dritten Jahrbuches des Ökumenischen Instituts für Friedenstheologie, OekIF, entstammt der friedenstheologischen Sommerakademie 2023, die vom 30. Juni bis 2. Juli 2023 unter dem Thema „Schöpfung, Gewaltfreiheit und der nötige Widerstand" wiederum in Köln als Kooperationsveranstaltung des OekIF mit der Melanchthon-Akademie und dem Katholischen Bildungswerk stattgefunden hat. Beiträge dieser Tagung gehören zum Schwerpunktthema dieses Jahrbuches, erfreulicherweise ergänzt durch weitere Texte.

Zu den bisherigen Rubriken – Beiträge zum Thema „Schöpfung – Gewaltfreiheit – Widerstand" und zur Friedenstheologie, an die wir dieses Mal aus aktuellem Anlass zwei „Kommentare zum neuen Friedenswort der Deutschen Bischofskonferenz" angefügt haben, Projekte und Rezensionen – haben wir eine neue Rubrik eröffnet mit dem Titel „Zur Debatte". Hier laden wir dazu ein, mit kontroversen Artikeln zur Position eines christlich begründeten Pazifismus Diskussionen im Raum unseres Institutes zu eröffnen. Wir als Herausgeber:innen des Jahrbuches freuen uns über diese Neuerung. Aus Anlass des 20. Jahrestages des Todes von DOROTHEE SÖLLE haben wir ausnahmsweise eine eigene Rubrik zu deren Gedenken aufgenommen.

SCHÖPFUNG – GEWALTFREIHEIT – WIDERSTAND

Als erstes dokumentieren wir die gerichtliche Einlassung von JÖRG ALT zu seinem zivilen Widerstand, „um auf die Klimakatastrophe und das unzulängliche, gar absichtlich rechtsbrüchige Handeln politischer Verantwortungsträger aufmerksam zu machen". Alt macht damit gleich zu Beginn der Texte auf den Zusammenhang von Hören und Tun, ja von Tun und Hören (Ex 24, 7) aufmerksam.

BENJAMIN ISAAK-KRAUß skizziert die Biographie und die Theologie des „mennonitisch-ökumenischen" Theologen CHED MYERS aus Kalifornien und entfaltet dessen zum Widerstand auffordernde Schöpfungstheologie. Der Beitrag schließt mit herausfordernden Fragen, nicht zuletzt auch an friedenstheologische Überlegungen: Wo bleibt eine Friedenskirche, die die Werkzeuge der Zerstörung zerbricht und die Gefangenen herausführt?

Im darauf folgenden Beitrag geht es gleichfalls ums Hören und Tun, wenn JANNIK SCHÄFER die Protestbewegung „Christians for Future" vorstellt und den Schwerpunkt auf Klimagerechtigkeit legt.

Innerhalb solcher Praxiskontexte findet der Grundsatzartikel von GEORG STEINS zu einer politisch-ethischen Lektüre der Schöpfungserzählung seinen Platz. Die aktuelle Relevanz einer solchen Auslegung der Schöpfungsgeschichte und ihres utopischen Charakters ermöglicht die Wahrnehmung ihrer Bedeutung für die gegenwärtigen Debatten um Ökologie, Anthropologie und die Frage des Friedens.

STEFAN VOGES Beitrag handelt sodann von der Frage nach epistemischer Gewalt, einem Begriff aus der dekolonialen Kritik. Ausgangspunkt sind die wesentlichen epistemischen Akzente der Enzyklika *Laudato si'* von Papst FRANZISKUS, um von da aus die Frage danach zu stellen, ob und inwieweit durch das als zentral erachtete Wissen epistemische Gewalt ausgeübt wird.

STEFAN FEDERBUSCH spannt in seinem ersten Beitrag „Laudato si – Franziskanische Perspektiven" einen weiten Bogen von Franz von Assisi bis zur „Großen Transformation" und zeigt die Fruchtbarkeit einer solchen In-Beziehung-Setzung. Im zweiten Beitrag argumentiert er gegen den „Krieg gegen die Tiere" und entfaltet Friedensaspekte einer theologischen Zoologie.

STEFAN SILBER legt in seinem Text „Die verletzliche Welt" dar, dass Gewalt sich nicht nur gegen Gottes Schöpfung wendet, sondern gegen Gott selbst. So verknüpft er Schöpfungs- und Kreuzestheologie im Interesse der Gewaltfreiheit miteinander.

Mit seinem Text „Das Argument Schöpfung in den Kommentaren von Samson Raphael Hirsch und Mendel Hirsch" knüpft JOHANNES WEISSINGER an seinen Beitrag im ersten Jahrbuch „Schlag nach beim Rabbi!" an, fragt nach den Herausforderungen der beiden Kommentare für christliche Leser:innen und spannt dabei einen Bogen von den Kommentaren von Vater und Sohn Hirsch bis hin zu Emanuel Levinas.

BEITRÄGE IM ANDENKEN AN DOROTHEE SÖLLE

Ein wissenschaftlicher Beitrag und eine Predigt erinnern an Dorothee Sölles 20. Todestag im Jahr 2023. Die feministische und pazifistische Theologin hat in mindestens drei Sprachformen Theologie getrieben: argumentativ-reflektierend, narrativ-poetisch und religiös-konfessorisch. Sie alle kommen in den Texten von GOTTFRIED ORTH und KARIN HINRICHS zu Wort.

BEITRÄGE ZUR FRIEDENSTHEOLOGIE

DETLEV BALD skizziert Bonhoeffers Weg von der Kriegsbegeisterung hin zu einem konsequenten theologisch begründeten Pazifismus und wehrt so implizit den Vereinnahmungsversuchen Bonhoeffers durch die christliche und politische Rechte.

MATTHIAS-W. ENGELKEs Beitrag zur Ilias Homers sprengt auf den ersten und bereichert auf den zweiten Blick den Rahmen friedenstheologischer Beiträge, wenn er der Frage nachgeht, ob in der „Ilias" – einem der Grundlagentexte Europas – Gewaltfreiheit begegnet. Er berichtet in seiner Analyse des Textes von überraschenden Erkenntnissen zwischen Göttern und Menschen.

GUDULA FRIELING denkt über den gewaltfreien Friedenskönig Jesus von Nazareth in gesamtbiblischer Perspektive nach. Der biblisch-theologische Beitrag zielt auf die kritische Selbstreflexion von Christ:innen und den Kirchen als erstem Schritt christlicher Praxis, ob diese auf der Seite gewalttätiger Mächte oder in der Nachfolge Jesu stehen.

URSULA SILBER zeichnet ausgehend von der Frauenfriedenskirche in Frankfurt ein Stück Geschichte des Katholischen Deutschen Frauenbundes nach, um dann Geschichte und Bauwerk der Frauenfriedenskirche, die als ein „Anders-Ort" (MICHEL FOUCAULT) verstanden werden kann, vorzustellen – und das alles mit vielen eindrücklichen Bildern.

KOMMENTARE ZUM NEUEN FRIEDENSWORT DER DEUTSCHEN BISCHOFSKONFERENZ

EGON SPIEGEL und THOMAS NAUERTH kritisieren von unterschiedlichen Gesichtspunkten aus, wie das Friedenswort an der Bergpredigt und der Expertise der Friedensforschung vorbeiredet und sich nahezu selbst überflüssig macht, denn „eine Religion, die zu allem Ja und Amen sagt, braucht diese Welt nicht".

ZUR DEBATTE

Die neue Rubrik eröffnet MUHAMMED SAMEER MURTAZZA mit seinem Beitrag „Grenzen der Gewaltlosigkeit", in dem er das muslimische Gebot der Gewaltlosigkeit ebenso betont wie die Erlaubnis zur Selbstverteidigung als „letztes Mittel", das für Muslime ein „Menschenrecht" ist und auch Gewalt einschließen kann.

PROJEKTE – REZENSIONEN – STATT EINES NACHWORTES

Von Worten und Zeichen berichten ANNETTE und THOMAS NAUERTH, die auf dem „Kreuzweg für die Schöpfung" 2021 von Gorleben nach Lützerath und 2023 von Lützerath nach Büchel wichtig wurden, als der Widerstand gegen die Kohle mit dem Widerstand gegen die Atombombe verbunden wurde. Dem angefügt hat Thomas Nauerth 10 Thesen zu „Schöpfung und Widerstand", die auf die Verwandlung der Mächte zielen.

ANJA VOLLENDORF berichtet von einem durch das OekIF organisierten Online-Gespräch mit JOHN DEAR und fasst seinen Beitrag in zehn Thesen zusammen.

Rezensionen sowie eine Predigt anstelle eines Nachwortes runden das Jahrbuch ab. Aus dem Kreis der Herausgeber:innen ist MICHAEL SCHOBER ausgeschieden. Wir bedanken uns herzlich für seine tatkräftige Mitarbeit an den ersten beiden Jahrbüchern. Wie in den Jahren zuvor freuen wir uns auf engagierte Leserinnen und Leser und wünschen Gottes Segen auf dem Weg des Friedens und der Gewaltfreiheit.

Manheim – nur die Kirche steht noch. Kreuzweg für die Schöpfung:
Von Lützerath nach Büchel – Foto: Thomas Nauerth

Schöpfung – Gewaltfreiheit Widerstand

Braunkohlebergbau am ehemaligen Lützerath – Foto: Matthias-W. Engelke

Einlassung zu den gegen mich gerichteten Vorwürfen

Jörg Alt

Vorbemerkung der Redaktion:

Der Jesuit JÖRG ALT beteiligt sich seit einigen Jahren an Aktionen gewaltfreien Zivilen Ungehorsams, um insbesondere gegen politische Versäumnisse hinsichtlich ökologischer Transformationen zu protestieren. Dabei nimmt er ausdrücklich auch strafrechtliche Konsequenzen in Kauf, wohl wissend, dass sein Status als katholischer Priester und Ordensmann ihm nicht nur einen prominenteren Status in der deutschen Öffentlichkeit gewährt, sondern ihn – innerhalb gewisser Grenzen -- auch vor allzu schweren Strafen vor Gericht schützt. Zuletzt machte er durch seine Beteiligung an Aktionen der Letzten Generation von sich reden. Wir dokumentieren hier seine Verteidigungsrede vor Gericht, die er am 30. November 2023 zu Beginn des Strafprozesses vor dem Amtsgericht Nürnberg hielt.

Sehr geehrter Richter PUCHER,

ja, ich habe mich am 16. August 2022 um 100 Sekunden vor 12 Uhr, gemeinsam mit Aktivistinnen und Aktivisten von Extinction Rebellion und der Letzten Generation mit meiner linken Hand auf dem Nürnberger Altstadtring festgeklebt, auf der Straßenseite, die dem Handwerkerhof am nächsten lag. Ich habe dies als Jesuit und Ordenspriester getan und sehe es als Konsequenz und Ausfluss einer Gewissensentscheidung sowie meiner jahrzehntelangen pastoralen, wissenschaftlichen und advokatorischen[1] Befassung mit den Themen soziale Gerechtigkeit, Umwelt und Nachhaltigkeit an.

---

[1] Von englisch „Advocacy" = Anwaltschaft, einer der drei Säulen der Arbeit des Jesuiten Flüchtlingsdiensts.

Ging es bei meinem Containern von Lebensmitteln im Dezember 2021 um eine Agrarwende, so beteiligte ich mich mit dieser Aktion an einer Demonstration für eine Verkehrswende.

Warum macht ein Jesuit und Ordenspriester so etwas? Die kurze Antwort ist: Mir fällt nichts Problemangemesseneres mehr als Ziviler Widerstand ein, um auf die Klimakatastrophe und das unzulängliche, gar absichtlich rechtsbrüchige Handeln politischer Verantwortungsträger aufmerksam zu machen.

Ich möchte in meiner Einlassung erläutern, warum ich mich trotz anfänglicher Zweifel an der Wirksamkeit von Straßenblockaden zu einer Teilnahme durchgerungen habe und wieso ich der Auffassung bin, dass ich so am angemessensten auf einen, aus meiner Sicht, vorhergegangenen Rechtsbruch durch Verkehrsminister Wissing aufmerksam machen konnte.

Von Skepsis zum Tun: Mein Weg zur Straßenblockade

Lange Zeit war ich skeptisch, ob Straßenblockaden ein geeignetes Protestmittel sind, da auch ich Abwehr und Polarisierung in der Bevölkerung befürchtete.

Aber: Zuerst wurde ich in meiner Überzeugung irritiert, als die Jesuiten im Globalen Süden über diese disruptive Methode begeistert waren. Zu Beginn der ersten Straßenblockaden durch die Letzte Generation Anfang 2022 sagte Pater Charles Chilufya, Direktor des Justice & Ecology Office der Jesuitenkonferenz von Afrika und Madagaskar, in einem Solidaritätsstatement:

„Wir […] begrüßen und unterstützen das mutige Engagement so vieler junger Menschen in ganz Deutschland für Klimagerechtigkeit. Durch ihre heutigen Aktivitäten wurden die Autofahrer unterbrochen […] und viele von ihnen werden ihr Ziel verspätet oder gar nicht erreichen. Gleichzeitig verblassen die Störungen, die diese gerechtfertigten Akte des zivilen Ungehorsams verursachen, im Vergleich zu denen, die der Klimawandel verursacht. […] Die jungen Menschen, die heute deutsche Straßen blockieren, stehen an unserer Stelle."

Der volle Wortlaut des Solidaritätsstatements auf Englisch ist auf meiner Internetseite dokumentiert.[2]

Sehr verärgert war ich sodann, als am 13. Juli 2022 die Klima-Sofortprogramme der Bundesministerien für Bau und Verkehr veröffentlicht wurden. Es war deutlich, dass vor allem der Verkehrsbereich seine Treibhausgas-Einsparungsverpflichtungen reißt, und dass Bundesminister Wissing sich weigert, ein angemessenes Sofortprogramm vorzulegen, zu dem er nach dem damaligen Klimaschutzgesetz verpflichtet gewesen wäre.

WIESO UNTERSTELLE ICH BUNDESMINISTER WISSING GESETZESBRUCH?

Wieso bin ich nun der Meinung, dass Bundesminister Wissing wissentlich und willentlich gegen die Erfordernisse des Klimaschutzgesetzes verstoßen hat, sodass ich mich gedrängt sah, meinerseits mit einem Rechtsbruch dagegen zu protestieren?

Durch die Unterzeichnung des Pariser Klimaabkommens durch die Bundesregierung sowie die einstimmige Ratifizierung dieses Abkommens durch den Bundestag ist Deutschland verpflichtet, seinen Beitrag dazu zu leisten, die globale Erwärmung deutlich unter 2 Grad, möglichst 1,5 Grad, zu halten.

Das erste Klimagesetz wurde vom Bundesverfassungsgericht als unzulänglich zerrissen und an die Bundesregierung zurückgeschickt. Das Bundesverfassungsgericht verpflichtete die Bundesregierung auf ein Klimaschutzgesetz innerhalb des noch verfügbaren CO_2-Budgets und warnte vor einer Politik, die zu Lasten von Einschnitten in verfassungsrechtlich garantierte Freiheitsrechte künftiger Generationen geht. Konkret: Einsparungen haben jetzt, unverzüglich, sofort zu erfolgen. Das entsprechend reformierte Klimagesetz verpflichtete deshalb jene Sektoren, die ihre Einsparungsziele nicht erreichen, zu Sofortprogrammen, um Versäumnisse in Grenzen zu halten (§ 8 Abs. 1 KSG).

---

[2] https://www.joergalt.de/fileadmin/Dateien/Joerg_Alt/ZUZW/Januar/Statement_JEO_JCAM_Coordinator.pdf – diesen Link und alle weiteren dieses Beitrags zuletzt eingesehen am 01.06.2024.

Eine Verpflichtung, die im Übrigen durch eine Selbstverpflichtung der Ampel-Regierung in deren Koalitionsvertrag verstärkt wird. Auf S. 43 des Koalitionsvertrags wird zusätzlich bekräftigt, mithilfe eines sektorübergreifenden Sofortprogramms die deutschen Klimaziele erreichen zu können. Dort heißt es:

„Wir werden das Klimaschutzgesetz noch im Jahr 2022 konsequent weiterentwickeln und ein Klimaschutz-Sofortprogramm mit allen notwendigen Gesetzen, Verordnungen und Maßnahmen auf den Weg bringen [...] Alle Sektoren werden einen Beitrag leisten müssen: Verkehr, Bauen und Wohnen, Stromerzeugung, Industrie und Landwirtschaft."

Aber: Das Sofortprogramm von Bundesminister Wissing macht deutlich, dass von „sofortigen Einsparungszielen" nicht die Rede sein konnte. Eher handelte es sich um mittel- und längerfristige Instrumente. Und dies, obwohl mit dem Tempolimit oder autofreien Sonntagen kostenlose, wirksame Instrumente zu einer sofortigen und signifikanten Treibhausgasreduktion zur Verfügung stehen würden.[3]

Dies macht klar, dass Minister Wissing nicht etwa unwissentlich oder aufgrund höherer Umstände oder der Ermangelung von Mehrheiten an der Ausübung seiner gesetzlichen Verpflichtungen gehindert ist, sondern dass er sich schlicht und ergreifend nicht an die geltenden Gesetze halten wollte.

Die ZEIT überschrieb einen Artikel aus Juli 2023 zu diesem Sofortprogramm zutreffend mit „Der Verkehrsminister verweigert den Klimaschutz".[4] Dagegen wollte ich zügig protestieren.

DER PROTEST VOM 16. AUGUST IM KONTEXT
DER VERGEBLICHKEIT ANDERER MITTEL

Das ist jetzt gewöhnlich die Stelle, an der viele sagen: Halt! Es gibt doch andere Mittel im demokratischen Staat, mit denen man gegen

---

[3] So z.B. diese Kritik am BMDV-Sofortprogramm zur Einhaltung der Klimaziele im Verkehr (17.7.2022) https://www.elektroauto-news.net/news/starke-kritik-bmdv-sofort programm-einhaltung-klimaziele.
[4] Sören Götz, 17.7.2023 https://www.zeit.de/mobilitaet/2023-07/volker-wissing-verkehrs politik-klimaschutzgesetz-sofortprogramm.

Politikversagen protestieren kann. Ja, die gibt es. Sie sind aber dem Ernst der Lage nicht mehr angemessen.

Dass Veränderungen in Klima und Umwelt problematisch werden, ist schon seit Jahrzehnten ein Thema, nicht nur in meinen Vorträgen, Predigten oder Büchern,[5] ohne dass es zu angemessenem Problembewusstsein oder Handlungen geführt hat. Ähnlich geht es jenen Wissenschaftlern, die seit Jahrzehnten vor den heraufziehenden Katastrophen warnen.

Der 4. April 2022 zwang mich zur Einsicht, dass wir so nicht weitermachen können. An diesem Tag legte die Arbeitsgruppe 3 des Weltklimarates ihren Beitrag zum 6. Sachstandsbericht vor. Dort hieß es: Wenn die Welt wirklich die 1,5 Grad-Grenze einhalten will, „dann dürften die CO_2-Emissionen maximal noch bis 2025 ansteigen und müssten danach schon bis 2030 um 43 Prozent zurückgefahren werden. Auch ein Drittel der Methan-Emissionen müsste vermieden werden."[6] Das sind noch drei Jahre. Aus diesem Grund reicht die Zeit nicht mehr, um mit herkömmlichen Protestmitteln, die jahrzehntelang nicht die nötigen Schritte bewirken konnten, oder langwierigen gerichtlichen Klageverfahren ein dieser Notstandssituation angemessenes Vorgehen zu erreichen.

Dass wir bereits eine bedrohliche Notstandslage haben, sollte jedem klar und deutlich sein, der die zunehmend schrillen Warnungen der Wissenschaft versteht oder mit offenen Augen in die Welt schaut: Hitzerekorde, Dürren, Trinkwasserengpässe oder Überflutungen mehren sich. Auch in Deutschland. Ich gehe davon aus, dass dies hinlänglich gerichtsbekannt ist.

Deshalb kam es zu der Demonstration in Form eines angekündigten Aktes des Zivilen Widerstands des Bündnisses aus Extinction Rebellion, der Letzten Generation und mir für eine wirksame Verkehrswende mit einem Sofortprogramm, das seinen Namen verdient.

---

[5] Einen kleinen Einblick in meine Tätigkeiten sowie die Themen meiner Vorträge, Predigten und Publikationen gibt meine Website https://www.joergalt.de/.

[6] https://www.tagesschau.de/wissen/klima/weltklimarat-ipcc-105.html . Im Original: „In the scenarios we assessed, limiting warming to around 1.5°C (2.7°F) requires global greenhouse gas emissions to peak before 2025 at the latest, and be reduced by 43% by 2030; at the same time, methane would also need to be reduced by about a third." https://www.ipcc.ch/report/ar6/wg3/resources/press/press-release.

Begrenzung und Begründung
der Straßenblockade vom 16. August

Um einerseits den Alltag wirksam unterbrechen zu können und Schaden und Verärgerung möglichst gering zu halten, wurde im Vorfeld insbesondere auf ein Vierfaches geachtet:

Der Zeitraum, innerhalb dessen die Blockade stattfinden sollte, wurde zuvor per Pressemitteilung angekündigt und die Nutzung öffentlicher Transportmittel empfohlen. Diese Vorwarnung wurde medial auch aufgegriffen. Die Pressemitteilung zum Tag findet sich auf meiner Internetseite.[7]

Die Blockade war von uns her so gestaltet, dass U-Bahn, Straßenbahn und Busse nicht behindert wurden. Ich weiß aus der Ermittlungsakte, dass die VAG keine Notwendigkeit sah, den Straßenbahnen-Oberleitungsstrom abzustellen, d.h. alle Straßenbahnen hätten weiterfahren können. Warum dies unterbunden wurde, weiß ich nicht. Ebenso war die Blockade so angelegt, dass die Busse von der Blockade ungehindert hätten nach links abbiegen können. Warum dies unterbunden wurde, weiß ich auch nicht.

Der Ort war so gewählt, dass eine schnelle Ableitung des Autoverkehrs möglich war, weshalb sich die Wartezeit in Grenzen hielt.

Durch die Gestaltung eines „Wohnzimmers" hinter der Blockade sollte verdeutlicht werden, dass es uns nicht um etwas Negatives, sondern etwas Positives geht: Die Stadt den Autos zu nehmen und den Menschen zurückzugeben, d.h. das Plus an Lebensqualität zu betonen, dass eine Verkehrswende mit sich bringen wird und was die Erfahrung aller Städte ist, die es bislang gewagt haben, Autos aus den Innenstädten zu verbannen.[8]

Selbstverständlich war, wie bei jeder Straßenblockade, darauf geachtet, dass einige Teilnehmende nicht angeklebt waren und deshalb bei Vorliegen eines medizinischen Notfalls die Blockade hätte geöffnet werden können.

In der Ermittlungsakte wird sodann unterstellt, dass die Autofahrer Ziel unserer Aktion gewesen seien. Das ist nicht zutreffend –

---

[7] https://www.joergalt.de/fileadmin/Dateien/Joerg_Alt/ZUZW/PM220816final.doc.
[8] Siehe z.B. https://www.zeit.de/mobilitaet/2021-07/autofreie-innenstaedte-verkehrswende-strassenverkehr-konzept.

ihre Behinderung war eine in Kauf genommene Nebenfolge. Dass die Verkehrswende und die verweigerten Sofortmaßnahmen Zentrum und Ziel unserer Aktion ist, machten wir in der Pressemeldung zum Aktionstag selbst deutlich. Dort heißt es:

„Für das Recht auf Leben blockieren wir heute in Nürnberg den Altstadtring. Wir brauchen einen sozial-ökologischen Umbau von Wirtschaft und Gesellschaft, dazu gehört auch die Verkehrswende, um die es uns heute geht – siehe dazu das Fact Sheet Verkehrswende.

Um dies zu erreichen, haben die heute in der Blockade Engagierten viele Jahre lang versucht, Gesellschaft und Politik auf das Anwachsen dieser Probleme aufmerksam zu machen und zu entschiedenem Handeln zu drängen. Dabei haben sie festgestellt: Dies gelingt trotz aller Publikationen, Demonstrationen, Petitionen, Gespräche und Appelle nicht im angemessenen Ausmaß – siehe Fact Sheets zu Politikdefiziten in Deutschland, Bayern und Nürnberg."[9]

Und ich lasse mich dort wie folgt zitieren:
„Friedliche Autobahnblockaden und die fatale, durch den Ukrainekrieg erkennbar gewordene Abhängigkeit von fossilen Energien haben noch nicht die notwendigsten Erst-Maßnahmen wie eine Verkehrswende erwirkt, wo mit einfachen Mitteln viel Einsparungen möglich wären – etwa durch ein Tempolimit oder autofreie Sonntage."

In unserer Blockade wurden wir bestärkt und legitimiert von einer Solidaritätserklärung, die von 17 deutschen Organisationen und 30 zum Teil prominenten Vertretern aus Politik, Wissenschaft und Gesellschaft unterzeichnet wurde. Dort heißt es etwa:

„Auch wenn wir Bedenken haben, ob Straßenblockaden ein geeignetes Mittel des gesellschaftspolitischen Dialogs sind, so verstehen wir doch, dass zunehmend Menschen sich an gewaltfreien Aktionen Zivilen Ungehorsams und Zivilen Widerstands beteiligen. Denn die üblichen Mittel wie Demonstrationen, Publikationen, Petitionen und Diskussionen haben es in den letzten Jahren nicht vermocht, Gesellschaft und Politik in angemessenes Handeln zu bringen.

---

[9] Die für diese Aktion erstellten und hier erwähnten FactSheets sind speziell für diese Aktion erstellt worden und sind auf der Aktionswebsite https://www.joergalt. de/ziviler -ungehorsam/verkehrswende zum Download eingestellt.

Deshalb appellieren wir an Gesellschaft und Politik: Wer gewaltfreie Aktionen Zivilen Ungehorsams und Zivilen Widerstands nicht gut findet, möge gerade deshalb die Warnungen der Wissenschaft ernst nehmen und dazu beitragen, dass Gesellschaft und Politik endlich daran gehen, die uns verbleibenden Zeitfenster angemessen zu nützen." Der volle Wortlaut der Solidaritätserklärung findet sich ebenfalls auf unserer Aktionswebseite.[10]

Des Weiteren wurde unser Protest von einer internationalen Solidaritätserklärung unterstützt, die 44 Partnerorganisationen der Jesuiten aus dem Globalen Süden unterzeichnet haben. Dort heißt es:

„In Anbetracht der Tatsache, dass Konferenzen, Veröffentlichungen, Briefe und andere Formen der Fürsprache keinen angemessenen Wandel herbeiführen konnten, begrüßen wir Formen des gewaltfreien zivilen Ungehorsams und zivilen Widerstands als Mittel und Aktionen, die die Medien, die Öffentlichkeit sowie die Verantwortlichen in Wirtschaft und Politik zwingen, innezuhalten und über den Kurs nachzudenken, auf dem wir uns befinden, und über die Maßnahmen, die wir treffen müssen.

Wir fordern die deutsche Regierung auf, die Warnungen und Ratschläge der Wissenschaft mehr zu beherzigen als die Warnungen und Ratschläge der Lobbyisten privater und unternehmerischer Vermögensbesitzer."[11]

DAMALIGE HANDLUNGSRECHTFERTIGUNG BESTEHT NOCH HEUTE

Der Fortgang der Debatte zum Umgang der Bundesregierung mit dem Klimagesetz zeigt, dass meine und unsere Entscheidung richtig und gerechtfertigt war und bis heute ist:

Nur wenige Tage nach unserer Blockade stellte der Sachverständigenrat Klima dem „Sofortprogramm" von Bundesminister Wissing ein vernichtendes Urteil aus. In der Pressemeldung zur Evaluation des Programms bescheinigt der Sachverständigenrat,

---

[10] https://www.joergalt.de/fileadmin/Dateien/ Joerg_Alt/ZUZW/Solierkl%C3%A4rung National.pdf.
[11] Vollständige Erklärung: https://www.joergalt.de/fileadmin/Dateien/ Joerg_Alt/ ZUZW/Solidarit% C3%A4tserkl%C3%A4rungInternational.pdf.

Minister Wissings Vorlage sei „schon im Ansatz ohne hinreichenden Anspruch."[12]

Was den SPIEGEL tags darauf schreiben ließ: „Ist das noch schlechter Klimaschutz – oder schon Arbeitsverweigerung?"[13] Dass es bei Volker Wissing und der FDP um das Prinzip, um vorsätzliche Politik geht, belegt das europäische Ringen um das Verbot von Verbrennermotoren: Nachdem die 27 Mitgliedstaaten der EU bereits im Oktober 2022 dazu eine prinzipielle Einigung hatten, musste die Abstimmung darüber auf Drängen der FDP verschoben und die Beschlüsse „nachgebessert" werden, um die von der FDP verteidigten E-Fuels unterzubringen.[14]

Ähnlich bremst die FDP jegliche Diskussion über die Verwendung von Energie-Subventionen aus, es fließt nach wie vor deutlich mehr Geld in die Straße als in die Schiene, im Zentrum steht nach wie vor der motorisierte Individualverkehr und nicht der Öffentliche Personennahverkehr. Aufgrund von alledem ist auch keine schnelle Veränderung zu erwarten.

Vor diesem Hintergrund ist zu sehen, was 60 Verfassungsrechtler am 31. August 2023 in ihrer Erklärung „Für eine völker- und verfassungsrechtskonforme Klimaschutzpolitik" vortragen: Dort warnen sie zunächst davor, dass durch das Aufweichen der Sektorziele „die Anforderungen des Bundesverfassungsgerichts in Gefahr" seien und fahren fort:

Die Auseinandersetzungen und fachwissenschaftlichen Debatten zum Klimaschutz werden derzeit von Diskussionen über bestimmte Protestformen, wie z.B. Straßenblockaden, überlagert. Dabei (schützt) das Versammlungsrecht auch Protestformen, die disruptiv wirken und von der Mehrheit als Störung empfunden werden. Vor allem aber lenken diese Debatten von den dringend nötigen Auseinandersetzungen über die konkrete Umsetzung der verfassungs- und völkerrechtlichen Klimaschutzpflichten ab.

---

[12] Pressemeldung und Bericht vom 25.8.2022, siehe https://expertenrat-klima.de/news/news-veroeffentlichung-des-pruefberichts-zu-den-sofortprogrammen-2022-fuer-den-gebaeude-und-verkehrssektor/.

[13] https://www.spiegel.de/wissenschaft/mensch/volker-wissings-sofortprogramm-ist-das-noch-schlechter-klimaschutz-oder-schon-arbeitsverweigerung-a-18ae22f8-09f7-4dc2-9dd0-2640d58cd0b1.

[14]https://www.zdf.de/nachrichten/politik/verbrenner-aus-eu-fdp-abstimmung-100.html

„Vor diesem Hintergrund fordern wir [...] die gesetzgebenden Organe des Bundes auf, das Klimaschutzgesetz nicht abzuschwächen. Wir fordern die Bundesregierung auf, ein effektives Klimaschutzprogramm mit ausreichenden Maßnahmen zur Einhaltung der Klimaschutzziele und damit der völker- und verfassungsrechtlichen Verpflichtungen zu beschließen."[15]

Historische Krise und historische Verantwortung

Sehr geehrter Richter Pucher, wir leben in Zeiten eines in der Menschheitsgeschichte nie dagewesenen Notstands. Wir sind gerade dabei, die Überlebensgrundlagen der Menschheit und die Grundlagen unseres zivilisierten Zusammenlebens zu verspielen. In der sechsseitigen Synthese tausender Seiten hochwissenschaftlicher Fachdiskussion für die Vertreter der Politik, sagt der Weltklimarat im Juli 2023:

„Der Klimawandel ist eine Bedrohung für das menschliche Wohlergehen und die planetare Gesundheit (sehr hohes Vertrauen). Das Zeitfenster, in dem eine lebenswerte und nachhaltige Zukunft für alle gesichert werden kann, schließt sich rapide (sehr hohes Vertrauen). [...] Die in diesem Jahrzehnt getroffenen Entscheidungen und durchgeführten Maßnahmen werden sich jetzt und für Tausende von Jahren auswirken (hohes Vertrauen)."[16]

2023 dürfte das heißeste Jahr seit 125.000 Jahren werden,[17] und auch Nürnberg spürte dieses Jahr die Auswirkungen von Extremwetter bei der Überflutung der Innenstadt am 17.8.2023, ein Jahr und ein Tag nach unserem Protest vor dem Nürnberger Hauptbahnhof. Wetterextreme dieser Art werden zunehmen. Eine Gesellschaft, die während der Corona-Pandemie schon Risse zeigte, weil Toilettenpapier und Nudeln knapp wurden, wird erst recht hässlich reagieren, wenn Lebensmittel und Trinken insgesamt knapp werden und mit einer wachsenden Zahl an Zuwanderern geteilt werden müssen.

---

[15] https://verfassungsblog.de/fur-eine-volker-und-verfassungsrechtskonforme klimaschutzpolitik/.

[16] S. 4 von https://www.de-ipcc.de/media/content/Hauptaussagen_AR6-SYR.pdf.

[17] https://www.tagesschau.de/ausland/klimawandel-hitze-extremwetter-100.html.

Wir haben jetzt noch die Wahl: Wählen wir den Weg der Anpassung an den Klimanotstand „by design", also mit noch möglichen angemessenen gesellschaftspolitischen und wirtschaftlichen Maßnahmen? Oder werden wir in absehbarer Zeit dazu gezwungen „by disaster", also durch die von uns sehenden Augen heranwachsenden Katastrophen?[18]

Ich möchte in einem Land leben, in dem meine Regierung sich an Verträge, Gesetze und höchstrichterliche Rechtsprechung hält sowie entsprechend ihrem Amtseid handelt, den Nutzen des Volkes zu mehren und Schaden von ihm fernzuhalten.

Stattdessen lebe ich in einem Land, in dem die Regierung aufgrund der zahlreichen Kommissionen, die sie beraten, sehr wohl um den Ernst und die Dringlichkeit der Lage weiß, aber statt angemessen zu handeln lediglich die Gesetze so lange ändert, bis ein handlungsunwilliger Bundesminister, der gegen Recht und Gesetz verstößt, sich wieder auf dem Boden der Legalität befindet. Und dies trotz aller Kritik der Zivilgesellschaft, NGOs oder juristischen Experten, die etwa in der Anhörung am 8.11.2023 zu der fraglichen Gesetzesänderung geäußert wurde.[19]

Den Naturgesetzen und Molekülen sind solche Verrenkungen egal: Schließen sich die noch verfügbaren Handlungsfenster, wird es „für Tausende von Jahren" zu spät sein.

Das bringt mich zu der zwingenden Schlussfolgerung: Auch 15 Monate nach meinem Protest vor dem Nürnberger Hauptbahnhof sind die Rechtfertigungsgründe für meine damalige Handlung gültig.

Es war meine Babyboomer-Generation, die das Entstehen dieses Klimanotstands zugelassen bzw. nicht verhindert hat. Ich fände es angesichts der bereits in weiten Teilen der Welt katastrophalen Lage und der sich schließenden Handlungsfenster unredlich, die absehbaren Folgen und Konsequenzen auf die kommenden Generationen zu schieben – ganz im Sinne des „Klimaurteils" des Bundesverfassungsgerichts.

[18] Siehe hierzu das unübertroffene Buch von Jonas Schaible (2023) Demokratie im Feuer. SPIEGEL Verlag.
[19] https://www.bundestag.de/dokumente/textarchiv/2023/kw45-pa-klimaschutz-klimaschutzgesetz-974134.

Deshalb erachte ich Akte des Zivilen Ungehorsams und Widerstands weiterhin als zielführend, alternativlos, geboten und angemessen, um Politik und Gesellschaft auf den sich verschärfenden Klimanotstand, die Bedrohung unserer Lebensgrundlagen und den möglichen Zusammenbruch unserer Zivilisation aufmerksam zu machen.

Deshalb berufe ich mich auf den rechtfertigenden Notstand gemäß § 34 Strafgesetzbuch, wo es heißt: „Wer in einer gegenwärtigen, nicht anders abwendbaren Gefahr für Leben, Leib, Freiheit, Ehre, Eigentum oder ein anderes Rechtsgut eine Tat begeht, um die Gefahr von sich oder einem anderen abzuwenden, handelt nicht rechtswidrig, wenn bei Abwägung der widerstreitenden Interessen, namentlich der betroffenen Rechtsgüter und des Grades der ihnen drohenden Gefahren, das geschützte Interesse das beeinträchtigte wesentlich überwiegt. Dies gilt jedoch nur, soweit die Tat ein angemessenes Mittel ist, die Gefahr abzuwenden."

Dass alle anderen versuchten und bekannten Mittel angesichts der schon bestehenden Notlage und der schrumpfenden Handlungsfenster versagen, habe ich hoffentlich verdeutlichen können. Ich weiß nichts Besseres als Zivilen Widerstand und ich pflege jedem, der mich kritisiert oder verurteilt, zu sagen: Wer mir etwas nennt, das besser funktioniert als das, was ich Jahrzehntelang ohne angemessenen Erfolg versuchte oder die Blockaden zu ersetzen vermag: Ich bin bereit, es sofort zu tun.

Sehr geehrter Richter Pucher, heute beginnt in Dubai die 28. Klimakonferenz. Dort wird Papst FRANZISKUS erwartet, der in *Laudate Deum* bereits die Politik in sehr deutlichen Worten aufgefordert hat, ihren Job zu machen. Und der radikalen Klimaprotest verteidigte, indem er sagt:

„Auf Klimakonferenzen ziehen die Aktionen von sogenannten ‚radikalisierten' Gruppen oft die Aufmerksamkeit auf sich. In Wirklichkeit füllen sie jedoch eine Lücke in der Gesellschaft als Ganzer, die einen gesunden ‚Druck' ausüben müsste."[20]

---

[20] Nr. 58 von Laudate Deum, siehe
https://www.vatican.va/content/francesco/de/apost_exhortations/documents/20231004-laudate-deum.html.

SCHLUSSBEMERKUNG ZU DEN
PERSÖNLICHEN FINANZIELLEN VERHÄLTNISSEN

Noch eine Schlussbemerkung betreffend meine persönlichen Verhältnisse: Ich gehöre seit 42 Jahren dem Jesuitenorden an und habe deshalb unter anderem das Gelübde der Armut abgelegt. Das heißt, ich habe keine eigenen finanziellen Einkünfte. Meine Ordensgemeinschaft stellt meinen Lebensunterhalt sicher. Die Begleichung von Geldstrafen fällt nicht hierunter, zumal es meinem Verständnis entgegenliefe, wenn mein Orden hier für mich finanziell einträte, auch und gerade, weil dies eher nicht im Sinne vieler Förderer, Freunde und Unterstützer wäre, die den Orden, seine Projekte und Werke finanziell unterstützen.

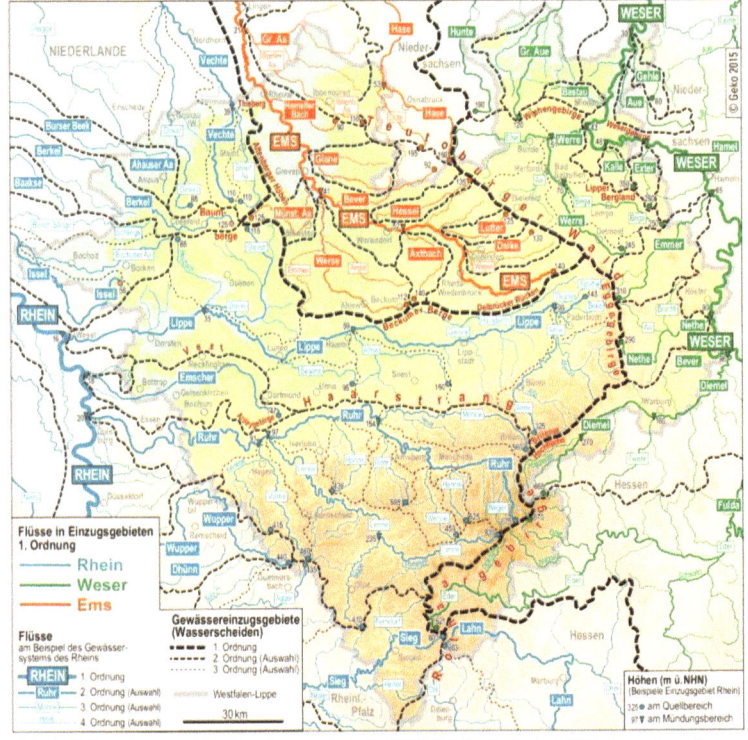

Abb. 1: Fließgewässer und Gewässereinzugsgebiete in Westfalen (Quelle: Geobasis NRW, eigener Entwurf)

Wasserscheiden NRW – Foto: commons.wikimedia.org

Widerständige Schöpfungstheologie

Impulse aus dem Werk Ched Myers

Benjamin Isaak Krauß

Eine innovative und radikale Theologie der ökologischen Krise stammt von dem „mennonitisch-ökumenischen" Theologen CHED MYERS. Von seinem bescheidenen Haus im kalifornischen Ventura River Watershed prägen er und eine kleine Gruppe Kompliz:innen als Bartimaeus Cooperative Ministries den nordamerikanischen theologischen Diskurs durch Seminare, Predigten und Bibelarbeiten. Ohne akademischen Lehrstuhl oder kircheninstitutionelle Verankerung veröffentlichen sie sowohl in populären Magazinen als auch in renommierten Fachjournalen.[1]

Getreu seinem Motto „biography as theology" möchte ich Ched Myers zunächst kurz historisch verorten. In einem zweiten Schritt stelle ich Myers' hermeneutischen Zugang vor. Darauf folgt eine kurze Vorstellung einiger für die Frage einer widerständigen Schöpfungstheologie relevanten Texte und eine abschließende Provokation über die Notwendigkeit militant-gewaltfreier Praxis in einer brennenden Welt.

BIOGRAPHY AS THEOLOGY[2]

Nach seiner für ihn selbst unerwarteten Bekehrung im Kontext tiefer Desillusionierung mit dem „amerikanischen Traum" gegen Ende des

---

[1] Die meisten dieser Artikel finden sich frei verfügbar auf seiner Webseite https://chedmyers.org/ - zuletzt eingesehen am 31.05.2024.

[2] Myers lässt immer wieder biographische Bezüge in Texte einfließen. Im Folgenden beziehe ich mich auf eine explizit autobiographische Reflexion in Ched MYERS, „Hope is Where Your Ass Is: Reflections on Three Decades of Faith-Based Activism", 1. August 2008, https://chedmyers.org/wp-content/uploads/2008/01/08-5-pa-hope-is-where-your-ass-is.pdf - zuletzt eingesehen am 31.05.2024.

Vietnamkriegs folgte die zweite Desillusionierung angesichts der zutiefst unpolitischen bis rechtsnationalen Haltung vieler evangelikaler Kirchen Kaliforniens. Gott sei Dank begegnete er dem legendären Ex-Jesuiten PHIL BERRIGAN. Der war Jahre zuvor der meistgesuchte Mann der USA. Mit anderen radikalen Priestern hatte er massenhaft Karteien von Wehrpflichtigen aus Behörden entwendet und mit selbstgemachtem Napalm verbrannt. Eine liturgisch-politische Aktion, die der Kriegsmaschine konkret in die Speichen fiel und zugleich andere ermutigte, sich Wehrpflicht und Vietnamkrieg aktiv zu widersetzen.

Berrigan und dessen Partnerin LIZ MCALISTER wurden Myers' Mentoren. Berrigan begann Myers' Initiation in die Tradition radikaler Nachfolge mit dem so lapidaren, wie geheimnisvollen Satz: „Hope is where your ass is" – ohne radikale Praxis ist Glaube wertlos. Gleichzeitig nährt sich die Praxis von der steten Auseinandersetzung mit und Aneignung der biblischen Tradition. So lernte Myers in der Vorstellungswelt der Bibel verwurzelte Theologie als Widerstandskraft kennen.

Einige Jahre später stieß Myers zu einer Basisgemeinde in Kalifornien. Er wurde ausgewählt, im Auftrag der Gemeinschaft am Graduate Theological Union Seminary in Berkeley Theologie zu studieren und das Wissen der gesamten Bewegung zugute kommen zu lassen. Dort prägte ihn die postliberale Theologie des radikalen Baptisten JAMES MCCLENDON: Kirche als narrative Gemeinschaft, die die Bibel als ihre eigene Geschichte annimmt, sich von ihr formen lässt und die Welt im Licht der Bibel versteht.[3] Vom 2022 verstorbenen Alttestamentler NORMAN GOTTWALD übernahm Myers die exegetische Methode, sozialhistorische und literaturwissenschaftliche Ansätze miteinander zu verbinden.[4]

Aus diesen Studien und unzähligen Workshops für christlich-aktivistische Basisgruppen entstand Myers Kommentar zum Markusevangelium „Binding the Strong Man – A Political Reading of Mark" und das Begleitbuch „Who will Roll Away the Stone – Discipleship

---

[3] James Wm. Jr. MCCLENDON, Systematic Theology. Volume 2, Doctrine, Rev. ed. / (Waco, Tex.: Baylor University Press ;, 2012). Auf Deutsch gibt Marco HOFHEINZ eine gute Einführung in „The baptist Vision" Impulse aus täuferischer Theologie in: gewagt! mündig leben, Themenheft 2020, Hrsg: 500 Jahre Täuferbewegung 2025 e.V., 24-25.

[4] Norman GOTTWALD, Tribes of Yahweh: A Sociology of the Religion of Liberated Israel, 1250-1050 BCE, 1979, Sheffield Academic Press.

Queries for 1st World Christians."[5] Die Doppelstruktur zeigt bereits den engen Bezug von Theorie und Praxis in Myers Denken. In späteren Arbeiten entwickelt er die Themen dieser Bücher anhand exegetischer Tiefenbohrungen zu anderen Texten weiter. Hier wird bereits seine Berufung als theologischer „Pädagoge der Befreiung" in der Tradition PAOLO FREIRES erkennbar – alle Texte sind Produkte zahlloser Präsentationen und Überarbeitungen.

Seit mehr als 40 Jahren begleitet Myers durch seine theologischen Arbeiten nun soziale Bewegungen zu Abrüstung und Gewaltfreier Konflikttransformation[6], Migration und Bewegungsfreiheit,[7] Schuldenerlass und solidarischer Wirtschaft[8], Ökologie[9] und Dekolonisierung[10] und ihre radikalen christlichen Nischen. Insbesondere die Catholic Worker (Phil Berrigan und Liz McAlister), die US-Kirchenasyl-Bewegung (JIM CORBETT) und die Veteranen der Schwarzen Bürgerrechtsbewegung (VINCENT HARDING und RUBY SALES) waren seine Mentor:innen und Gesprächspartner:innen für die theologische Grundierung einer „Befreiungstheologie für Christ:innen in der ersten Welt." Inspiration bietet dabei der blinde Bartimäus, der Jesus anfleht, sehen zu können, und ihm auf dem Weg zum Kreuz nachfolgt.

Bartimaeus Cooperative Ministries finanziert sich durch ein Modell der „Community Supported Ministry," in dem Unterstützer:innen spenden und zuerst die Früchte der theologischer Arbeit genießen dürfen, die schließlich aber weiteren Kreisen zugutekommt.[11] Diese eigensinnige Art hat Methode, denn Myers kritisiert

---

[5] Ched MYERS, Binding the Strong Man: A Political Reading of Mark's Story of Jesus (Maryknoll, N.Y.: Orbis Books, 1988). Ched. MYERS, Who Will Roll Away the Stone?: Discipleship Queries for First World Christians (Maryknoll, N.Y.: Orbis Books, 1994).

[6] Ched MYERS, Ambassadors of reconciliation. Volume 1 &2, New Testament reflections on restorative justice and peacemaking (Maryknoll, NY : Orbis Books, 2009).

[7] Ched MYERS und Matthew COLWELL, Our God Is Undocumented: Biblical Faith and Immigrant Justice (Maryknoll, NY: Orbis Books, 2012).

[8] Ched MYERS, The Biblical Vision of Sabbath Economics (Washington, D.C.: Tell the Word, Church of the Saviour, 2001).

[9] Ched MYERS, Hrsg., Watershed Discipleship: Reinhabiting Bioregional Faith and Practice (Eugene, Oregon: Cascade Books, 2016).

[10] Elaine Enns und Ched Myers, Healing Haunted Histories: A Settler Discipleship of Decolonization (Cascade Books, 2021).

[11] Community Supported Agriculture ist im deutschen als Solidarische Landwirtschaft bekannt. Dabei werden Beziehungen aufgebaut, um das finanzielle Risiko von Ernteausfällen zu verteilen und die Spaltung in Produzent:innen und Konsument:innen

gerade die gegenseitige Entfremdung von akademischer Theologie (*seminary*), kirchlicher Praxis (*sanctuary*) und Protestbewegungen (*streets*). Es ist dieser „garstige Graben", der Myers zufolge das zentrale hermeneutische Problem darstellt für das Verständnis biblischer Texte als Widerstandsliteratur.

Folglich lässt sich das theologische Lebenswerk Ched Myers' in zwei Aufgabenstellungen zusammenfassen:

– theologische Reflexion auf Widerstandsbewegungen gegen Ausbeutung von Mensch und Schöpfung besonders in Nordamerika, aber von Beginn an auch global.[12]
– Vernetzung der Christenmenschen in solchen Bewegungen und sie vertraut machen mit der Tradition „radikaler Nachfolge", deren Erben sie sind.[13]

Zu diesem Zweck organisiert Bartimaeus Cooperative Ministries physische Treffen und online Kurse. Besonders wichtig ist ihnen der Aufbau einer intergenerationellen, interkulturellen ökumenischen Gemeinschaft von Menschen am linken unteren Rand der verfassten Kirchen mit Offenheit für interreligiöse Begegnung und Dialog mit Atheisten.

BIBLISCHE TEXTE ALS IDEOLOGISCHE INTERVENTIONEN
IM „KRIEG DER MYTHEN"

Myers liest biblische Texte nicht als freischwebende Weltdeutungen, sondern als ideologische Interventionen in einem „Krieg der Mythen", einem Ringen um Deutungshoheit über die Wirklichkeit, meist im Angesicht eines scheinbar allmächtigen Gegners. In seinem Markuskommentar „Binding the Strong Man" schreibt Myers unter Bezug auf AMOS WILDER:

„Sozialer und politischer Konflikt zwischen Gruppen wird artikuliert in dem, was ich „Krieg der Mythen" nenne. […] Was normalerweise als ‚Theologie' der Autoren des Neuen Testaments beschrieben

---

zu überwinden. https://www.bcm-net.org/about - zuletzt eingesehen am 31.05.2024.

[12] Ched MYERS, Theological Animation, https://www.bcm-net.org/programs/theological-animation zuletzt eingesehen am 31.05.2024.

[13] Ched MYERS, What is Radical Discipleship? https://www.bcm-net.org/programs/radical-discipleship

wird, ist nach Wilder die Art und Weise, wie diese das herrschende Symbolsystem sowohl des Imperium Romanum als auch des palästinensischen Judentums angriffen. ‚Liturgie gegen Liturgie […] wobei Liturgie hier einen ganzen Lebensstil, Handeln, Ethik und auch die Rezitation derselben beinhaltet.'"[14]

In diesem Verständnis sind biblische Texte kritische Interventionen, die einen anderen Blick auf die Verhältnisse werfen. Da es mir insbesondere um das Potential von Theologie für eine kritisch-emanzipatorisches Verständnis der Klimakatastrophe geht, zeige ich dies kurz am Beispiel der Schöpfungserzählungen auf.[15]

Ursprungserzählungen und Namensgebung dienen grundsätzlich der Legitimation oder Kritik historisch-gewachsener Herrschaftsverhältnisse durch das Postulat eines „natürlichen" Zustands.[16] Daher ist eine Analyse des sozial-historischen Kontexts, sowie der verschiedenen vorherrschenden Ideologien damals und heute notwendige Bedingung für eine Hermeneutik des Widerstands.

In ihrem historischen Kontext sind die Schöpfungserzählungen von Genesis 1-2 widerständige Texte. Unter dem Eindruck militärischer Niederlage und kultureller Unterlegenheit entwerfen sie im babylonischen Exil ein alternatives Weltbild, das die Herrschaftsideologie an entscheidenden Punkten infrage stellt:

- *Menschenbild*: Alle Menschen jeden Geschlechts sind im Bilde Gottes geschaffen (Demokratisierung der Königswürde). Sie sind als Erdlinge (*adam*) von der Muttererde (*adamah*) genommen und

---

[14] Binding The Strong Man, 16f, Meine Übersetzung. Zitiert wird hier Amos WILDER, Jesus' Parables and the War of the Myths, Philadelphia 1982, 27.

[15] Zum Folgenden vgl. MYERS, The Fall of Adam and the Rise of Civilization: Brief Notes on Genesis 1-11 https://chedmyers.org/2011/01/01/articles-biblical-interpretation-fall-adam-and-rise-civilization-brief-notes-genesis-1-11/ zuletzt eingesehen am 31.05.2024.

[16] Die für die Moderne wohl prägendste Ursprungserzählung ist CHARLES DARWINs „Entstehung der Arten", deren soziologische (Miss)interpretation durch Herbert Spencer in der Formel „Überleben des Stärkeren" bis heute nachwirkt. PJOTR KROPOTKINS Studie zur „Gegenseitigen Hilfe" als Faktor in der Evolution war sowohl eine naturwissenschaftliche wie politische Intervention, die allerdings sehr erfolgreich verdrängt wurde, obwohl seine Beobachtungen in der mutualistischen Schule der Evolutionsbiologie mittlerweile wieder aufgegriffen werden. Siehe dazu auch DAVID GRAEBER, Introduction to Mutual Aid https://theanarchistlibrary.org/library/andrej-grubacic-david-graeber-introduction-to-mutual-aid - zuletzt eingesehen am 31.05.2024

werden zu ihr zurückkehren. Eingebunden in die Schöpfungsgemeinschaft ist ihr Auftrag nicht ausschließlich herrschen,
sondern auch bewahren und dem Erdboden dienen.

– *Weltbild*: Die Welt ist Geschöpf, nicht Gottheit. Wesenhaft gewaltfrei geschaffen, stellt sie das Nötige im Überfluss für alle zur Verfügung.

– *Gottesbild*: Gott ist selbst Beziehung und steht mit den Geschöpfen
in Beziehung, formt sie liebevoll und haucht ihnen Lebensatem
ein.

Die desaströse Wirkungsgeschichte von Genesis 1-2, insbesondere
des „Macht-euch-die-Erde-untertan", sollte nicht von dieser ursprünglichen und immer noch subversiven Bedeutung ablenken, obgleich die Wirkungsgeschichte ein gewaltiges Hindernis für die
Fruchtbarmachung solcher Texte gegen die imperiale Lebensweise
darstellt.

Auch die ältere biblische Bildsprache des Chaoskampfs, ähnelt
zwar dem offiziellen babylonischen Schöpfungsmythos, wird aber
immer wieder unterlaufen. So werden etwa die Chaosmächte in der
Schöpfung gegenüber JHWH als Schöpfer depotenziert (Leviathan ist
Haustier Gottes) und die imperialen Großreiche werden mit den
Chaosmächten identifiziert. Gerade die apokalyptischen Stränge der
Bibel subvertieren hier das übliche Bild der Zivilisation, die das
Chaos zurückhält. Die imperiale Zivilisation ist das chaotische
Monster, während die Macht Gottes sich in der Wildnis finden lässt.

Beide Schöpfungstraditionen, gewaltfreie Schöpfung durch
JHWH-Wort und Chaoskampf, sind Interventionen im „Krieg der
Mythen". Sie sollen die Vorstellungskraft der Menschen anregen und
eine alternative Welterzählung ermöglichen, in der genug für alle
(Gerechtigkeit), Heilung der Wunden (Frieden) und Ganzheit der
Schöpfung nicht nur hehre Ideale, sondern konkrete Möglichkeiten
sind, auch und gerade im Angesicht der Katastrophe.

Doch was können uns solche Texte heute überhaupt noch sagen?
Leben wir nicht in einem völlig anderen Zeitalter: technologisch,
kulturell und nicht zuletzt ökologisch mit dem Anthropozän?

KONTINUITÄT IMPERIALER AUSBEUTUNG UND EXODUS-TRADITION

Viele Theolog:innen betonen, der menschengemachte Klimawandel sei ein Problem der Moderne, weshalb sich aus den biblischen Texten bestenfalls allgemeine Prinzipien eines nachhaltigen Mensch-Welt-Verhältnisses ableiten ließen. Schlechtestenfalls seien biblische Texte, insbesondere die Schöpfungsmythen schlicht nutzlos für die theologische Aufgabe, da sie von falschen Prämissen (etwa einer „leeren" Welt) ausgingen, die heute nicht mehr gegeben seien, was mindestens eine neue Ethik, wenn nicht gar eine neue Theologie erfordere.

Diese Neuauflage des hermeneutischen Grabens zwischen damals und heute, die die Bibelwissenschaft seit ihren Anfängen in der Aufklärung prägt, sägt jedoch an dem Ast, auf dem sie sitzt. Denn warum sollten wir die Bibel lesen, geschweige denn uns von ihr etwas sagen lassen, wenn sie uns doch ausdrücklich nichts mehr zu sagen hat? Diese Annahme hängt doch ihrerseits von bestimmten Prämissen und Narrativen ab, deren historische Grundlage zu überprüfen wäre. Zudem verbirgt sie Eigeninteressen.

Die Analyse von CO_2 Konzentrationen in polaren Eisschichten und Gletschern zeigt einerseits, dass der menschengemachte Klimawandel, ohne historische Parallele ist. Doch zeigt JARED DIAMOND in seinem Buch „Kollaps"[17] wie viele menschliche Zivilisationen durch ökologische Ausbeutung zu ihrem eigenen Untergang beigetragen haben. Etwa die Babylonier, deren intensive Kanalwirtschaft schließlich versandete. Der Historiker KYLE HARPER zeigt in einer vor der Pandemie erschienenen Studie[18], dass Blüte und Fall des Römischen Reiches mit einer Klimawarmperiode zusammenfielen und die wachsende Vernetzung der Städte im Mittelmeerraum die Ausbreitung von Epidemien erst möglich machte.

In seinem Aufsatz „The Cedar has Fallen! The Prophetic Word against Imperial Clear-Cutting"[19] folgt Ched Myers ähnlichen Spuren

---

[17] Jared DIAMOND, Kollaps.Warum Gesellschaften überleben oder untergehen, 8., Edition (Frankfurt am Main: S. FISCHER, 2006).
[18] Kyle HARPER, Fatum: Das Klima und der Untergang des Römischen Reiches, 2. Aufl. (München: C.H.Beck, 2020).
[19] Ched MYERS, „The Cedar Has Fallen! The Prophetic Word vs. Imperial Clear-Cutting", in Earth and Word: Classic Sermons on Saving the Planet, hg. von David M. RHOADS (New York: Continuum, 2007), 211–23.

in der Bibel. Er zeigt auf, wie schon der Resourcenhunger der antiken Großreiche auf die Zedern des Libanon zu lokalen Umweltschäden und regionalen Klimaveränderungen führte. Da Wälder Regenmagnete sind, führt ihre massenhafte Abholzung zu Wüstenbildung, wie in der Levante noch heute ersichtlich. Myers zeigt, dass dies nicht eine moderne Erkenntnis ist, sondern schon in den Mythen reflektiert wird. Während im babylonischen Gilgameschepos die Abholzung glorifiziert wird, widersprechen die hebräischen Propheten dieser Praxis als Hybris (Jesaja 37,22-24) oder imaginieren den Sturz der Imperien als Sturz einer gewaltigen Zeder (Ez 31,3-11 und Jesaja 14,3-8), deren Schatten die Vielfalt der Schöpfung verdrängte. Den Rahmen des Aufsatzes bilden zwei Aktivistinnen, die sich mit ihrem Leben für Bäume einsetzten: Die brasilianische Ordensschwester DOROTHY STANG, die 2005 aufgrund ihres Einsatzes gegen die Abholzung des Regenwalds und für die Rechte der Landlosen im Auftrag von Großgrundbesitzern ermordet wurde und JULIA BUTTERFLY HILL, die in den 1990ern zwei Jahre auf einem Old Growth Redwood lebte und damit die Öko-Bewegung nachhaltig prägte.[20] Laut Myers spielt es keine Rolle, dass Stang kirchlich gebunden war, während Hill freireligiös war: „Biblisch betrachtet handelten [beide] in der prophetischen Tradition." Mehr noch „in diesem Streit ist die Bibel auf der Seite der Bäume, [diese Parteilichkeit ist] eine verdrängte Tradition, die die Kirche wiederentdecken muss."[21]

Für Myers ist der wahre hermeneutische Graben also weniger historisch, denn soziologisch – diejenigen, die von Ausbeutung profitieren, können die von der Unterseite der Geschichte geschriebenen Texte, nicht verstehen – es sei denn, sie lassen sich auf Jesu Einladung in seine Nachfolge ein.

Ausbeutung der Schöpfung durch Imperien im Interesse weniger und zum Leidwesen vieler ist eine historische Kontinuität von biblischen Zeiten bis heute. Die Rede vom Anthropozän markiert einen wichtigen Bruch im menschenfreundlichen Klimasystem des Holozän. Gleichzeitig universalisiert sie aber die Verantwortung auf alle Menschen und verschleiert die Tiefenstruktur der Ausbeutung,

---

[20] Luíz Carlos SUSIN: Schwester Dorothy Stang: ein Modell für Heiligkeit und Martyrium. In: Concilium, Jg. 45 (2009), 338–347. https://de.wikipedia.org/wiki/Julia_Hill - zuletzt eingesehen am 31.05.2024.
[21] MYERS, The Cedar has Fallen, 222.

der Herrschaftsideologie und Entfremdung, die mit Beginn des Kapitalismus radikalisiert wurde und dank fossiler Brennstoffe unglaubliche Beschleunigung erreicht hat.

In seiner Kritik am universalisierenden „Anthropozän" macht Myers nicht die Menschheit an sich, sondern bestimmte Formen menschlicher Organisation in Imperien für die ökologische Krise verantwortlich. Doch zugleich zeigt er auf, wie Menschen immer wieder dem Ruf des Schöpfers heraus aus den Imperien und in Gottes wilde Schöpfung gefolgt sind: Abraham und Sarah, Mose und Israel im Exodus, Elia, Johannes der Täufer, Jesus … Dort lernten sie neu, wie die Schöpfung sie versorgt und genug für alle bereit hält.

ÖKOLOGISCHE KONTEXTUALISIERUNG DES EVANGELIUMS: NACHFOLGE AM SCHEIDEWEG DER KLIMAKRISE (WATERSHED DISCIPLESHIP)

Während ökologische Themen in Myers' Texten von Anfang an präsent sind, werden sie mit der Jahrtausendwende immer wichtiger. Dabei versucht er unter dem Begriff „Watershed Discipleship" ein neues Paradigma für eine radikale, kontextuelle und kontruktive Ökotheologie zu etablieren. Ausgehend von dem bioregionalistischen Diktum des senegalesischen Baumschützers BABA DIOUM „Wir schützen nur, was wir lieben, und wir lieben nur, was wir kennen."[22] schlägt Myers vor, sich auf den eigenen Lebensraum zu konzentrieren und Theologie so ökologisch zu kontextualisieren. Um die menschliche Sicht zu dezentrieren, fordert er, dazu das Wassereinzugsgebiet (Watershed), in dem man lebt, als kleinste pragmatische Einheit für ökologisches Denken zu nehmen. Diese Wahl ist sowohl kontingent als auch fundamental. Im nordamerikanischen Kontext schließt Myers so an die bioregionalistische Bewegung an, die für Wassereinzugsgebiete sensibilisiert und in Wasserkonflikten versucht, die Parteien in Watershed Councils zusammenzubringen.

---

[22] MYERS, Watershed Discipleship, 16. Der ursprüngliche Kontext scheint eine Rede bei einer UN-Konferenz gewesen zu sein. Obwohl Dioums Diktum in manchen Teilen der ökologischen Bewegung weit verbreitet ist, ist sein ursprünglicher Kontext schlecht dokumentiert. Siehe: https://en.wikipedia.org/wiki/Baba_Dioum - zuletzt eingesehen am 31.05.2024.

Andererseits ist Wasser ein grundlegend mit dem Leben verbundenes und zugleich widerständiges Element. Wir alle wissen intuitiv: „Wasser ist Leben."[23] Gleichzeitig entzieht sich das Wasser weiterhin menschlicher Kontrolle. Langsam aber stetig prägt der Lauf des Wassers das Gesicht der Erde. Selbst unter dem menschlichen Umgestaltungswillen in Straßen- und Städtebau ist dies noch erkennbar. Das haben auch bei uns jüngst die Fluten im Ahrtal etwa eindrücklich gezeigt. Der Versuch, menschliche Gemeinschaften an den (sich stets wandelnden) Lauf des Wassers anzupassen, wäre daher sowohl ein Schritt notwendiger ökologischer Adaption, als auch „konsequente Zurückweisung des Konstantinismus."[24]

Der Begriff „Watershed Discipleship" ist im Englischen bewusst dreideutig:[25]

1. Die ökologische Krise ist ein Scheideweg der Geschichte (watershed moment)
2. Wir müssen bioregionale Nachfolge lernen (be disciples in our watershed) und
3. ein Bewusstsein für die Bioregion als Rabbi, den uns auf Gott verweist (watershed as rabbi) entwickeln.

Auf alle drei Stichwörter möchte ich nun kurz eingehen.

Radikal heißt für Myers „an die Wurzel gehen" im doppelten Sinn: In der Analyse unserer extraktiven Zivilisation, deren historische Gewachsenheit aufs engste mit dem konstantinischen Christentum und seiner säkularisierten Fortsetzung in der Aufklärung verwoben ist. Und darin, die subversiven Wurzeln unseres Glaubens in der Bibel und ihre Spuren in der Kirchengeschichte neu zu entdecken und uns darin einzuwurzeln.

Die Wurzeln der Klimakrise liegen in der allgemeinen Entfremdung des Menschen vom Netz des Lebens, das ihn als Geschöpf

---

[23] Dennoch brauchte es die gewaltfreien indigenen Aufstände in Standing Rock und anderswo, um den Konflikt zwischen diesem natürlichen Lebenselixir und dem industriellen Durst nach Erdöl sichtbar zu machen. John WILLIS, Shaunna OTEKA-MCCOVEY, und Terry Tempest WILLIAMS, Mni Wiconi/Water Is Life: Honoring the Water Protectors at Standing Rock and Everywhere in the Ongoing Struggle for Indigenous Sovereignty (Staunton, VA: George F Thompson Publishing, 2019).

[24] MYERS, Watershed Discipleship, 15. Vgl. Auch den Aufsatz von Jonathan MCRAY „The Transfigured Earth: Bioregionalism and the Kingdom of God." In Watershed Discipleship, 60-74.

[25] MYERS, Watershed Discipleship, 2.

hervorgebracht hat und am Leben erhält. Ched folgt LYNN WHITES klassischer Analyse der „Wurzeln der ökologischen Krise" im Naturverhältnis des westlichen Herrschaftschristentums.[26] Myers analysiert drei Dimensionen des Problems:

- *Funktionaler Doketismus*, (die Häresie, Christus habe nicht wahrhaft Fleisch angenommen, sondern nur „scheinbar" – *dokeo*): Materielle Sorgen um Leib und Irdisches werden im Blick auf Spirituelles oder Fragen der rechten Lehre relativiert und abgetan. Dies betäubt uns gegen die Schrecken der eskalierendenden sozialen und ökologischen Gewalt. „Wenn wir meinen, Erlösung geschehe außerhalb oder jenseits der Schöpfung, so kann sie maßlos geplündert werden."[27]
- Die Politik des *theologisch-legitimierten Anspruchs* auf Land, Resourcen und Menschen in der durch päpstliche Bullen und säkulares Recht etablierten „Doktrin der Entdeckung."
- Die *anthropologische Vorannahme der Herrschaft* des Menschen über die anderen Geschöpfe: die Schöpfung ist zu unserer Ausbeutung da und muss umgestaltet werden, um die Bedürfnisse des Menschen zu decken.

Daraus folgt allgemeine Entfremdung und Entwurzelung von den konkreten Ökosystemen, die unseren Lebensraum bilden. Wir sind hier nicht zuhause, also können wir die Welt zerstören.

Dazu kommt eine soziio-strukturelle *Abhängigkeit*, Myers spricht von Sucht, von fossilen Energien und der von ihnen geschaffenen Welt. Wir fühlen uns, als könnten wir gar nicht anders.

Was es braucht, ist Entzug, Suchttherapie und eine Praxis der gemeinschaftlichen Verantwortung, wie sie etwa bei den Anonymen Alkoholikern praktiziert wird.[28]

---

[26] Lynn WHITE, The Historical Roots of Our Ecological Crisis (American Association of Science, 1967).

[27] MYERS, Watershed Discipleship, 5.

[28] MYERS, Watershed Discipleship, 206, siehe auch Sabbath Economics, 82-90.

BIOREGIONALE NACHFOLGE –
KONKRETE LEBENSRÄUME KENNEN UND LIEBEN LERNEN

Gegen diese Entfremdung und Abhängigkeit setzt Myers „Watershed Discipleship" als eine Praxis der Inkarnation, die uns ein symbiotisches Verhältnis zur Mitwelt wiedergewinnen lässt und uns entwöhnt von den toxischen Gewohnheiten der imperialen Lebensweise. Inkarnation versteht Myers dabei weniger als ontologisches Hineingeben in alle Materie, sondern eher als solidarisches Mitsein, dass eingeübt werden kann in Alltagspraxen, aber auch in liturgischem und aktivistischem Handeln.

Myers betont das Bild des *Zeltens Gottes* mit den Menschen als die präferierte Art solchen Mitseins. Es zielt nicht auf permanentes Umgestalten der Welt durch die Menschen nach ihrem Bild, sondern lädt uns ein, in konkreten Lebensräumen heimisch zu werden.[29]

Mit dieser Hermeneutik entdeckt Myers die narrative Bedeutung der Ökosysteme in biblischen Texten, in gängiger Interpretation oft als bloßer Hintergrund betrachtet. So hebt Myers hervor, dass Jesus zu Beginn des Markusevangeliums, in den Jordan getauft wird, „eis ton …". Vom Geist in die Wildnis getrieben, lebt er bei den wilden Tieren, durchlebt die Geschichte seines Volkes in einer Art Visionsfindung und steht wie Israel vor der Entscheidung zwischen Manna und imperialen Fleischtöpfen. In Workshops lässt Myers diese Geschichte in der Bioregion der Beteiligten neu kontextualisieren. Er fragt, welcher Fluss die Region prägt, welche historische Widerstandsfigur Jesus in seinen Weg initiieren würde und als welcher Vogel die heilige Geistkraft erscheinen würde.[30]

DIE BIOREGION ALS RABBI

Der „Watershed Discipleship" Ansatz hat auch die nordamerikanische Wild Church Bewegung (Wilde Kirche) geprägt.[31] Sie folgt

---

[29] MYERS, Watershed Discipleship, 202.

[30] MYERS, Watershed Discipleship, 206. Siehe auch MYERS, A Shaman Appeared in Ventura, in Hrsg. Steve HEINRICHS, Unsettling the Word: Biblical Experiments In Decolonization, Orbis Books, 2018, 190-194.

[31] Victoria LOORZ, Church of the Wild: How Nature Invites Us into the Sacred (Minneapolis, MN: Broadleaf Books, 2021). https://www.wildchurchnetwork.com/ - zuletzt

vielerorts einem Ruf heraus aus den Kirchgebäuden, hinein in Wiesen und Wälder. Im Hören auf Klage und Jubel der Schöpfung will sie die ökologische Krise als Zeichen der Zeit ernstnehmen und sich in „widerständiger Geduld" üben.[32]

Von wo aus lesen wir? Physische Orte sind Teil der Hermeneutik. In der konkreten Bewegung zu den Orten der Zerstörung, lernen wir neu trauern, klagen und lieben. So werden liturgisch-emanzipatorische Formen entwickelt, die Schöpfungslob und -trauer verbinden, versprachlichen und unsere Entfremdung überwinden können.

Auch wenn die Bezugnahme auf Watersheds gewisse Übersetzungsprobleme mit sich bringt, glaube ich, dass hier fruchtbare Ansätze für eine radikale, kontextuelle und zugleich konstruktive Theologie inmitten der Polykrise liegen. Dies liegt insbesondere daran, wie die ökologischen Überlegungen konsequent verwoben sind mit der ideologiekritischen Hermeneutik und der Betonung von Praxis. Ich möchte daher schließen mit einer Reflexion über den „Krieg der Mythen" und einer Provokation zur angemessenen Praxis des Widerstands in unserer Zeit der Monster.

In welchem Krieg der Mythen sehen wir uns? Und wie können uns die biblischen Erzählungen in unserer Exilszeit Trost spenden, ohne zu vertrösten?

1. Zu den vorherrschenden Mythen unserer Zeit gehören neoliberaler Sozialdarwinismus und rassifizierter Malthusianismus auf der einen, sowie latent gnostisch-doketistischer Techno-Utopismus auf der anderen Seite. Auch ältere imperiale Großmachtträume und patriarchale Religion sind keineswegs passé. Zugleich erschüttern mehrschichtige, ineinander verwobene Krisen materielle und ideologische Grundlagen des Westens. Myers deutet die apokalyptische Tradition als kritische Theorie, die einerseits das herrschende Unrecht seiner ideologischen Verkleidung enthüllt und andererseits die neuen Möglichkeiten, die Gottes Geist schafft, offenbart.

---

eingesehen am 31.05.2024.
In Deutschland gibt es mittlerweile eine ganze Reihe an Gruppen, die sich in dieser Tradition sehen. Siehe https://www.wild-church.de/ . zuletzt eingesehen am 31.05.2024.
[32] Röm 8,25 nach der Bibel in gerechter Sprache, ein Text, der in manchen deutschsprachigen Wilde Kirche Gruppen regelmäßig gelesen wird.

2. Jeder Mythos, jede Mythenkombination erzeugt ihre je eigene Interpretation der Krise, ihrer Ursprünge und Lösungsansätze. Ideologiekritische christliche Theologie muss diesen Krieg der Mythen wahrnehmen. Es geht nicht um vermeintliche Neutralität, sondern darum, in der Freiheit der guten Nachricht „unzuverlässige Verbündete"[33] für staatliche und nichtstaatliche Akteure zu sein und in kritischer Solidarität sich selbst und Mitstreitende auf Selbstvergötzung und Entmenschlichung Anderer zu überprüfen. Hier hilft Myers vor allem, Brücken zu kirchenfernen Bewegungen zu schlagen, ohne dabei auf das anstößige Wort Gottes zu verzichten.

3. Welche Geschichten erzählen wir, inmitten dieser Krisen? Welche Geschichten helfen uns, verwurzelt zu bleiben und festzuhalten an dem, was wir erkannt haben, ohne uns für neue Erkenntnisse zu verschließen? Gute Geschichten sind Hebammen der neuen Welt Gottes, die uns helfen zu erträumen, was noch werden will. Leider erleben die wenigsten Menschen biblische Geschichten auf diese Art. Während fundamentalistische Lesarten die Bibel privatisieren und festzementieren, hinterlässt die universitäre Exegese oft nur noch einen leblosen Kadaver. Myers sozio-narrative Hermeneutik spürt dagegen den lebendigen Beziehungen im Textkörper nach.[34] Im Sinne einer befreienden Pädagogik sind dabei gewöhnliche Lesende in die Auslegung einzubeziehen, ohne die Komplexität und Fremdheit des Textes zu opfern. So werden aus den biblischen Erzählungen „Geschichten, in denen wir leben können."[35]

PFLUGSCHAR UND LITURGISCHER WIDERSTAND

Ein wichtiger Kontext, den Ched immer wieder theologisch reflektiert, sind die Pflugscharaktionen, ausgehend von Teilen der Catholic Worker Bewegung. In Vorwegnahme der prophetischen

---

[33] KARL BARTH, zitiert nach Miroslav VOLF, Flourishing: Why We Need Religion in a Globalized World (New Haven: Yale University Press, 2015), 85.
[34] Ched MYERS, „Permeneutics", Ched Myers (blog), 9. Mai 2014, und Watershed Discipleship, 209.
[35] MYERS, Stories to Live by. Sojourners, March-April 2000.

Vision der Rüstungskonversion von Micha 4 und Jesaja 2 dringen kleine Bezugsgruppen nach sorgfältiger von Gebet getragener Vorbereitung in Militärbasen ein und machen dort die Werkzeuge nuklearer Vernichtung mit Hämmern und anderen Werkzeugen unbrauchbar. Anschließend bleiben sie an Ort und Stelle, vergießen ihr eigenes Blut, feiern Eucharistie oder beten, bis sie verhaftet werden. Gerichtsverfahren und Haft werden bewusst in Kauf genommen und als Fortsetzung des Zeugnisses gesehen.[36]

Nach Ched Myers Reflexion über Pflugscharaktionen und die Waffenrüstung Gottes handelt es sich hierbei um gezielte symbolische Akte christlichen Zeugnisses, um breiteren Widerstand hervorzurufen.[37] Als Radikalisierung der Logik zivilen Ungehorsams[38] setzt diese Praxis allerdings weiter auf Überzeugungskraft, nicht auf den Schutz der Klandestinität. Hier gibt es Anknüpfungspunkte, aber auch wichtige Spannungen zu den Vorschlägen für eine Eskalation der Aktionsformen in Richtung Zerstörung fossiler Infrastruktur, wie sie unter den Schlagworten: „friedliche Sabotage," „SUVs entwaffnen" oder „Pipelines in die Luft jagen" derzeit in der radikalen Klimabewegung Europas und Nordamerikas diskutiert werden.[39]

Im Herbst 2016, nach der Wahl DONALD TRUMPs, begannen RUBY MONTOYA und JESSICA REZNICEK, zwei Mitglieder des Catholic Worker Hauses in Des Moines, Iowa, die Sicherheitsventile der bereits gebauten, aber noch nicht in Betrieb genommenen Dakota Access Pipeline an mehreren Stellen unbrauchbar zu machen. Sie konnten ihre Sabotage unbemerkt über Wochen fortsetzen. Bevor die Pipeline dann in Betrieb genommen werden sollte, stellten sie sich in einer großen Pressekonferenz. Sie wurden wegen Brandstiftung angeklagt. Jessica wurde zu 8 Jahren, Ruby zu 6 Jahren Haft verurteilt. In ihrem Statement sagte Jessica: „Es tut mir leid, dass ich nicht mehr getan habe, die Zerstörung unserer Lebensgrundlagen aufzuhalten."[40]

[36] Jakob FRÜHMANN und Cristina Yurena ZERR, Brot und Gesetze brechen: Christlicher Antimilitarismus auf der Anklagebank, (Wien: Mandelbaum Verlag eG, 2021).

[37] Ched MYERS und Elaine ENNS, Ambassadors of Reconciliation, Vol. 2, 92-99.

[38] Siehe auch Jeremy BRECHER, Against Doom: A Climate Insurgency Manual (Oakland, CA: PM Press, 2017).

[39] Andreas MALM, Wie man eine Pipeline in die Luft jagt: Kämpfen lernen in einer Welt in Flammen, 1. Aufl. (Matthes & Seitz Verlag, 2020).

[40] Julia SHIPLEY, „You Strike A Match: Why two women sacrificed everything to stop the

Angesichts der Zerstörung ganzer Landstriche, die noch vor kurzem Heimat für Menschen, Tiere und Pflanzen waren, und der praktischen Verleugnung der Klimakrise durch Politik, Wirtschaft und auch große Teile der Kirchen, frage ich nach unserem Zeugnis gegen die Mächte des Todes. Wo bleibt eine Kirche des Exodus, die sich der Rebellion der Natur gegen das Imperium anschließt?[41] Wo bleibt eine prophetische Kirche, ausgerüstet mit der vollen Waffenrüstung Gottes, die nicht Halt macht vor den Toren der menschengemachten Hölle in Garzweiler und anderswo? Wo bleibt eine Friedenskirche, die die Werkzeuge der Zerstörung zerbricht und die Gefangenen herausführt?

LITERATUR

Ambassadors of Reconciliation, Vol. 2, Sophia's Choice, Plowshares Actions as Public Liturgy.

BRECHER, Jeremy: Against Doom, A Climate Insurgency Manual, Oakland, Kalifornien 2017.

DARWIN, Charles: Über die Entstehung der Arten durch natürliche Zuchtwahl oder die Erhaltung der begünstigten Rassen im Kampfe um's Dasein, Julius Victor Carus (Übers.), Stuttgart 1876.

DIAMOND, Jared: Kollaps, Warum Gesellschaften überleben oder untergehen, Frankfurt am Main, 8/2006.

FRÜHMANN, Jakob / ZERR, Cristina Yurena: Brot und Gesetze brechen, Christlicher Antimilitarismus auf der Anklagebank, Wien 2021.

GOTTWALD, Norman: Tribes of Yahweh, A Sociology of the Religion of Liberated Israel, 1250-1050 BCE, New York 1979.

Graeber, David / Grubacic, Andrej: Introduction to Mutual Aid, An Illuminated Factor of Evolution, 2020,

---

Dakota Access Pipeline", Rolling Stone, https://www.rollingstone.com/culture/culture-features/dakota-access-pipeline-eco-sabotage-jessica-reznicek-ruby-montoya-1173735/ - zuletzt eingesehen am 28.05.2024.

[41] MYERS, Nature against Empire, Exodus Plagues, Climate Crisis and Hard-Heartedness, Direction V49 no.1 (2020), 5-17. Eine gekürzte Version liegt in deutscher Übersetzung vor: https://chedmyers.org/wp-content/uploads/2020/08/20-1-fd-myersched-rebellion-der-natur-gegen-das-imperium-final.pdf - zuletzt eingesehen am 31.05.2024.

https://theanarchistlibrary.org/library/andrej-grubacic-david-graeber-introduction-to-mutual-aid (Letzter Zugriff: 01.06.2024)

HARPER, Kyle: Fatum, Das Klima und der Untergang des Römischen Reiches, München, 2/2020.

HOFHEINZ, Marco Hofheinz: The baptist Vision, Impulse aus täuferischer Theologie, in: gewagt! mündig leben, Themenheft 2020, 500 Jahre Täuferbewegung 2025 e.V. (Hrsg.)

KROPOTKIN, Pjotr: Gegenseitige Hilfe in der Tier- und Menschenwelt, Gustav Landauer (Übers.) Leipzig 1904.

LOORZ, Victoria: Church of the Wild,How Nature Invites Us into the Sacred, Minneapolis, Minnesota 2021.

MALM, Andreas: Wie man eine Pipeline in die Luft jagt: Kämpfen lernen in einer Welt in Flammen, Berlin 2020.

MCCLENDON, James Wm. Jr.: in: Systematic Theology, Volume 2, Doctrine, Rev. ed., Waco, Texas 2012.

MCRAY, Jonathan: The Transfigured Earth: Bioregionalism and the Kingdom of God." In: Watershed Discipleship, 60-74. https://missiodeijournal.com/issues/md-5-2/authors/md-5-2-mcray (Letzter Zugriff: 01.06.2024)

MYERS, Ched: https://chedmyers.org/ Hier finden sich Blog, Artikel, Audios, Webinars.

MYERS, Ched: Binding the Strong Man, A Political Reading of Mark's Story of Jesus New York 1988.

MYERS, Ched: Who Will Roll Away the Stone? Discipleship Queries for First World Christians New York 1994.

MYERS, Ched: The Biblical Vision of Sabbath Economics, Washington, D.C., 2001.

MYERS, Ched: The Cedar Has Fallen! The Prophetic Word vs. Imperial Clear-Cutting, in: RHOADS, David M. (Hrsg.), Earth and Word, Classic Sermons on Saving the Planet, New York 2007.

MYERS, Ched: Hope is Where Your Ass Is, Reflections on Three Decades of Faith-Based Activism, 1. August 2008, https://chedmyers.org/wp-content/uploads/2008/01/08-5-pa-hope-is-where-your-ass-is.pdf (Letzter Zugriff: 01.06.2024)

MYERS, Ched: Ambassadors of reconciliation, Volume 1 &2, New Testament reflections on restorative justice and peacemaking, New York 2009.

MYERS, Ched / COLWELL, Matthew, Our God Is Undocumented, Biblical Faith and Immigrant Justice, New York 2012.

MYERS, Ched, (Hrsg.), Watershed Discipleship, Reinhabiting Bioregional Faith and Practice, Eugene, Oregon 2016.

MYERS, Ched: A Shaman Appeared in Ventura, in: HEINRICHS, Steve (Hrsg.), Unsettling the Word, Biblical Experiments In Decolonization, Orbis Books, 2018, 190-194.

MYERS, Ched: Stories to Live by, in: Sojourners, March-April 2000.

MYERS, Ched: Nature against Empire, Exodus Plagues, Climate Crisis and Hard-Heartedness, in: Direction V. 49, no.1, 2020, 5-17. Gekürzte Version in deutscher Übersetzung: https://chedmyers.org/wp-content/uploads/2020/08/20-1-fd-myersched-rebellion-der-natur-gegen-das-imperium-final.pdf (Letzter Zugriff: 01.06.2024)

MYERS, Ched / ENNS, Elaine, Healing Haunted Histories: A Settler Discipleship of Decolonization, Eugene, Oregon 2021.

MYERS, Ched: Theological Animation, https://www.bcm-net.org/programs/theological-animation (Letzter Zugriff: 01.06.2024)

MYERS, Ched: What is Radical Discipleship? https://www.bcm-net.org/programs/radical-discipleship (Letzter Zugriff: 01.06.2024)

MYERS, Ched: The Fall of Adam and the Rise of Civilization, Brief Notes on Genesis 1-11, *Land Sunday, in: HABEL, N. / RHOADS, D. / SANTMIRE, H., The Season of Creation, A Preaching Commentary, Minneapolis, 2011), 83-99*, https://chedmyers.org/2011/01/01/articles-biblical-interpretation-fall-adam-and-rise-civilization-brief-notes-genesis-1-11/ (Letzter Zugriff: 01.06.2024)

SHIPLEY, Julia: You Strike A Match, Why two women sacrificed everything to stop the Dakota Access Pipeline, Rolling Stone, Mai 2021, https://www.rollingstone.com/culture/culture-features/dakota-access-pipeline-eco-sabotage-jessica-reznicek-ruby-montoya-1173735/ (Letzter Zugriff: 28.05.2024)

SUSIN, Luiz Carlos: Schwester Dorothy Stang: ein Modell für Heiligkeit und Martyrium. In: Concilium, Jg. 45, 2009, 338–347. (Letzter Zugriff: 01.06.2024)

WHITE, Lynn: The Historical Roots of Our Ecological Crisis, Science, New Series, Vol. 155, No. 3767, Mar. 10, 1967, 1203-1207. American Association for the Advancement of Science, https://www.jstor.org/stable/1720120 (Letzter Zugriff: 01.06.2024)

WILDER, Amos: Jesus' Parables and the War of the Myths, Philadelphia 1982.

WILLIS, John / Oteka-McCovey, Shauna / WILLIAMS, Terry Tempest: Mni Wiconi, Water Is Life: Honoring the Water Protectors at Standing Rock and Everywhere in the Ongoing Struggle for Indigenous Sovereignty, Staunton, Virginia 2019.

VOLF, Miroslav Volf: Flourishing, Why We Need Religion in a Globalized World, New Haven 2015.

Christians For Future

Klimaaktivismus aus christlicher Perspektive

Jannik Schäfer

DIE *FOR-FUTURE-BEWEGUNG*:
VOM LOKALEN SCHULSTREIK ZUM GLOBALEN KLIMASTREIK

Am 20. August 2018 streikt die Schülerin GRETA THUNBERG, indem sie sich – anstatt in die Schule zu gehen – zwischen die beiden Hälften des schwedischen Parlamentsgebäudes setzt.[1] Weniger als ein Jahr später findet der erste globale Klimastreik der *Fridays-For-Future-Bewegung* statt. Diese Klimaprotestbewegung ist zwar nicht die erste, Greta Thunbergs Handeln hat jedoch eine ganz neue ethische Frage ins Bewusstsein der Menschen gerufen: Was ist Schulbildung wert, wenn der Lebensraum und das Leben selbst in der Zukunft bedroht sind? Und dort, wo ethische und existenzielle Fragen in der Gesellschaft vorliegen, wird zwangsläufig auch der persönliche Glaube auf den Plan gerufen. An den globalen Klimastreiks 2019 nehmen schließlich nicht nur Schüler:innen teil, sondern auch Menschen aus den verschiedensten Generationen und Institutionen, um sich mit dem Anliegen der Schüler:innen solidarisch zu zeigen. Bald entstehen neue Netzwerke wie z. B. die *Parents For Future* oder die *Scientists For Future*. Auch Christ:innen aus den Kirchen und aus der *Fridays-Bewegung* beginnen sich zu vernetzen. Parallel entsteht die Petition des *Arbeitskreises Gerechtigkeit, Frieden, Bewahrung der Schöpfung der Konföderation evangelischer Kirchen in Niedersachsen*. Diese beiden Bewegungen sind zusammengewachsen, und der 19. Juni 2019 gilt schließlich als Gründungstag der *Christians For Future*.

---

[1] Vgl. FOPP: Gemeinsam für die Zukunft, 7.

UNABHÄNGIG VON KIRCHLICHEN
STRUKTUREN UND POLITISCHEN PARTEIEN:
CHRISTIANS FOR FUTURE ALS GRASWURZELBEWEGUNG[2]

Engagement für mehr Klimaschutz aus christlicher Perspektive ist keine Neuerfindung der *Christians For Future*. An dieser Stelle sei vor allem der *Konziliare Prozess für Gerechtigkeit, Frieden und Bewahrung der Schöpfung* genannt, den der *Ökumenische Rat der Kirchen* bei seiner Vollversammlung in Vancouver 1983 ausgerufen hat. Wichtig für das Selbstverständnis der *Christians For Future* ist aber die Unabhängigkeit von kirchlichen Strukturen und politischen Parteien. Als sogenannte Graswurzelbewegung ist sie ein Zusammenschluss von Christ:innen mit unterschiedlichen Glaubenshaltungen, spirituellen Bedürfnissen und politischen Meinungen, die im Wunsch nach mehr Klimaschutz einen gemeinsamen Nenner finden. „Schöpfung bewahren" – so lautet das gemeinsame Motto, das auch die Banner der Bewegung ziert, die bei Demonstrationen zu sehen sind. Ganz ohne Austausch, Struktur und Organisation funktioniert natürlich auch eine Graswurzelbewegung nicht. Die *Christians For Future* organisieren sich auf Bundesebene. In den regelmäßig über Zoom stattfindenden sogenannten Bundesorgatreffen berichten die Ortsgruppen und Arbeitskreise von ihren Vorhaben. Dort werden auch größere Projekte koordiniert, wie zum Beispiel die Übergabe der Forderungen der *Christians For Future* an die Kirchenleitungen in Deutschland am 16. September 2021.

ZIELE UND ANLIEGEN DER *CHRISTIANS FOR FUTURE*

Analog zur übrigen Klimabewegung geht es auch den *Christians For Future* vorrangig um Klimagerechtigkeit. Das unterscheidet sie von anderen christlichen Klimaschutzgruppen, die sich vor allem auf die Bewahrung der Schöpfung konzentrieren. Die Klimagerechtigkeitsfrage kann dabei auf einer zeitlichen sowie auf einer geografischen Achse verstanden werden. Auf der zeitlichen Achse steht die

---

[2] Der Begriff Graswurzelbewegung (engl. grassroots movement) bezeichnet eine politische oder gesellschaftliche Initiative, die aus der Bevölkerung entsteht und sich basisdemokratisch organisiert.

Frage im Vordergrund, ob es gerecht ist, die Zukunft des Planeten für den Wohlstand der aktuellen Generation zu opfern. Die geografische Achse nimmt in den Blick, dass der globale Norden für den allergrößten Anteil der Treibhausgasemissionen verantwortlich ist, die Länder im globalen Süden jedoch überdurchschnittlich stark unter den Folgen der Klimakrise leiden.

Vor diesem Hintergrund kann die Arbeit der *Christians For Future* in drei Bereiche aufgeteilt werden. Zum einen solidarisieren sich die *Christians For Future* mit den Forderungen der *Fridays-Bewegung* und möchten als eine weitere Stimme der Vielfalt Flagge zeigen für die Anliegen der Bewegung. Des Weiteren bemühen sie sich um Vernetzung zwischen den Kirchen und der Klimagerechtigkeitsbewegung. Im dritten Bereich schließlich versuchen sie die Forderungen der *Fridays-Bewegung* auf den kirchlichen Kontext zu übertragen. Ein Beispiel hierfür sind die bereits erwähnten Forderungen der *Christians For Future* an die Kirchenleitungen in Deutschland.

DIE FORDERUNGEN
DER *CHRISTIANS FOR FUTURE*
AN DIE KIRCHENLEITUNGEN IN DEUTSCHLAND:
EIN PRAKTISCHES BEISPIEL FÜR DIE ARBEIT AUF BUNDESEBENE

Zu den Forderungen der *Christians For Future* haben GEORG SAUERWEIN, CLAUDIA SCHWEGMANN, EDITH WITTENBRINK, MICHAEL STREUBEL und CHARLOTTE CREMER ein fünfzig Seiten langes Hintergrundpapier erarbeitet, in dem diese Forderungen ausführlich erläutert werden.[3] Die Forderungen sind unterteilt in drei Bereiche: Die prophetische Stimme der Kirchen[4] – Umstellung des eigenen Handelns in den Kirchen[5] – Bewusstseinswandel innerhalb der Kirchen.[6] Mit diesen Überschriften sind auch die Bereiche abgesteckt, in denen die *Christians For Future* wirken wollen. „Die prophetische Stimme der Kirchen" stellt die Relevanz und Wirkmacht kirchlicher

---

[3] Siehe hierzu: SAUERWEIN u. a.: Hintergrundpapier.
[4] Vgl. ebd., 8-24.
[5] Vgl. ebd., 24-42.
[6] Vgl. ebd., 43-50.

Verlautbarungen in der Gesellschaft heraus. Wenn sich die Kirchen medienwirksam mit dem Thema Klimakrise auseinandersetzen, können sie einen großen Beitrag dazu leisten, dass es in der Gesellschaft präsent bleibt. Die „Umstellung des eigenen Handelns in den Kirchen" stellt fest, dass die Kirchen in ihrem aktuellen Handeln selbst einen bedeutenden Beitrag zur Klimakrise leisten. Durch ihre Verquickung mit der Wirtschaft aufgrund ihres großen Kapitals, ihren Reichtum an Immobilien, die modernisiert werden können, und auch als Großgrundbesitzer hinterlassen die Kirchen einen bedeutenden ökologischen Fußabdruck. Auf der anderen Seite bedeutet dies aber auch, dass die Kirchen durch die Umstellung des eigenen Handelns einen großen Beitrag zu mehr Klimaschutz leisten können. Auf den „Bewusstseinswandel innerhalb der Kirchen" läuft schließlich alles hinaus. Neben der Forderung nach Vernetzung zu ökumenischen Bündnissen für den Klimaschutz wie das *Ökumenische Netzwerk Klimagerechtigkeit* geht es hier auch um Pastoral und Spiritualität. Die innere, ökologische Umkehr soll gefördert werden. Schöpfungsspiritualität soll ihren alltäglichen Platz in der Liturgie finden. Denn nur eine innere Umkehr führt auch zu einem nachhaltig veränderten Handeln. Ebenso soll das Leid wie z. B. Zukunftsängste, welche die Klimakrise auslöst, in der pastoralen Arbeit der Kirchen berücksichtigt werden. Auf theologische Entfaltungen wird dabei bewusst verzichtet, da es eine Vielzahl von solchen Ansätzen gibt und die Motive der Mitglieder so vielfältig sind, dass eine Festlegung auf einen Ansatz die Pluralität innerhalb der Bewegung verkürzen würde.

Die praktische Arbeit in den Ortsgruppen

Mittlerweile bilden 28 Ortsgruppen und zwei Ortsgruppen in der Gründung in ganz Deutschland die Basis für die Arbeit der *Christians For Future*. Die praktische Arbeit der Ortsgruppen leitet sich dabei aus den Zielen und Anliegen der Bewegung ab. So zeigen sich die Ortsgruppen solidarisch bei Demonstrationen und vernetzen sich mit anderen Klimagruppen. Sie treten aber auch mit den Gemeinden und Kirchenleitungen in Kontakt und versuchen vor Ort Projekte zu realisieren, die den Klimaschutz innerhalb der Kirche vorantreiben.

Ein besonderer Schwerpunkt der Arbeit der Ortsgruppen liegt im „Bewusstseinswandel innerhalb der Kirchen". Klimaandachten in Kirchenräumen oder an anderen Orten, an denen die Klimakrise sichtbar wird, gehören zu den typischen und regelmäßigen Aktionen der Ortsgruppen.

Die *Christians For Future* laden alle, die sich aus ihrem Glauben heraus für Klimaschutz engagieren wollen, ein, sich bei den Ortsgruppen in ihrer Nähe zu melden. Eine Übersicht mit allen Kontaktadressen findet sich auf der Homepage. Wenn es in der Nähe keine Ortsgruppe gibt, besteht die Möglichkeit unter folgender Adresse mit der Bundesebene in Kontakt zu treten.

LITERATUR

FOPP, David: Gemeinsam für die Zukunft – Fridays For Future und Scientists For Future. Vom Stockholmer Schulstreik zur weltweiten Klimabewegung, Bielefeld 2021.

SAUERWEIN, Georg u. a.: Hintergrundpapier zu den Forderungen der Christians for Future 2021, 16.09.2021. Online zugänglich unter: https://christians4future.org/wp-content/uploads/2021/09/Hintergrundpapier-final-1.pdf (letzter Zugriff am 16.05.2023).

Kontaktmöglichkeiten und weitere Informationen:
networking@christians4future.org
www.christians4future.org

Kreuzweg für die Schöpfung: Von Lützerath nach Büchel
Foto: Thomas Nauerth

Welt-Ordnung

Eine politisch-ethische Lektüre der Schöpfungserzählung am Anfang der Bibel[1]

Georg Steins

ENTSPANNUNG IM DAUERSTREIT UM DIE WAHRHEIT DER BIBEL?

Lange Zeit standen die Schöpfungserzählungen in den ersten Kapiteln der Genesis im Kreuzfeuer zwischen Kreationismus und Kritizismus. Entweder wurde pauschal ein wortwörtliches Verständnis verteidigt oder die Texte wurden mit Berufung auf moderne naturwissenschaftliche Erkenntnisse als überholt abgelehnt. Es hat Jahrhunderte gedauert, bis sich der Pulverdampf verzog, diese schlechte Alternative als unangemessen erkannt und der Weg zu einem theologischen Verständnis eröffnet wurde, das die literarische Eigenart der Texte und den historischen Abstand wahrt, ohne die Bedeutung der Texte zu überhöhen oder auszuhöhlen. Die Großkirchen können dankbar auf eine lange und windungsreiche, aber letztlich erfolgreiche Lerngeschichte zurückblicken.

Für die Katholische Kirche ist der Durchbruch vor genau 75 Jahren mit der Bibelenzyklika Pius XII. von 1943 erstmals offiziell festgeschrieben[2], vor gut einem halben Jahrhundert auf dem Zweiten Vatikanischen Konzil (1962-1965) bekräftigt worden[3]. *Die Lösung der Wahrheitsfrage* wird seither nicht länger in der schroffen Zurückweisung der Zeitbedingtheit und Kulturverhaftetheit der

---

[1] Zuerst erschienen in: JRP/Jahrbuch für Religionspädagogik 34 (2018) 45-59 unter dem Titel: Alles in bester Ordnung. Ein Interpretationsvorschlag zu den Schöpfungstexten am Anfang der Bibel.

[2] Vgl. Über die zeitgemäße Förderung der biblischen Studien. Rundschreiben Pius XII. Divino afflante spiritu vom 30. September 1943, Stuttgart 1962, 21.

[3] Vgl. Dogmatische Konstitution über die göttliche Offenbarung „Dei Verbum" Nr. 8, in: HÜNERMANN (Hrsg.), PETER: Die Dokumente des zweiten Vatikanischen Konzils Bd.1., Freiburg 2004.

biblischen Texte gesehen, sondern *gerade in der Anerkennung ihrer Verwurzelung in der Geschichte, und das heißt in den vielfältigen Bedingungen und Begrenzungen des Denkens, der Sprache und der Interessen einer anderen Epoche.*

Das „kirchliche" Programm nimmt die *dreifache Kontextualität der biblischen Texte* ernst: 1. Es handelt sich um Texte einer fernen *Vergangenheit*, die 2. Teil eines umfangreichen *literarischen Korpus* sind, das 3. als Basisdokument einer *Glaubensgemeinschaft* dient. Ein direkter „Zugriff" auf das Wort Gottes unabhängig von diesen drei Kontexten führt geradewegs in einen Fundamentalismus, der sich von der Illusion der Unmittelbarkeit nährt.[4]

Dieses Programm zwingt dagegen nicht zur Abgrenzung von moderner Naturwissenschaft, indem entweder die Berechtigung der Evolutionstheorie „kreationistisch" bestritten oder durch die pseudowissenschaftliche Theorie des „intelligent design" ersetzt wird.[5] Es befreit von falschen Ängsten, der Glaube werde durch neuere wissenschaftliche Erkenntnisse bedroht. Müsste nicht umgekehrt mit der gegenwärtig geradezu rasant wachsenden Einsicht in die Komplexität der Natur und mit der Zunahme der Bereiche des Unerforschten das Staunen größer werden? Diese Frage richtet sich an beide Dialogpartner, an die Theologie *und* die Naturwissenschaften; sie betrifft die gemeinsam geteilten Voraussetzungen des Dialogs, der nur möglich und weiterführend ist, wenn *jede* Seite um die Grenzen des eigenen Weltzugangs weiß und vom anderen lernen will.[6]

Als dieses Programm im letzten Konzil (1962-1965) und ähnlich auch im Mainstream der reformatorischen Kirchen in den 1960er Jahren skizziert wurde, ließ sich noch gar nicht absehen, wie wichtig und hilfreich diese Orientierungen angesichts bleibend starker oder sogar noch wachsender fundamentalistischer Trends auch in der christlichen Bibelauslegung werden sollten. In der gegenwärtigen religiösen Weltlage gewinnt das bibelhermeneutische Programm

---

[4] Das antifundamentalistische Programm der Konzilskonstitution ist bestätigt und entfaltet worden in den vier großen Dokumenten der Päpstlichen Bibelkommission seit 1993, vgl. STEINS: Leuchtende Worte!.

[5] Vgl. HEMPELMANN: Schöpfungsglaube.

[6] Dazu vgl. die umfassende Übersicht bei: BARBOUR: Wissenschaft und Glaube. Grundlegend für die aktuelle Debatte: GERHARDT: Glauben und Wissen.

erneut prophetisch-befreiende Kraft. So stellt die Evangelische Zentralstelle für Weltanschauungsfragen (EZW) in einem Flyer 2015 fest: „Angesichts der globalen Ausbreitung evangelikaler und pfingstlich-charismatischer Bewegungen haben kreationistische Überzeugungen auch in Europa an Relevanz gewonnen, obgleich ihr Einfluss hier begrenzt bleibt. In manchen Schulen wird über das Thema Schöpfung und Evolution auch in Deutschland heftig und öffentlich gestritten. Gerichte treffen Entscheidungen zu religiös motivierter Schulverweigerung, die u.a. mit dem Hinweis auf eine nicht annehmbare ‚gottlose Evolutionslehre im Biologieunterricht' begründet wird. Die ‚Studiengemeinschaft Wort und Wissen' verbreitet eine didaktisch gut gestaltete Publikation ‚Evolution – ein kritisches Lehrbuch', das sieben Auflagen erzielte, naturwissenschaftliche Plausibilität beansprucht und davon ausgeht, dass die Schöpfungserzählungen des 1. Mosebuches als Teil der Heilsgeschichte auch leitend sein sollten für naturwissenschaftliche Theoriebildungen."[7]

Die zunehmende Aggressivität der Auseinandersetzung um die Wahrheit der biblischen Schöpfungserzählungen lässt sich zu einem Teil auch erklären durch den Anspruch eines überzogenen atheistischen Naturalismus, der naturwissenschaftliche Theorien zu Weltanschauungen aufbläht und eine universale Erklärungskompetenz beansprucht. Damit lässt sich das Phänomen des wachsenden Fundamentalismus in evangelikalen wie katholikalen Gruppen selbstverständlich nicht umfassend erklären, aber zu einer in der Sache weiterführenden Debatte tragen solche Grenzüberschreitungen von naturwissenschaftlicher Seite nicht bei.[8]

---

[7] HEMPELMANN: Kreationismus, Kompakt-Infos: ein Flyer.
[8] Die Literatur zu diesem Themenfeld ist unüberschaubar; ich wähle einige neuere gut lesbare und orientierende Publikationen zur Kritik des Naturalismus aus: KUMMER: Der Fall Darwin.; LANGTHALER: Warum Dawkins Unrecht hat.; MUTSCHLER: Alles Materie – oder was?; NAGEL: Geist und Kosmos.

WENIG WEITERFÜHRENDE BIBELDEUTUNGEN

Im Religionsunterricht der großen Kirchen und in deren Verkündigung bewegt sich die Erschließung der biblischen Schöpfungserzählungen[9] meistens in einem konsensuellen Rahmen, der sich auf
die Kurzformel bringen lässt: Die Bibel lehrt nicht, *wie* die Welt
entstanden ist; über die Weltentstehung und die Entwicklung des
Lebens geben die Naturwissenschaften verlässliche Auskünfte; das
Thema der biblischen Schöpfungserzählungen ist vielmehr das
Wozu, die Sinnfrage.

In der bereits zitierten Handreichung der EZW heißt es zur
Erläuterung dieses Konsenses: „Bereits im Alten Testament sind die
Vorstellungen vom Wie der Schöpfung nicht entscheidend. Verschiedene Vorstellungen von der Entstehung der Welt werden nebeneinander stehengelassen. Entscheidend ist die Botschaft der biblischen Zeugen. Sie bekennen, dass alles (‚Himmel und Erde') aus
Gottes Hand kommt. Sie bezeugen, dass Mensch und Welt dazu bestimmt sind, Gott als Schöpfer und Erhalter des Lebens zu loben. Sie
unterstreichen, dass Gott ein Gegenüber ist, das angeredet werden
kann. Sie weisen darauf hin, dass die Würde eines jeden Menschen in
seiner Gottesebenbildlichkeit begründet ist. Der biblische Schöpfungsglaube zielt auf ein Orientierungswissen, nicht auf ein natur-
wissenschaftliches Informationswissen."[10]

Es ist bemerkenswert und ein wichtiges ökumenisches Zeichen
für eine Übereinstimmung in einer zentralen theologischen Frage,
dass die Päpstliche Bibelkommission (PBK) sich 2014 mit ähnlichen
Worten und in derselben Intention geäußert hat: „Die ersten Seiten
der Bibel bezeugen den Glauben an Gott, der Ursprung und Ziel von
allem ist. Als ‚Erzählungen von der Schöpfung' zeigen sie nicht, ‚wie'
die Welt und der Mensch begonnen haben, sondern sprechen vom
Schöpfer und von seinem Verhältnis zur Schöpfung und zu den
Geschöpfen. Immer entstehen Missverständnisse, wenn diese alten
Texte aus heutiger Perspektive gelesen und als Aussagen darüber
betrachtet werden, ‚wie' die Welt und der Mensch entstanden sind.

---

[9] Es handelt sich um Erzählungen; der Ausdruck „Schöpfungsbericht" ist falsch und
sollte gänzlich aufgegeben werden, denn von Gott und Schöpfung kann man erzählen
und singen (z. B. in den Psalmen), aber niemals berichten.
[10] HEMPELMANN: im zuvor genannten Flyer (s.o. Anm. 6).

Um der Absicht der biblischen Texte zu entsprechen, ist ein solches Lesen zu vermeiden und ihre Aussagen dürfen nicht in Konkurrenz gesehen werden zu den Ergebnissen der modernen Naturwissenschaften. Diese stellen den Wahrheitsanspruch der Bibel nicht in Frage, da die Wahrheit der Schöpfungserzählungen den sinnvollen Zusammenhang der Welt als Werk Gottes betrifft."

Der folgende Absatz des Dokuments der PBK nennt zahlreiche Textbeobachtungen zu Gen 1, fasst sie aber bedauerlicherweise nur in dem eher formalen Begriff „Beziehung" zusammen: „Der Schöpfergott, von dem die Bibel spricht, ist darauf aus, zu seinem Geschöpf in Beziehung zu treten: sein Schaffen, wie es die Bibel beschreibt, unterstreicht diese Beziehung."[11] Es entsteht der Eindruck, dass der literarische Aufwand und die Besonderheiten der Ouvertüre der ganzen Bibel für die Interpretation nicht zum Tragen kommen. Auch in den folgenden Ausführungen verbleibt das Dokument in seinem apologetischen Grundgestus und variiert lediglich den Grundgedanken. „Die Menschen sind so in eine ‚Beziehung des Geschaffenseins' zu Gott hineingestellt."

Die Bibelkommission hält fest, dass die biblischen Schöpfungserzählungen eine andere Sicht auf Welt und Mensch bieten als die Naturwissenschaften. Das ist immer wieder zu betonen, wenn sich Tendenzen einer „wortwörtlichen" Lesart bemerkbar machen. *Aber neben der Abgrenzung fällt die positive Auslegung des Textes massiv ab: Muss die Interpretation dieser Texte so allgemein, so matt und so unergiebig bleiben? Wem hilft der oben nachgezeichnete Konsens, angesichts eines so feierlichen und auch so fremd-faszinierendes Textes wie der Schöpfungsgeschichte am Anfang der Bibel?* Wie ist es möglich, in Bezug auf Gen 1ff die gewohnten Interpretationsschemata zu verlassen und mehr zu sehen und zu sagen? Hier kann der Ansatz einer „kanonisch-intertextuellen Lektüre" weiterführen; sie fordert die stärkere Beachtung des biblischen – anders gesprochen: des kanonischen – Zusammenhangs der Texte. Nicht die Zeitumstände der Textentstehung, die fremden Kulturen des Alten Orients oder rekonstruierte Quellenschriften und Redaktionsschichten – so wichtig und unverzichtbar diese für ein Verständnis eines historischen Textes

---

[11] Päpstliche Bibelkommission Inspiration und Wahrheit der Heiligen Schrift. Das Wort, das von Gott kommt und von Gott spricht, um die Welt zu retten (Verlautbarungen des Apostolischen Stuhls Nr. 196), Bonn 2014, alle Zitate aus der Nr. 67.

aus einer fernen vergangenen Welt sind – sollen der erste Kontext der Wahrnehmung des auszulegenden Textes sein, sondern der literarische Zusammenhang, in dem uns heute die Schöpfungstexte begegnen. In der Bibel*auslegung* ist der Bibelkanon der erste Kontext![12]

EIN BESSERES VERSTÄNDNIS: SCHÖPFUNG ALS IN-ORDNUNG-BRINGEN

Gen 1 (= 1. Mose 1 in evangelischer Tradition) wird in der revidierten Lutherbibel 2017 mit „Die Schöpfung" überschrieben; in der Einheitsübersetzung von 2016 lautet der Titel „Die Erschaffung der Welt". Was bedeutet „Schöpfung" oder „erschaffen" in Bezug auf Gen 1? Das Nomen „Schöpfung" (griech. *ktisis*) taucht erst am Rande des Kanons auf, in den griechisch beeinflussten jüngsten Partien.[13] In der Hebräischen Bibel ist der verbale Ausdruck der göttlichen Schöpfertätigkeit vielfältig; hier ist nicht nur auf das (allein mit göttlichem Subjekt gebrauchte) Verbum *barah* zu verweisen, sondern auf parallele Ausdrücke: auf das Allerweltswort „machen" und auf speziellere handwerkliche Termini wie „bilden", „formen", „gründen", „aufrichten".[14] Neben dem Nomen „Schöpfer" (wörtlich: „der Erschaffende") existieren zahlreiche Entsprechungen wie „Vater", „Bildner", Macher" „Erzeuger", „Gründer".

Dass das Verbum *barah* exklusiv mit göttlichem Subjekt verwendet wird, sollte nicht zu stark bewertet werden, denn sowohl in Gen 1 wie auch in Jes 40ff wird es parallel zu anderen üblichen Ausdrücken für eine schöpferische Tätigkeit verwendet. In Gen 1 steht es alternativ neben dem gewöhnlichen Wort „machen". Vermutlich dient der Ausdruck *barah* in Gen 1 dazu, den Terminus „machen" und den für diese Schöpfungserzählung so gewichtigen Aspekt des machtvollen göttlichen Sprechens und Anordnens zu integrieren; dafür spricht schon die prononcierte Verwendung von *barah* in den Rahmenversen von Gen 1.

---

[12] Vgl. STEINS: Der Kanon ist der erste Kontext.
[13] Z. B. Weish 2,6; 5,17; 16,24; 19,6, ferner in Sir, Jud und Tob.
[14] Zum Verb *barah* ist nur an zwei späten Stellen das Nomen *beri'ah* belegt (Sir 16,16, hier: „Geschöpfe"; Num 16,30).

Das Verb *barah* wird in der Hebräischen Bibel immer ausschließlich mit Gott als Subjekt verwendet, aber es bezeichnet nicht eine Schöpfertätigkeit im Sinne einer absolut grundlosen Erst-erzeugung (*creatio ex nihilo*). Vielmehr geht es um das hoheitliche Verändern von Wirklichkeit, und zwar sowohl zum Guten als auch zum Schlechten. Es geht um die lebensförderliche Ausgestaltung der Erde als Ort zum „Siedeln" und „Wohnen" (vgl. Jes 45,18f) oder eben auch um das genaue Gegenteil, ihre „Verwüstung" (vgl. Jes 45,7). *Der Hauptakzent liegt auf der machtvollen Gestaltung eines Lebensraumes und um das Darin-leben-Können der Menschen, also seiner „Güte", nicht um die Klärung der Fragen nach dem Anfang der Welt.* Beispielhaft ist Jes 45,7f:

> *ICH bins und keiner sonst:*
> *der das Licht bildet*
> *und die Finsternis schafft,*
> *der den Frieden macht*
> *und das Übel schafft.*
> *ICH bins, der all dies macht.*
> *Träufet, ihr Himmel, von oben,*
> *Wahrhaftigkeit sollen rieseln die Lüfte,*
> *die Erde soll sich öffnen,*
> *Freiheit (Heil/Rettung) sollen sie fruchten lassen,*
> *Bewährung (Gerechtigkeit) soll sie sprießen zumal,*
> *ICH selber habe es geschaffen.*[15]

In streng parallelen Zeilen wird Jes 45,7 ausgesagt, dass der eine und alleinige Gott (vgl. Jes 45,5f; Jes 43,10b.11) „Licht bildet" und „Finsternis schafft", den Frieden (*schalom*) macht, also die heilvolle Ordnung, und als Gegenteil „das Übel", die Unordnung. Das sind überraschende Aussagen, aber wenn es nur diesen einen Gott gibt, muss *die Wirklichkeit in allen ihren Facetten* mit Gott in Verbindung gebracht werden.[16] Die Fortsetzung in Jes 45,8 bringt die Gewichte wieder ins Lot, denn sie zeigt, dass Licht und Finsternis nicht gleichwertig sind: Das Ziel allen göttlichen Handelns sind Rettung,

---

[15] Übersetzung nach BUBER/ROSENZWEIG: Die Bücher der Kündung. In Klammern Ergänzungen von mir, auch im folgenden Zitat.
[16] Vgl. Dtn 32,39; 1 Sam 2; Tob 13,2; Ijob 1,21; 5,18; Ps 107, 33-41; Am 3,6; 4,13; 5,8; Klgl 3,38.

Heil und Gerechtigkeit, allesamt synonyme Ausdrücke für die heilvolle Ordnung.

Dieser Text aus Jes 45,7 geht „theologisch" weiter als Gen 1, denn in dem Eröffnungskapitel der Bibel werden die drei Chaosmächte Finsternis, Urflut und „grauenvolle Öde"[17] (hebräisch: *tohu wabohu*) *nicht* auf Gottes „Schöpfertätigkeit" zurückgeführt; über ihre Herkunft verlautet nichts. Die Bibel redet über denselben Gegenstand gelegentlich mit vielen Stimmen! Was so selbstverständlich klingt, ist für die Auslegung ein entscheidender Hinweis. Wer aus der „Meinungsvielfalt" eine systematisch, eine gedanklich stringente und begrifflich konsistente Lehre „destillieren" wollte, verfehlt die theologische Grundhaltung der Bibel: Ihre „Gegenstände" lassen sich nur aus vielen Blickwinkeln anschauen und anfänglich begreifen. In der Unfähigkeit, diese anspruchsvolle Weltsicht nachzuvollziehen, liegt eine der Ursachen des biblizistischen Fundamentalismus. Ein Blick auf die passenden Internetseiten zu Themen wie „Schöpfung", „Wunder" oder „Ostergeschichten" gibt einen Einblick in die oft krampfhaften und lächerlichen Harmonisierungsversuche angesichts der biblischen Vielstimmigkeit.

Gen 1 hat eine andere Tendenz als Jes 47, indem darin Schöpfung als „sehr gute" Vor-Gabe Gottes ausgemalt und in den folgenden Kapiteln der Genesis die Verantwortlichkeit des Menschen für die sich pandemisch ausbreitende Gewalt herausgestellt wird. Näher an Gen 1 als der zuvor zitierte Text steht Jes 45,18f:

> *Ja denn,*
> *so hat ER gesprochen:*
> *Der den Himmel schafft,*
> > *er eben ist der Gott;*
> *der die Erde bildet und sie macht,*
> > *er eben erhält sie;*
> *nicht als Irrsal (hebr.: tohu) hat er sie geschaffen,*
> > *zum Besiedeln (Wohnen) hat er sie gebildet –*
> *ICH bins und keiner sonst.*
>
> *Nicht im Verborgenen habe ich geredet,*
> *in einem Orte des Finsterlands,*

---

[17] JACOB: Das Buch Genesis, 26.

nicht gesprochen zu Jaakobs Samen:
Sucht mich im Irrsal (hebr.: tohu)!
ICH bin es,
der Wahrhaftigkeit redet,
der Gerades meldet.

Die geordnete Welt, um die es in Gen 1 geht, wird in diesem Eröffnungskapitel der ganzen Bibel Schritt für Schritt entwickelt und am Ende als „sehr gut" qualifiziert (Gen 1,31). Das ist die typische Erzählhaltung: Ein großes Gemälde vor Augen stellen, indem man erzählt, wie es nach und nach entstanden ist. Normalerweise „funktioniert" dieser Typus von Erzählung; unser Interesse richtet sich auf das Gesamtergebnis, das sich aus den nacheinander fokussierten Details zusammenfügt. Das naturwissenschaftliche Kausalitätsdenken und die zur Weltsicht avancierte Vorstellung der Evolution haben aber in Bezug auf Gen 1 den gewohnten narrativen Mechanismus außer Kraft gesetzt, sodass wir unser Interesse auf den Prozess selbst richten. Die „vorevolutionistische" Sicht muss erst in einer bewussten Reflexion auf die gewählte Lesart des Textes, also in einem hermeneutischen Schritt, wiedergewonnen werden, wenn die Grundvoraussetzung einer kultursensiblen Lektüre beachtet werden soll.

Beim genauen Hören und Schauen geht auf, dass in Gen 1 keine Prozesse, keine Entwicklungen und Kausalketten beschrieben werden. Das Szenario erinnert eher an einen Bühnenaufbau oder die Errichtung eines Rohbaus als einem ersten Akt, auf den in einem zweiten Akt die Ausstattung der Räume folgt. Erst werden an den Tagen 1 bis 3 die Räume durch Trennung errichtet; dazu gehört auch am dritten Tag die Begrünung; dann werden sie an den Tagen 4 bis 6 mit den Himmelskörpern und Lebewesen besetzt.[18] In diesen Akten wird nach und nach die in Gen 1,2 beschriebene chaotische Welt in eine „heile", „friedliche", „gerechte" (vgl. Jes 45,8) Ordnung überführt. An die Stelle der „Todeswelt" tritt eine wohl geordnete Welt, in der das Leben möglich ist.

---

[18] Auf die Werke der Trennung (*opera distinctionis/separationis*) folgen die Werke der Ausgestaltung (*opera ordinationis/ornatus*).

Der überraschende Kern biblischer Schöpfungstheologie: Gott als König

Im Zentrum von Gen 1 steht die Frage, wie aus der „grauenvollen Öde" eine lebensfreundliche Welt wird. Das Interesse richtet sich auf die Beherrschung chaotischer Kräfte, die einer guten „Ordnung" entgegenstehen, durch die alles ins Rechte bringende Überlegenheit des einen Gottes.

Wenn man dieser Spur folgt, führt sie direkt zur Eigenart des Diskurses, der in diesen Schöpfungstexten geführt wird. Es geht um die Polarität zwischen den Todesmächten und der Lebensmacht und um die Rolle Gottes. *Biblische „Schöpfungstheologie" (in den Anfangstexten der Bibel, aber auch in den zitierten Jesaja-Texten und an vielen anderen Stellen) ist durch und durch politisch und ethisch imprägniert: Es dominiert die Machtfrage, die Frage von „Herrschaft und Heil"* [19]. *Das vorrangige Interesse der Schöpfungstexte gilt dagegen nicht der „Natur" und ihrem Verständnis;* Schöpfungstheologie ist nicht interessiert an einer objektivierenden Beobachtung, begrifflichen Ordnung und Beschreibung natürlicher Gegebenheiten und Abläufe. Keine Frage, das spielt oftmals hinein und beeinflusst den nüchternen Blick dieser Texte, aber solche Interessen lassen sich eher in weisheitlichen Kontexten (etwa Ijob 38-41 oder Ps 104) vermuten, obgleich sie dort auch nicht vorherrschen.

Zehn Mal hebt der Text Gen 1 mit dem formelhaften „Und Gott sprach…" an. Befehle zu erteilen und die Zeiten und die Räume zu beherrschen und zu ordnen ist die zentrale Aufgabe staatlicher Macht. Ohne dass der Begriff im Text von Gen 1 fällt, wird der Schöpfergott bereits im ersten Kapitel der Bibel vor allem als König konzipiert, der Befehle erteilt und dadurch die Welt ordnet. Zum ersten Mal ausdrücklich als König tituliert und hymnisch proklamiert wird Gott erst in Ex/2. Mose 15,18, nach der völligen Entmachtung Pharaos, des Gegenkönigs, der von Beginn des Exodusbuches an als „Chaot", als Agent der Todesmacht gezeichnet wird (vgl. Ex 1 und 14).

In dieser „königlichen" Perspektive gewinnen auch die Ausführungen zum Menschen in Gen 1,26-28 Kontur. Die ungewöhnliche

---

[19] Vgl. ASSMANN: Herrschaft und Heil; STEINS: Zum Ansatzpunkt alttestamentlicher Schöpfungstheologie.

Beschreibung des Menschen „als Bild Gottes" und der „Herrschafts-auftrag" über die gesamte Tierwelt bestimmen seine Funktion als ho-heitlich waltenden [20] Stellvertreter Gottes in der Schöpfung, also gewissermaßen als Vizekönig. Es genügt nicht zu sagen, eine altorientalische oder ägyptische Vorstellung von der göttlichen Wür-de des Königs werde in Gen 1 auf alle Menschen übertragen; die Pointe liegt an anderer Stelle: Der Mensch wird zum König gemacht, zum Herrn der Schöpfung. Und das heißt nach altorientalischem Ver-ständnis *nicht* zum Despoten, der die Schöpfung eigenen Interessen unterordnen kann, sondern zum „Hirten", der zwei Aufgaben erfüllt: Wohlergehen der „Herde" nach innen, nach außen den Schutz vor Feinden. [21]

Die Erzählung von Gen 1 läuft auf den siebten Tag (Gen 2,1-3) zu. Die Abtrennung eines Ruhetages von den All-Tagen ist nicht durch die Natur vorgegeben, sondern eine soziale Konvention, das Ergebnis einer folgenreichen Restrukturierung der natürlichen Zeiten. Die Bibel erzählt, dass sie „von oben" der Schöpfung aufgegeben ist, denn so tief in das Gefüge der Zeit eingreifen kann nur Gott. Weil diese Um-Ordnung so wenig selbstverständlich ist, muss diese Gestaltung der Zeitrhythmen und deren Sinn von Israel erst schrittweise ent-deckt und als Praxis übernommen werden. Da es sich um die gute Zeitordnung des Schöpfers handelt, kann Israel den Sinn erst nach der Befreiung aus der Sklaverei in Ägypten richtig begreifen. Von der Entdeckung dieser Zusammenhänge erzählt die Mannageschichte Ex 16; im Dekalog Ex 20 wird die Ordnung der Woche zur Regel er-hoben, in Ex 31 als Sakrament, das heißt als Zeichen und Erfahrungs-ort des Gottesbundes, gedeutet.

Auch der Raum, in dem Israel in besonderer Weise das Weltkönigtum Gottes erfahren darf und soll, ist mit Gen 1 noch nicht vollständig geordnet. Zum Königtum gehört selbstverständlich ein Palast. Daher überrascht es nicht, dass das Exodusbuch nach der Befreiung der Israeliten und der Proklamation des göttlichen

---

[20] Vgl. die revidierte Einheitsübersetzung 2017, die in Gen 1,26 und 28 nun „herrschen" durch „walten" ersetzt hat.

[21] Das sind und bleiben die Aufgaben jeder Staatlichkeit. Zum Verständnis der Rolle des altorientalischen Königs als Hirte seines Volkes gibt es einen überaus wichtigen Text, die Gesetzessammlung des Königs Hammurabi. Im Vor- wie im Nachwort stellt sich der babylonische König aus dem 18. Jh. v. Chr. mehrfach als göttlich beauftragter Hirte vor; der Text ist leicht zugänglich in EILERS: Codex Hammurabi.

Königtums vor allem von der Errichtung eines Heiligtums handelt, das der Szenerie des Wüstenzuges entsprechend als transportables Zeltheiligtum konzipiert ist (vgl. Ex 25-31; 35-40). Diese Teile des Exodusbuches werden meistens zu wenig beachtet, dabei drückt sich in ihnen das Ziel der Befreiungsaktion aus. Es ging nicht nur um die Rettung aus der Sklaverei. Alles läuft auf die Formierung eines neuartigen Volkes hinaus (vgl. Ex 19,3-7), das sich um den „Palast" seines neuen Herrschers zum Gottesdienst versammelt: vom Sklavendienst zum Gottesdienst, das ist nach dem Exodusbuch der Weg des Volkes Israel.

Auch das gehört zum biblischen Konzept von Schöpfung. Wie stark die Errichtung dieses Heiligtums als Fortsetzung der ordnenden Schöpfertätigkeit gesehen wird, geht aus den vielen Parallelen zu Gen 1 hervor: An einem siebten Tag wird dem Mose das Modell des Heiligtums gezeigt (Ex 24,16; 25,8f). In Ex 39f hallt das „und es geschah so" aus Gen 1 in der Wendung „wie es der HERR dem Mose befohlen hatte" vielfach nach. Am ersten Tag des ersten Monats im zweiten Jahr des Exodus (das heißt an einem Neujahrstag, dem Tag des Schöpfungsgedenkens) stellen die Israeliten das Sinaiheiligtum auf (vgl. Ex 40,1.17). Nun hat der himmlische König einen von ihm bestimmten und nach seinen Vorgaben gestalteten Ort auf der Erde, von dem aus er zukünftig autoritativ sprechen und die Belange seines Volkes durch Weisungen regeln kann (vgl. Lev 1,1; Num 1,1).

UNVERZICHTBARKEIT DER KLAGE FÜR DEN SCHÖPFUNGSGLAUBEN

Diese skizzenhaften Darlegungen sind im wahrsten Sinne des Wortes „einseitig". Sie nehmen die Vor-Gabe der sehr guten Schöpfung in den Blick, das heißt: eine geordnete Welt, in der die mit den starken Metaphern Finsternis, Urflut und grauenvolle Ödnis aufgerufenen Chaosmächte nicht beseitigt, aber eingebunden, „beherrscht" sind, in der es keine Konflikte unter den Menschen gibt und auch die große Konfliktquelle der Nahrungskonkurrenz zwischen Mensch und Tier durch eine geregelte Verteilung der Nahrungsquellen ausgeschaltet ist. Der sechste Tag schließt in Gen 1,29f mit diesem Friedensbild, so dass in Vers 31 festgestellt werden kann, alles sei „sehr gut" eingerichtet.

Die Wahrnehmung dieses „utopischen" Charakters von Gen 1 ist wichtig; die erste Schöpfungsgeschichte handelt *nicht* von der Welt, die es gibt und die wir erleben, sondern von einer anderen, einer wirklich „sehr guten" Welt, die ganz dem Willen ihres göttlichen Schöpfers entspricht. *Mit dem Auftreten des Menschen, dem Sachwalter Gottes über die Schöpfung (Gen 1,26-28), ändert sich die Welt.* Für seinen Dienst benötigt der Mensch das grundlegende moralische Unterscheidungsvermögen. Die biblische Formulierung für Moralität heißt „Gut und Böse erkennen/unterscheiden"[22]. Diese Fähigkeit zeichnet den erwachsenen Menschen gegenüber dem unmündigen Kind und dem mental nachlassenden alten Menschen aus. *Durch den Missbrauch menschlicher Freiheit kommt die Gewalt in die Welt (vgl. Gen 6,11f). Von dieser Spannung zwischen der Befähigung zur Freiheit und dem zur Gewalt führenden Missbrauch der Freiheit sind die Anfangs-erzählungen[23] der Bibel beherrscht.* Hier wird das Thema gesetzt, das in der gesamten Bibel Alten und Neuen Testaments bearbeitet wird: die Wiedergewinnung des sehr guten Anfangs. Im Schlussbild der Bibel, in den letzten Kapiteln der Offb wird dieses Thema wiederaufgenommen und in den neuen „Paradiesbildern" als erreicht festgehalten.

Das beschriebene Muster „Gott setzt den guten Anfang – durch die Schuld des Menschen wird alles verdorben" liefe auf eine zu ein-fache Theodizee hinaus, die alles Übel dem Menschen zuschreibt und Gott völlig entlastet. Die Bibel vermeidet diese Theodizee zulasten des Menschen und sucht eine Lösung jenseits einer „Verdammung" des Menschen, die in eine Verabschiedung Gottes umschlagen muss,

---

[22] Gen 2,16; 3,4.22; Dtn 1,39; 2 Sam 19,36; 1 Kön 3,9.

[23] Ich vermeide den üblichen Ausdruck „Urgeschichte" für den Textbereich Gen 1-11; der Begriff ist missverständlich, denn er könnte nahelegen, die ersten Kapitel hermeneutisch vom Rest der Gen und von der folgenden Erzählung des Pentateuch abzusetzen: Gen 1-11 wird dann als grundlegende anthropologische Reflexion ver-standen, während ab der Abrahamgeschichte in Gen 11f der Boden der Geschichte Israels betreten wird. Das ist irreführend, denn der Pentateuch hat keine Urgeschichte, er ist als Ganzer die Urgeschichte Israels als Volk Gottes. Mose ist nicht weniger ungeschichtlich im Sinne einer modernen Faktengeschichte als die Figuren der vermeintlichen Urgeschichte.

sobald der Mensch nicht länger bereit ist, sich diesem Muster zu unterwerfen, wie es für die Neuzeit bezeichnend ist.

Für die Bibel ist die Schöpfung nicht fertig, Gott ist aus seiner Verantwortung nicht entlassen. Das Gut-Sein der Welt muss sich noch herausstellen, denn die geschichtliche Erfahrung ratifiziert diese These der Schöpfungserzählung nicht. Stark vereinfacht gesagt, wählt die Bibel in der Bearbeitung dieser „Erfüllungslücke"[24] zwei Wege: Zum einen erzählt sie von immer neuen Initiativen Gottes zur „Heilung" der gewaltbesetzten Welt: Erwählung der Erzeltern, Exodus, Aufbau einer neuen Gesellschaft mit gottgewollten Regeln usw. Zum anderen zeigt sie dem glaubenden Menschen eine Möglichkeit, die eigene Not und den üblen Zustand der Welt wahrzunehmen, Gottes Versprechen für die Welt in Erinnerung zu rufen und die Hoffnung auf eine Veränderung zum Guten auszudrücken. Dieser Weg ist die Klage. Der Ausdruck „Klage" ist passend, weil er nicht zuerst an das Jammern in der Not denken lässt, sondern an den juristischen Klageweg, der denen offensteht, die ihr „gutes Recht" durchsetzen wollen. Die Klage wird dem König vorgetragen, er ist zuständig als Schöpfer und Richter; sie erinnert ihn an seine Verantwortung für das Gut-Sein der Schöpfung und fordert Gerechtigkeit, das heißt die Richtig-Stellung der ungerechten Schöpfung.[25]

Der Zusammenhang von Schöpfungsglaube und Schöpfungslob ist biblisch evident (z. B. Ps 104). Aber ebenso grundlegend ist die Verbindung von Schöpfungsglaube und Klage. In der Klage wird der Glaube an den Schöpfer und die Hoffnung für die ganze Schöpfung gelebt. Ein „Schöpfungsglaube" ohne das Klagegebet mag von großem Respekt für den Zusammenhang des Lebendigen und das Weltganze geprägt sein, mag eine Art von Naturfrömmigkeit ausdrücken, die Pointe des biblischen Schöpfungsglaubens ist damit jedoch nicht getroffen. Biblischer Schöpfungsglaube zieht über die Klage die Welt gewissermaßen in einen „Prozess" hinein, in dem die

---

[24] Vgl. SCHÖTTLER: Christliche Predigt und Altes Testament, 465 u. ö.

[25] Vgl. STEINS (Hg.): Schweigen wäre gotteslästerlich; JANOWSKI: Konfliktgespräche mit Gott; SCHMIDT: Klage, 175: „Klage macht Gott als letztgültig Verantwortlichen ansprechbar, indem sie ihn – mit Hilfe biblischer und liturgischer Sprache – noch im Eindruck seiner radikalen Abwesenheit anredet."

Gerechtigkeit, das Richtig- und Gut-Sein, noch aussteht: „Wir erwarten gemäß seiner Verheißung einen neuen Himmel und eine neue Erde, in denen die Gerechtigkeit wohnt." (2 Petr 3,13)

Auch das Lob des Schöpfers und der Schöpfung ist keine kritiklose Affirmation des Bestehenden; ein Lob dieser Art wäre auf dem Weg zur Ideologie. Das Lob ist immer vermessen, es greift weiter aus als die konkrete Erfahrung, die niemals die Nachtseiten der Schöpfung übersehen und vergessen darf, den Schmerz, die Todesverfallenheit und das unversöhnte Leiden der Opfer. Wie die Klage auf Gott vertraut und an Gottes Verheißung festhält, so greift das Lob voraus und sagt mehr, als sich eigentlich sagen lässt. Beide, Klage wie Lob, sehen die Welt im Licht der größeren Möglichkeiten Gottes – und werden zum Protest gegen die unerlöste Welt. Nicht erst die Niedrigkeitschristologie des Neuen Testaments (vgl. Phil 2), sondern bereits das Alte Testament hat die Gefahren des Mythos vom souveränen Schöpfergott „durchgespielt". *Israels jahrhundertelanger Leidensweg war ein Weg, sich selbst und Gott immer tiefer zu verstehen und ideologische Muster der Gewalt und des Triumphalismus zu durchschauen (vgl. Ps 44).* Die biblische Königsmetaphorik schließt die Niedrigkeitsaussagen ein; als Beispiel sei auf Jes 57,15 verwiesen, die vielleicht dichteste biblische „Definition" von Gottes Heiligkeit:

> „… *so spricht der Hohe und Erhabene,*
> *er wohnt in Ewigkeit, sein Name ist Der Heilige:*
> *Als Heiliger wohne ich in der Höhe,*
> *aber ich bin auch bei dem Zerschlagenen*
> *und dem im Geist Niedrigen,*
> *um den Geist der Niedrigen wieder aufleben zu lassen*
> *und das Herz der Zerschlagenen neu zu beleben."*[26]

BEDEUTUNG DER SCHÖPFUNGSTHEOLOGIE IN AKTUELLEN DEBATTEN

Die mögliche politisch-ethische Relevanz dieser biblischen Weltsicht wird deutlich an den Debatten, in denen biblische Schöpfungstheologie gegenwärtig eingespielt wird, und zwar nicht nur von theologischer oder kirchlicher Seite. Der zum Teil unerwartete und

---

26 Revidierte Einheitsübersetzung 2017.

gelegentlich auch nachdrückliche Rückgriff auf die Bibel zeigt, wie unverzichtbar und hilfreich religiös-mythische Konzepte sein können, wenn es um Aufklärung über den Zustand der Welt und die Rolle des Menschen geht.

In der *Ökologie-Debatte* wirkt der Blick auf biblische Texte inspirierend. Die Bibel vermittelt einen Sinn für die Einmaligkeit und Einzigartigkeit der Schöpfung, für die Welt um uns herum als Vor-Gabe. Sie weist hin auf den Zusammenhang des Lebendigen, in dem einen „Lebenshaus" und auf die Verantwortung des Menschen, aber auch auf sein destruktives Potential. Der Mensch ist das mit Abstand gefährlichste Lebewesen auf der Welt. Es geht um die Pflege einer lebensförderlichen Ordnung. Gerade Gen 1 mit seinem Gipfel in der Ruhe des siebten Tages kann für das Ablassen vom Machen und das Innehalten als wesentliche Momente einer „guten" Ordnung inspirieren.

Es kommt nicht von ungefähr, dass in den *Diskursen um anthropologische Grundfragen* immer wieder auf den Menschen als „Bild" Gottes rekurriert wird, auf eine Würde und Größe, die den Menschen zu Besonderem befähigen, aber auch seine Gefährdung zeigen. Dass *der Mensch* den Menschen „definiert" und „macht", ist eine reale Bedrohung. Zum Menschsein gehört nach biblischem Verständnis dagegen das Sich-und-anderen-Entzogensein, die Begrenzung menschlicher Herrschaft durch die Bindung an den *einen* Gott. Gott ist das begründende Gegenüber, der Schöpfer des Menschen, nicht der andere Mensch oder sonst etwas in der Schöpfung. Auch das ist eingeschlossen in der Vorstellung von Gott als dem universalen König und im politischen Anspruch der Schöpfungstexte.

Schließlich leistet Gen 1 auch in der *Debatte um Frieden* einen wichtigen Beitrag. Die Schöpfungsvorstellung fundiert die für die Gewaltüberwindung zentrale Forderung der Feindesliebe (vgl. Mt 5; Lk 6). In Gottes Schöpfung ist *alles* – von Gott her – gut gemacht. Biblisch gesprochen liebt Gott alles, was ist, und verabscheut nichts von dem, was er gemacht hat (vgl. Weish 11,26); Gott lässt es regnen über Gute *und* Böse. Gott ist darin vollkommen, dass nichts seiner Liebe entzogen ist; diese theologische Position steht hinter Mt 5,48: „Seit vollkommen, wie euer Himmlischer Vater vollkommen ist." „Vollkommen" bedeutet in diesem Zusammenhang: „Seid auf das Ganze bedacht – so wie Gott, der gute Vater." *Die Feindesliebe ist im*

Kontext der biblischen Theologie keine extreme ethische Position, sondern eine unumgängliche Konsequenz des biblischen Schöpfungsglaubens. Die Feindesliebe nimmt den Schöpfungsuniversalismus der Liebe Gottes ernst. Sie motiviert, den Feind mit den Augen Gottes zu sehen, als sein Geschöpf, als sein Bild. Selbst der Feind ist zuerst Geschöpf Gottes, auch wenn er sich gegen Güte und Gerechtigkeit stellt. Das Ziel kann daher niemals die Vernichtung des Feindes sein, sondern nur seine Umkehr, die (Rück-)Verwandlung des Feindes in Gottes gute Schöpfung. Die paradigmatische Erzählung von der Vernichtung Pharaos schildert gerade keinen historischen Krieg und fordert ausdrücklich nicht zum bewaffneten Kampf auf (vgl. Ex 14,13f), sondern erzählt in Bildern der Schöpfungsgeschichte von Gottes Absage an alles Todbringende.

So verschiebt sich im sensiblen Nachgehen der Texte und biblisch-literarischen Kontexte (von denen hier nur wenige berücksichtigt werden konnten) das Koordinatennetz, in dem die biblische An-fangserzählung „geortet" wird: Statt einer frühen und vielleicht primitiv anmutenden Naturkunde zeichnen sich die Umrisse einer politisch-ethischen Lektüre der Schöpfungserzählung ab, die zu tun gibt und hoffen lässt.[27]

LITERATUR

Über die zeitgemäße Förderung der biblischen Studien. Rundschreiben Pius XII. Divino afflante spiritu vom 30. September 1943, Stuttgart 1962.

Dogmatische Konstitution über die göttliche Offenbarung „Dei Verbum" Nr. 8, in: Hünermann, Peter (Hg.): Die Dokumente des Zweiten Vatikanischen Konzils Bd.1, Freiburg 2004.

Päpstliche Bibelkommission: Inspiration und Wahrheit der Heiligen Schrift. Das Wort, das von Gott kommt und von Gott spricht, um die Welt zu retten (Verlautbarungen des Apostolischen Stuhls Nr. 196), Bonn 2014.

ASSMANN, Jan: Herrschaft und Heil. Politische Theologie in Ägypten, Israel und Europa, München 2000.

---

[27] Vgl. BENK, Schöpfung – eine Vision von Gerechtigkeit; immer noch wichtig und inspirierend: SCHUPP, Schöpfung und Sünde.

BARBOUR, Ian G.: Wissenschaft und Glaube. Historische und zeitgenössische Aspekte, Göttingen ²2006.

BENK, Andreas: Schöpfung – eine Vision von Gerechtigkeit. Was niemals war, doch möglich ist, Ostfildern 2016.

BUBER, Martin /ROSENZWEIG, Franz: Die Bücher der Kündung, Darmstadt ⁸1985.

EILERS, Wilhelm: Codex Hammurabi. Die Gesetzesstele Hammurabis, Wiesbaden 2009.

GERHARDT, Volker: Glauben und Wissen. Ein notwendiger Zusammenhang (Reclams Universal-Bibliothek 19405), Stuttgart 2016.

HEMPELMANN, Reinhard: Kreationismus, Kompakt-Infos: ein Flyer der Evangelischen Zentralstelle für Weltanschauungsfragen 2015 (über die Homepage der EZW herunterzuladen).

HEMPELMANN, Reinhard (Hg.): Schöpfungsglaube zwischen Anti-Evolutionismus und neuem Atheismus, EZW-Texte 204, Berlin 2009.

JACOB, Benno: Das Buch Genesis, Stuttgart 2000.

JANOWSKI, Bernd: Konfliktgespräche mit Gott. Eine Anthropologie der Psalmen, Neukirchen-Vluyn 2003.

KUMMER, Christian: Der Fall Darwin. Evolutionstheorie contra Schöpfungsglaube, München 2009.

LANGTHALER, Rudolf: Warum Dawkins Unrecht hat. Eine Streitschrift, München 2015.

Mutschler, Hans-Dieter: Alles Materie – oder was? Das Verhältnis von Naturwissenschaft und Religion, Würzburg 2016.

Nagel, Thomas: Geist und Kosmos. Warum die materialistische neodarwinistische Konzeption der Natur so gut wie sicher falsch ist, Frankfurt 2013.

Schmidt, Jochen: Klage. Überlegungen zur Linderung reflexiven Leidens, Tübingen 2011.

Schöttler, Heinz-Günther: Christliche Predigt und Altes Testament. Versuch einer homiletischen Kriteriologie, Ostfildern 2001.

Schupp, Franz: Schöpfung und Sünde. Von der Verheißung einer wahren und gerechten Welt, vom Versagen der Menschen und vom Widerstand gegen die Zerstörung, Düsseldorf 1993.

Steins, Georg: Der Kanon ist der erste Kontext, oder: Zurück an den Anfang!, in: Bibel und Kirche 62 (2007), 116-121.

Steins, Georg: Leuchtende Worte! Die Fortschreibung von Dei Verbum in römischen Dokumenten zur Bibelauslegung, in: Bibel und Liturgie 88 (2015), 177-195.

Steins, Georg (Hg.): Schweigen wäre gotteslästerlich. Die heilende Kraft der Klage, Würzburg 2000.

Steins, Georg: Zum Ansatzpunkt alttestamentlicher Schöpfungstheologie. Ein Vorschlag in kanonischer Perspektive, Theologie der Gegenwart 58 (2015), 242-260.

Kreuzweg für die Schöpfung – Von Lützerath nach Büchel
Vor der Kirche von Manheim
Foto: Thomas Nauerth

Wie wissen wir die Schöpfung?

Eine wenig beachtete Herausforderung der Gewaltfreiheit

Stefan Voges

Vom biblischen Anfang an spielen Erkenntnis und Wissen in der Schöpfung eine entscheidende Rolle. In der zweiten biblischen Schöpfungsgeschichte (Gen 2,4-3,24) markiert das Erkennen den Wendepunkt der Erzählung: Die Frau und der Mann essen von dem Baum der Erkenntnis, von dem zu essen Gott verboten hatte; dadurch provozieren sie nicht den angekündigten Tod, wohl aber eine Reaktion Gottes, die in der Vertreibung aus dem Garten Eden gipfelt. Die Frage nach Erkennen und Unterscheiden und die Frage nach den Folgen des so gewonnenen Wissens sind Urfragen des Menschen. Wenn in der Gegenwart das Bildwort der Schöpfung verwendet wird, bezeichnet es nicht den Garten Eden, sondern den vorfindlichen Lebensraum des Menschen. Das Wort Schöpfung lässt das Verwobensein des Menschen mit der Vielfalt alles Lebendigen und seine Verantwortung für den Planeten Erde anklingen. Was jedoch aus dem Garten Eden über Zeit und Raum in unsere Wirklichkeit hineinragt, ist die Frage von Erkenntnis und Wissen.

In der gegenwärtigen Diskussion über die Verantwortung des Menschen für die „Weiterwohnlichkeit der Welt" (Hans Jonas) lassen sich zwei Debatten über Fragen des Wissens leicht ausmachen. Da ist erstens die Frage von Wissen und Handeln. Warum reicht das immense Wissen über menschengemachte Ursachen des Klimawandels und des Artensterbens nicht aus, Menschen zur Verringerung oder Beseitigung dieser Ursachen, oder schlicht: zum Handeln zu bewegen?[1] Diese Lücke zwischen Denken und Handeln lässt sich sowohl auf individueller als auch auf korporativer Ebene,

---

[1] Zu den Hindernissen für ein nachhaltiges Verhalten vgl. z. B. BEDERNA: Every Day for Future, 131–141.

beispielsweise in der internationalen Klimadiplomatie, beobachten.[2] Mit dieser ersten hängt eine zweite erkenntnistheoretische Frage zusammen: Welche Aussagekraft und welchen Stellenwert hat nach den Kriterien der Wissenschaft erworbenes Wissen, wenn es beispielsweise durch gezielte Kampagnen in Zweifel gezogen wird?[3]

Weniger offensichtlich ist, nicht zuletzt angesichts der Fülle verfügbaren Wissens, eine dritte Frage: Welches Wissen spielt im Diskurs über das Anthropozän überhaupt eine Rolle? Anders gewendet ist dies die Frage nach den blinden Flecken: Welches Wissen wird nicht berücksichtigt? Wo werden andere Wissensbestände bewusst oder unbewusst nicht zur Kenntnis genommen? Um es mit einem sozialwissenschaftlichen Ansatz zu formulieren: Wo wird im Diskurs über die Bewahrung der Schöpfung epistemische Gewalt ausgeübt?

Der folgende Beitrag widmet sich dieser Frage und will sie einen Schritt weiterführen: Was bedeutet epistemische Gewalt im Schöpfungsdiskurs für eine Theologie der Gewaltfreiheit? Um die Frage theologisch zu verorten, wird im ersten Abschnitt die Bedeutung des Wissens in der Enzyklika *Laudato si'* herausgearbeitet. Mit Hilfe des Konzepts der epistemischen Gewalt werden im zweiten Schritt Aspekte des Wissens als Herausforderung der Gewaltfreiheit beschrieben. Im dritten Abschnitt werden schließlich Ansätze eines gewaltfreien Widerstands gegen diese Form der Gewalt skizziert.

Wissen in *Laudato si'*

In der Enzyklika *Laudato si'* (LS), die Papst Franziskus 2015 der Sorge für das gemeinsame Haus gewidmet hat, spielen epistemische Fragen eine wesentliche Rolle. Das zentrale Anliegen des Papstes lässt sich als Ganzheitlichkeit des Wissens in Bezug auf die ökologische Frage[4] beschreiben: „Wenn wir wirklich eine Ökologie aufbauen wollen, die uns gestattet, all das zu sanieren, was wir zerstört haben, dann darf

---

[2] Vgl. z. B. Rahmstorf /Schellnhuber: Klimawandel, 119–120.

[3] Vgl. ebd., 79–87.

[4] LS ist keine bloße „Umwelt-Enzyklika", sondern eine Sozialenzyklika, in der es auch um globale soziale Gerechtigkeit geht. Die epistemischen Fragen werden m. E. jedoch stärker in Hinblick auf die Herausforderungen des Klima- und Umweltschutzes thematisiert.

kein Wissenschaftszweig und keine Form der Weisheit beiseitegelassen werden, auch nicht die religiöse mit ihrer eigenen Sprache" (LS 63). Der Satz ist Teil der Begründung, warum „in dieses, an alle Menschen guten Willens gerichtete Dokument, ein Kapitel [aufgenommen wurde], das auf Glaubensüberzeugungen bezogen ist" (LS 62), doch seine Aussage reicht darüber hinaus.

Im Sinne einer „ganzheitlichen Ökologie" (LS 11 u. ö.) plädiert Papst Franziskus für ein ganzheitliches, nicht-ausschließendes Wissen. Er wendet sich damit zum einen gegen eine „Aufsplitterung des Wissens", die das Risiko birgt, „den Sinn für die Gesamtheit, für die zwischen den Dingen bestehenden Beziehungen, für den weiten Horizont zu verlieren" (LS 110). Für „die komplexeren Probleme der gegenwärtigen Welt" reiche nur ein Wissenszugang nicht aus. „Eine Wissenschaft, die angeblich Lösungen für die großen Belange anbietet, müsste notwendigerweise alles aufgreifen, was die Erkenntnis in anderen Wissensbereichen hervorgebracht hat, einschließlich der Philosophie und der Sozialethik. Das ist aber eine Leistung, die heutzutage nur schwer erbracht werden kann." In Reaktion auf diese Beobachtung mahnt der Papst an anderer Stelle den „Dialog unter den Wissenschaften" (LS 201) an, um „die Grenzen ihrer eigenen Sprache" und „eine Verabsolutierung des eigenen Wissens" zu überwinden.

Das Plädoyer des Papstes richtet sich zum andern gegen den Ausschluss nicht-wissenschaftlichen Wissens und fordert den Einschluss anderer Formen der Weisheit: „Es ist auch notwendig, auf die verschiedenen kulturellen Reichtümer der Völker, auf Kunst und Poesie, auf das innerliche Leben und auf die Spiritualität zurückzugreifen" (LS 63). Das „Leben, die Verflechtung aller Geschöpfe und das Ganze der Wirklichkeit" (LS 199) könne empirisch-wissenschaftlich nicht völlig erklärt werden. Folgte man diesem Anspruch, gingen „das ästhetische Empfinden, die Poesie und sogar die Fähigkeit der Vernunft, den Sinn und den Zweck der Dinge zu erkennen" (LS 199) verloren. Der Papst betont den Wert der „klassischen religiösen Texte, [die] für alle Zeiten von Bedeutung sein können und eine motivierende Kraft besitzen, die immer neue Horizonte öffnet" (LS 199) und erinnert daran, dass ethische Grundsätze nicht deshalb falsch seien, wenn und weil sie in einer religiösen Sprache formuliert würden. Ebenso wie die Wissenschaften mahnt der Papst auch die Religionen zum Dialog, „der auf die Schonung der Natur, die Verteidigung der Armen und den Aufbau eines Netzes der gegenseitigen Achtung und der Geschwisterlichkeit ausgerichtet ist" (LS 201). Vor allem aber, so Papst Franziskus, könnten „Wissenschaft und Religion, die sich von unterschiedlichen Ansätzen aus der Realität nähern, in einen intensiven und für beide Teile produktiven Dialog treten" (LS 62).

Ein weiterer erkenntnistheoretischer Aspekt in *Laudato si'* ist die Frage, wie der Mensch das Wissen aufnimmt. Ausgehend vom Beispiel des Franz von Assisi fordert der Papst „eine Offenheit gegenüber Kategorien […], die über die Sprache der Mathematik oder der Biologie hinausgehen und uns mit dem Eigentlichen des Menschen verbinden" (LS 11). Hinter diesem Plädoyer für eine „Offenheit für das Staunen und das Wunder" sowie für die „Sprache der [Geschwisterlichkeit] und der Schönheit" (LS 11) steht das Anliegen, eine innerliche Verbundenheit mit allem, was existiert, zu entwickeln. Auf dieser Linie liegt auch die Begründung für das erste Kapitel der Enzyklika, in dem Erkenntnisse der Wissenschaften zusammengefasst werden: „Das Ziel ist nicht, Informationen zu sammeln oder unsere Neugier zu befriedigen, sondern das, was der Welt widerfährt, schmerzlich zur Kenntnis zu nehmen, zu wagen, es in persönliches Leiden zu verwandeln, und so zu erkennen, welches der Beitrag ist, den jeder Einzelne leisten kann" (LS 19). Wissen soll nicht nur kognitiv, sondern auch emotional aufgenommen und motivational verarbeitet werden.

Dieser Überblick über wesentliche epistemische Akzente der Enzyklika *Laudato si'* zeigt, welche Bedeutung Papst Franziskus dem Wissen allgemein und besonders einem ganzheitlichen Wissen für die ökologische Transformation beimisst. Der Theologie ist damit nicht nur der Dialog mit den Wissenschaften und mit den Religionen aufgetragen, sondern auch die Beschäftigung mit dem Wissen selbst. Eine Theologie der Gewaltfreiheit steht vor der Frage, ob und inwieweit durch das als zentral erachtete Wissen epistemische Gewalt ausgeübt wird.

Wissen und Gewalt

„Epistemische Gewalt bezeichnet jenen Beitrag zu gewaltförmigen gesellschaftlichen Verhältnissen, die im Wissen selbst, in seiner Genese, Ausformung, Organisationsform und Wirkmächtigkeit angelegt sind."[5] Der Begriff ist damit anderen weiten Gewaltbegriffen ähnlich, die Gewalt nicht nur als direkt und physisch verstehen, sondern sie auch auf anderen Ebenen und in anderen Formen, z. B. als strukturelle oder symbolische Gewalt, identifizieren.[6] Das Konzept epistemische Gewalt ist einzuordnen in die Ansätze dekolonialer Kritik, deren Ziel es ist, die andauernde Kolonialität moderner globaler Herrschaftsverhältnisse zu erfassen und zu überwinden. Es stellt das „Narrativ von Fortschritt, Entwicklung und Gewaltfreiheit der Moderne"[7] infrage und fragt nach jenen Strukturen von Erkenntnis und Wissen, die die andauernden gewaltförmigen Herrschaftsverhältnisse der Moderne herbeiführen und/oder ermöglichen. Das Aufspüren von epistemischer Gewalt ist insofern eine Herausforderung, als es mit dem Wissen einen Bereich fokussiert, der weithin als gewaltfrei und als Ausgangspunkt zur Überwindung von Gewalt gedacht wird.

Wie das Attribut dekolonial bereits andeutet, lassen sich bestimmte Formen epistemischer Gewalt im Zeitalter der europäischen Expansion ausfindig machen. Claudia Brunner skizziert vier Genozide der frühen Neuzeit, die sie zugleich als Epistemizide, also die Auslöschung von Wissen, charakterisiert.[8] Im Zuge der Reconquista auf der iberischen Halbinsel seien nicht nur unzählige Menschen jüdischen und muslimischen Glaubens getötet, sondern auch deren „Erinnerung, Spiritualität und Kultur" vernichtet worden. Die gewaltsame Unterwerfung der Indigenen Nord- und Südamerikas sei mit der Zerstörung „indigener Wissensarchive" einhergegangen. Die Versklavung und Verschiffung von Menschen des afrikanischen

---

[5] Brunner: Epistemische Gewalt, 274. Aus dem von Claudia Brunner beschriebenen Konzept epistemischer Gewalt können im Folgenden nur wenige Aspekte genannt werden. Eine knappe Zusammenfassung des Ansatzes bietet Brunner: Ringen.

[6] Zum Verhältnis von epistemischer und struktureller/kultureller, symbolischer und normativer Gewalt vgl. Brunner: Epistemische Gewalt, 147–269.

[7] Brunner: Epistemische Gewalt, 270.

[8] Vgl. Brunner: Epistemische Gewalt, 60–68, im Anschluss an Ramón Grosfoguel; die folgenden Zitate ebd., 61, 63, 67.

Kontinents habe tausendfach nicht nur ihre physische Existenz vernichtet, sondern auch ihr kulturelles und spirituelles Wissen. Als vierten Genozid/Epistemizid beschreibt Brunner die europäische Hexenverfolgung, die systematische Tötung widerständiger und marginalisierter Frauen, durch die „eine ganze Welt von Wissen, Praktiken und kollektiven Seinsweisen zerstört" worden sei.

In derselben Epoche lässt sich eine weitere gewaltsame Expansion beobachten, die erkenntnistheoretisch durch einen Wandel des Naturverständnisses vorbereitet wurde. [9] Die Natur wurde nicht länger als lebendiger Organismus, sondern als Vorrat an Ressourcen begriffen. Die Vorstellung „eines organischen, ganzheitlichen Kosmos" verblasste, an ihre Stelle trat das Bild eines „fragmentierten, ausbeutbaren Reservoir[s] an toter Materie". In der Zusammenschau wird erkennbar: „Das neue Leitbild, sich die Natur im wahrsten Sinne des Wortes untertan zu machen, wurde […] gleichermaßen auf allzu wider- und selbstständige sowie wissende Frauen in Europa, auf indigene Männer und Frauen in den Amerikas, auf versklavte Menschen in/aus Afrika wie auch auf die Natur selbst angewandt." [10] Die Folgen „dieser Herrschaftstechniken und Gewaltpraktiken" können in einer „bis heute anhaltenden rassifizierten und vergeschlechtlichten internationalen Arbeitsteilung und Ressourcenverteilung sowie in einem fragmentierten, mechanistischen Naturverständnis" beobachtet werden. [11] Ein Naturverhältnis, das der anthropozentrischen Logik der Ausbeutung folgt, bedingt wiederum ein unzureichendes Konzept des Friedens: „Frieden gibt es in einem solchen Verständnis nur auf der Erde, nicht mir ihr, da der Erde als unbelebter Materie kein Eigenwert unabhängig vom Nutzen für den Menschen zukommt." [12]

Diese Widersprüche gegen ein ganzheitliches Schöpfungsverständnis und gegen die Würde und Gleichheit der Menschen fordern eine Theologie, die sich Gerechtigkeit und Frieden verpflichtet weiß, heraus, in prophetischer Tradition auf eine Veränderung hinzu-

---

[9] Vgl. ebd., 70–73; die folgenden Zitate ebd., 72.
[10] BRUNNER: Epistemische Gewalt, 72, im Anschluss an MARIA MIES und CAROLYN MERCHANT.
[11] Ebd., 73.
[12] KROHN: (K)Ein Frieden, 15.

wirken – auch der gewaltförmigen erkenntnistheoretischen Ursachen. Die historische Verstrickung von Kirche und Theologie in die genannten frühneuzeitlichen Expansions- und Transformationsprozesse verpflichten die heutige Theologie auf eine erhöhte Sensibilität und andauernde Selbstkritik.

Das Konzept epistemischer Gewalt stellt eine Theologie der Gewaltfreiheit darüber hinaus vor ein weiteres, grundlegendes Problem. Je weiter der Begriff von Gewalt, z. B. strukturelle, kulturelle oder symbolische Gewalt, gedacht wird, desto schwieriger ist es, das Gegenteil, nämlich Gewaltfreiheit, gedanklich oder gar praktisch zu fassen. Besondere Brisanz gewinnt diese Schwierigkeit im Konzept epistemischer Gewalt: „Wenn selbst unser Denken von der anhaltenden Kolonialität von Macht, Wissen und Sein geprägt ist, wie können Alternativen [...] dann überhaupt gedacht werden?"[13] Stellt epistemische Gewaltfreiheit „ein normatives Ideal, [...] eine produktive Utopie [...] oder lediglich eine naive Illusion" dar? Und was hat dieser Ansatz „mit Gewaltfreiheit in jenem Sinne zu tun, die Freiheit von möglichst allen Formen von Gewalt meint und immer auch deren direkte und physische Manifestationen vor Augen hat?"

Diese Fragen, die hier nicht beantwortet werden können, stellen für eine Theologie der Gewaltfreiheit eine enorme Herausforderung dar. Aber liegt in ihnen nicht auch eine Chance, gerade mit der Theologie, mit einer (dekolonialen!) Rede von Gott und der dadurch begründeten Wahrheit der Menschenwürde die Möglichkeit von Gewaltfreiheit zu verteidigen?

WISSEN UND WIDERSTAND

In der Sorge für das gemeinsame Haus spielt – nicht nur nach *Laudato si'* – Wissen eine entscheidende Rolle. Jedoch, das ist durch den weiten Begriff der epistemischen Gewalt deutlich geworden, stellt Wissen keine gewaltfreie Ressource dar, sondern ist in vielfacher Weise von Herrschafts- und Gewaltverhältnissen durchdrungen. Gewaltfreier Widerstand, der sich gegen ein zerstörerisches Verhältnis des Menschen zu seiner natürlichen Mitwelt richtet, ist

---

[13] BRUNNER: Epistemische Gewalt, 300 (dort auch die folgenden Zitate).

folglich auch im Bereich des Wissens gefragt. Es gilt, die Gewalt-verhältnisse aufzudecken, ihrer (Re-)Produktion zu widerstehen und möglichst weitreichende Alternativen im Feld epistemischer Gewaltfreiheit zu entwickeln. Im Sinne einer Theologie der Gewalt-freiheit werden abschließend drei Ansätze des Widerstands skizziert, die teilweise mit Elementen aus *Laudato si'* korrespondieren.

Was erstens die theologische Wissenschaft betrifft, wird diese gut daran tun, postkoloniale Perspektiven in ihrem Anliegen, Gewalt-verhältnisse aufzudecken, stärker zu berücksichtigen.[14] Aus dem Ent-stehungszusammenhang epistemischer Gewalt ist ersichtlich, dass postkoloniale Ansätze auch in der Theologie die Absicht verfolgen, Widerstand zu leisten und Alternativen zu entwerfen.[15] Die Enzy-klika *Laudato si'* spiegelt (wenn auch nicht im Feld der Wissen-schaften) die postkoloniale Kritik am Eurozentrismus wider, indem Papst Franziskus darin viele Stimmen der Weltkirche zu Wort kommen lässt.

Eine zweite Form des Widerstands erwähnt Papst Franziskus ebenfalls in *Laudato si'*, wenn er es als notwendig bezeichnet, „auf die verschiedenen kulturellen Reichtümer der Völker, auf Kunst und Poesie, auf das innerliche Leben und auf die Spiritualität zurück-zugreifen". „Kein Wissenschaftszweig" dürfe außer Acht gelassen werden – aber auch „keine Form der Weisheit" (LS 63). Andere, außerhalb der Wissenschaft gewonnene und bewahrte Bestände und Formen des Wissens bieten nicht von selbst die Gewähr, gewaltfrei zu sein. Sie sind jedoch ein Widerstand gegen bestimmte Ausschluss-mechanismen in der globalen Organisation von Wissen. Es gibt meh-rere Gründe, warum es gerade der Theologie gut ansteht, als Hörerin aufzutreten und dieses Menschheitswissen im Dialog und als Weiter-denken des Offenbarungswissens wahrzunehmen. Zum einen brin-gen nicht wenige im Laufe der Geschichte gesammelte Weisheiten etwas von der schöpferischen Weisheit zum Ausdruck, von der die Bibel spricht (vgl. Spr 8,22-31). Zum andern nehmen diese anderen Formen der Weisheit ernst, dass der Mensch der Schöpfung nicht gegenübersteht, sondern Schöpfung ist, und dass es deshalb un-zählige Zugänge zu und Erfahrungen mit der Schöpfung gibt. Im

---

[14] Vgl. dazu Gruber: Entinnerung.
[15] Vgl. Silber: Postkoloniale Theologien.

Anschluss an die ökofeministische Autorin VANDANA SHIVA hat IRM-
GARD CHRISTINE KLEIN beispielsweise den Ansatz der „Universität der
Großmütter" aufgegriffen und kommunikativ-theologisch fruchtbar
gemacht.[16]

Inspiration zu einer befreiten und befreienden Praxis könnte ein
drittes Widerstandsmotto sein. Sowohl die Aufmerksamkeit für und
der Widerstand gegen epistemische Gewalt als auch Gewaltfreiheit
sind Fragen der Haltung und einer habituellen Praxis. Ob es sich
dabei um eine praktisch ausgerichtete Ökoroutine[17] oder um eine spirituelle ökologische Gewissenserforschung[18] handelt – es geht jeweils
um eingeübtes Handlungswissen, das den Machtverhältnissen des
Wissens eine individuelle oder auch gesellschaftliche Praxis gegen-
überstellt. Vielversprechend erscheint aus theologischer Sicht eine
Praxis der Pause, die nicht nur JOHANN BAPTIST METZ' kürzeste
Beschreibung von Religion als Unterbrechung aufnimmt, sondern
auch Zeit und Raum gibt für das Staunen als Ursprung religiösen
Empfindens. Liturgie, Kunst und Musik sind Unterbrechungen, die
neue Perspektiven auf Wissen eröffnen können. Die Pause dient nicht
nur der *recreatio* des Menschen, sondern eröffnet auch den Raum für
Kreativität – einer für die Gewaltfreiheit unabdingbaren Tugend.[19]

In *Laudato si'* stehen der Entwurf einer Spiritualität der
Genügsamkeit (LS 222-224) und die Erinnerung an die Feiertagsruhe
(LS 237) nah beieinander.[20] Beide Aspekte überschneiden sich im
Motiv des Friedens, der über das Nichtvorhandensein von Krieg hin-
auszudenken ist: „Der innere Friede der Menschen hat viel zu tun mit
der Pflege der Ökologie und mit dem Gemeinwohl, denn wenn er
authentisch gelebt wird, spiegelt er sich in einem ausgeglichenen
Lebensstil wider, verbunden mit einer Fähigkeit zum Staunen, die
zur Vertiefung des Lebens führt" (LS 225).

Praktische Schöpfungstheologie wird es sich zur Aufgabe
machen, Wissen über die Schöpfung kritisch zu hinterfragen und zu
einem Wissen der Schöpfung zu erweitern. Sie wird nicht-wissen-
schaftliche Weisheit hören, Menschen an ihre Unmittelbarkeit zur

---

[16] Vgl. KLEIN: Theologies of Creation.
[17] Vgl. KOPATZ: Ökoroutine.
[18] Vgl. Reconciling God.
[19] Vgl. VOGES: Vorschlag, 13-14.
[20] Zur Genügsamkeit und dem damit verbundenen Verzicht vgl. MEIREIS: Abschied.

Schöpfung erinnern und sie zu einer Spiritualität der Genügsamkeit inspirieren. Mit einer Theologie der Gewaltfreiheit berührt sie sich gewiss dort, wo sie gewalttätiges Verhalten gegen die geschöpfliche Mitwelt anprangert. Beide Theologien wirken aber auch dort zusammen, wo sie Einstellungen, die ein ungerechtes und zerstörerisches Auftreten des Menschen rechtfertigen, zu wandeln suchen – durch eine Theologie, die die göttliche Idee der guten Schöpfung ohne menschengemachte Gewalt weiterdenkt und -lebt.

LITERATUR

BEDERNA, Katrin: Every Day for Future. Theologie und religiöse Bildung für nachhaltige Entwicklung, Ostfildern ²2020.

BRUNNER, Claudia: Epistemische Gewalt. Wissen und Herrschaft in der kolonialen Moderne, Bielefeld 2020.

BRUNNER, Claudia: Vom Ringen mit der Utopie. Wissen(schaft) und Gewalt(freiheit) in der kolonialen Moderne, in: Spinnrad 3/2019, 10-11.

GRUBER, Judith: Wider die Entinnerung. Zur postkolonialen Kritik hegemonialer Wissenspolitiken in der Theologie, in: NEHRING, Andreas/WIESGICKL, Simon (Hg.), Postkoloniale Theologien II. Perspektiven aus dem deutschsprachigen Raum, Stuttgart 2018, 23-37.

KLEIN, Irmgard Christine: Fully-lived Theologies of Creation from the „Grandmothers' University": A Communicative-Theological Approach, in: COLLET, Jan Niklas/GRUBER, Judith/DE JONG-KUMRU, Wietske u. a. (Hg.): Doing Climate Justice. Theological Explorations (= Religion and transformation in contemporary European society 21), Paderborn 2022, 51-68.

KOPATZ, Michael: Ökoroutine. Damit wir tun, was wir für richtig halten, München 2016.

KROHN, Juliana, (K)Ein Frieden mit der „Natur"? Zum anthropozentrischen Frieden der kolonialen Moderne, in: Wissenschaft und Frieden 2/2023, 14-16.

MEIREIS, Torsten: Abschied von der „imperialen Lebensweise". Warum die Eliten das Vergnügen des Verzichts entdecken müssen, in: Theologisch-praktische Quartalschrift 171 (2023), 263-273.

Papst FRANZISKUS: Enzyklika Laudato si'. Über die Sorge für das gemeinsame Haus, Stuttgart 2015.

RAHMSTORF, Stefan/Schellnhuber, Hans Joachim: Der Klimawandel. Diagnose, Prognose, Therapie, München ⁹2019.

Reconciling God, Creation and Humanity. An Ignatian Examen. Online zugänglich unter: https://www.ecologicalexamen.org/ (Letzter Zugriff am 29.09.2023).

SILBER, Stefan: Postkoloniale Theologien, Tübingen 2021.

VOGES, Stefan: Ein Vorschlag fürs Leben. Gewaltfreiheit als Anstoß zur Erneuerung, in: Anzeiger für die Seelsorge 9/2022, 11-15.

Kreuzweg für die Schöpfung: Von Lützerath nach Büchel – Im Eifelwald
Foto: Thomas Nauerth

Laudato si' – Leben mit der Schöpfung

Franziskanische Perspektiven

Stefan Federbusch

Der Begriff der „Umweltgerechtigkeit" verdeutlicht den engen Zusammenhang zwischen dem Dreiklang von Gerechtigkeit, Frieden und Bewahrung der Schöpfung. Die Zerstörung der Lebensgrundlagen von Pflanzen und Tieren und in Folge dessen von uns Menschen gefährdet massiv den Frieden. Die Folgen der Klimakrise mit Feuersbrünsten infolge der Erderwärmung sowie Überschwemmungen infolge von Starkregen sind immer intensiver spürbar und zerstören ganze Landstriche. Die Zahl der „Klimaflüchtlinge" wird in den kommenden Jahren steigen. Durch die Ausbeutung von Rohstoffen werden zudem Menschen von ihrem angestammten Land vertrieben und suchen neue (Über)Lebensmöglichkeiten. Da die Zerstörung der natürlichen Lebensgrundlagen weitgehend durch die „Reichen" und „Privilegierten" dieser Erde auf Kosten der „Armen" und „Ausgegrenzten" erfolgt, ist Umweltzerstörung eine Gerechtigkeitsfrage. Soziale Ungleichheit ist ein wesentlicher Faktor für die Gefährdung des Friedens. Zudem könnte der Kampf um natürliche Ressourcen wie Wasser zu sozialen Spannungen führen bis hin zu kriegerischen Auseinandersetzungen.

DIE SORGE UM DAS GEMEINSAME HAUS

Eine Spiritualität der Bewahrung der Schöpfung bezieht sich auf ökologische Zusammenhänge. Der Wortteil „öko" leitet sich aus der griechischen Wurzel „oikos" ab, was „Haus" und „Heimstätte" bedeutet. Papst FRANZISKUS hat daher seiner Enzyklika *Laudato Si*[1] [LS] von 2015 den Untertitel „Über die Sorge für das gemeinsame

---

[1] Papst FRANZISKUS, Enzyklika Laudato Si, im Text mit Kürzel LS.

Haus" gegeben. *Oikos* meint dabei nicht nur das bloße Gebäude, sondern auch die im Haus gelebten Beziehungen. Aus biblisch-franziskanischer Perspektive geht es bei unserem Verhältnis zur Natur um diesen Aspekt der Beziehungen, wie die Begrifflichkeiten verdeutlichen. Die theologische Bezeichnung „*Schöpfung*" verweist darauf, dass aus christlicher Perspektive die Natur nicht aus sich selbst entstanden ist, sondern durch das Wirken eines Schöpfers, der sie hervorgebracht hat und weiter in ihr am Werk ist. Ebenso findet der eher profane Begriff der „Umwelt" seine theologische Entsprechung in der Bezeichnung „*Mitwelt*". Allzu lange hat das biblische Wort aus dem ersten Schöpfungsbericht vom „Beherrschen" das christliche Selbstverständnis geprägt und sich negativ auf den Umgang mit der Natur ausgewirkt. Insbesondere die Auslegung des Satzes „Macht euch die Erde untertan" führte dazu, den Menschen als Krone der Schöpfung zu sehen und ihn zum Raubbau an der Natur zu legitimieren. Papst Franziskus beklagt, dass es leider immer noch nicht selbstverständlich ist, den göttlichen Auftrag im Sinne des „Hütens, Pflegens und Bewahrens" zu verstehen. Die Schöpfungs-geschichte beinhalte den Auftrag, „den Garten der Welt zu ‚bebauen' und zu ‚hüten' (vgl. Gen 2,15). Während ‚bebauen' kultivieren, pflügen oder bewirtschaften bedeutet, ist mit ‚hüten' schützen, beauf-sichtigen, bewahren, erhalten, bewachen gemeint. Das schließt eine Beziehung verantwortlicher Wechselseitigkeit zwischen dem Menschen und der Natur ein" [LS 67].

FRANZ VON ASSISI ALS VORBILD DER UMWELTSCHÜTZER

Einer, der diese Beziehung verantwortlicher Wechselseitigkeit gelebt hat, war der *hl. Franz von Assisi* (1181-1226). Papst Franziskus stellt seinen Namenspatron Franziskus als Vorbild für sein Anliegen dar: „Ich glaube, dass Franziskus das Beispiel schlechthin für die Achtsamkeit gegenüber dem Schwachen und für eine froh und authentisch gelebte ganzheitliche Ökologie ist. Er ist der heilige Patron all derer, die im Bereich der Ökologie forschen und arbeiten, und wird auch von vielen Nichtchristen geliebt" [LS 10]. Bereits sein Vorvorgänger Papst JOHANNES PAUL II. hat Franziskus am 29.

November 1979 zum *Patron des Umweltschutzes bzw. der Umwelt-schützer:innen* ernannt.

HALTUNG DER GESCHWISTERLICHKEIT

Bei Franziskus wird deutlich, dass die „Umwelt" eine „Mitwelt" ist. Er stellt sich nicht über Tiere und Pflanzen, sondern versteht sich als Teil des Ganzen, ordnet sich in alles Geschaffene ein. Dies kommt besonders in seinem bekanntesten Text, dem Sonnengesang[2] zum Ausdruck, auch „Lobpreis der Geschöpfe" genannt. In altitalienischer Sprache besingt er die Gestirne und Elemente, die Pflanzen und Tiere als „Brüder" und „Schwestern" und die Erde als „Mutter". Das Leitmotiv des Sonnengesangs ist die *„communio"*, die geschwisterliche „Kommunion" und Gemeinschaft mit den kosmischen Erscheinungen: mit der Herrin und Schwester Sonne[3], mit Bruder Mond und den Sternen, mit den Elementen, Bruder Wind, Schwester Wasser, Bruder Feuer, der Schwester und Mutter Erde und mit allen Kreaturen. Der Biograf des hl. Franziskus begründet dies damit, dass er in einer einzigartigen und für andere ungewohnten Weise mit dem scharfen Blick seines Herzens die Geheimnisse der Geschöpfe erfasste.[4] Wir könnten übersetzen, dass Franziskus ein besonderes Gespür besaß. Diese tiefe Sensibilität ist es auch, die ihn alles „durchschauen" ließ auf Gott hin. Gott ist sowohl *immanent* (= in den Dingen) wie *transzendent* (= außerhalb der Dinge). Der brasilianische Theologe Leonardo Boff schlägt vor zu sagen: Gott ist *transparent* (= durchscheinend), um beide Dimensionen zum Ausdruck zu bringen. Dies entspricht der franziskanischen Sicht von Gott und Welt. Kosmos, Pflanzen und Tiere werden für Franziskus zu einem transparenten „Dia" Gottes, zum *„sacramentum"*, zum Zeichen für Gott und seine Gegenwart. Deshalb sind sie so wertvoll und so kostbar, deshalb sind sie zu achten und zu ehren, weil in allem Geschaffenen Gott aufscheint und durchleuchtet. Dass die Schöpfung ein Spiegelbild

---

[2] FRANZISKUS-QUELLEN: 40-41, zum Entstehungshintergrund vgl. 1167.

[3] Im frühitalienischen Originaltext ist wie in anderen romanischen Sprachen im Gegensatz zur deutschen Sprache die Sonne als das größere Element männlich (*il sole*) und der Mond als das kleinere Element weiblich (*la luna*).

[4] Vgl. FRANZISKUS-QUELLEN: 248.

Gottes ist, bringt der Franziskaner-Theologe Bonaventura in seinem berühmten *Itinerarium mentis in Deum* (Die Pilgerreise des Menschen zu Gott) so auf den Punkt: „Des Schöpfers hohe Macht, Weisheit und Güte strahlt in den geschaffenen Dingen wider". [5] Folglich preist Franziskus mit den Geschöpfen und durch alle Geschöpfe Gott im Sonnengesang für alles, was ihm geschenkt ist. Er begegnet der Schöpfung in einer sakramentalen Haltung, mit einem Gefühl von Heiligkeit und einem Gespür für das Wunderbare und Geheimnisvolle in ihr, was sich in einem gewaltfreien Umgang[6] mit allem Mitgeschaffenen äußert. Dies ist nicht zu verwechseln mit einer „Sakralisierung der Natur". Die Natur ist nicht einfach göttlich. Aber Gott ist in den Dingen zu sehen und umgekehrt die Dinge in Gott. Gott fährt fort zu schaffen, quasi von innen her, und nimmt so solidarisch Anteil am Werden der Welt. Dies entspricht dem Denken des Völkerapostels Paulus, wenn er sagt: „In ihm leben wir, bewegen wir uns und sind wir" (Apg 17,28).

HALTUNG DER ACHTSAMKEIT

Die Haltung von Franziskus ist geprägt von Ehrfurcht und Achtsamkeit. Franziskus selbst würde von Demut sprechen. Im lateinischen Begriff „*humilitas*" schwingt der Begriff „*humus*" = „Erde" mit. Eine Haltung der Demut, der Erdverbundenheit begreift den Menschen als Teil dieser Erde. Der Mensch (*homo*) kommt nach biblischem Verständnis aus der Erde und kehrt zu ihr zurück. Im Schöpfungsbericht geht er als „*Adam*" (= Sohn der Erde) aus der „*Adama*" (= fruchtbare Erde) hervor und ist untrennbar mit ihr verbunden. Erst diese Verbindung ermöglicht „*humanitas*" (= „Humanität"), ein Leben in Menschlichkeit und Würde. Die Haltung der Ehrfurcht und Achtsamkeit drückt sich aus im Umgang mit den Dingen.

---

[5] Zitiert nach BONAVENTURA, Itinerarium mentis in Deum. Der Weg des Menschen zu Gott, übersetzt von Dieter Hattrup, Paderborn 2008, Kapitel 1, Abschnitt 10 (S. 25) – https://www.unifr.ch/dogmatik/de/assets/public/files/Dokumentation/Online-Bibliothek/Klassiker/Bonaventura_Itinerarium.pdf.

[6] Vgl. den Beitrag von Stefan SILBER: Die verletzliche Welt. Eine Schöpfungstheologie der Gewaltfreiheit, in diesem Band.

HALTUNG DER DANKBARKEIT

Die Spiritualität des Franziskus war nicht weltabgehoben, sondern weltbezogen. All das, was er mit den Sinnen aufnahm, wurde ihm Ansatzpunkt zum Lobpreis. Seine Gefährten berichten: „Wir, die wir bei ihm waren, haben gesehen, mit welch großer Betroffenheit und Liebe er die Geschöpfe liebte und verehrte. Und durch sie wurde er innerlich froh. Sein Geist wurde mit Zärtlichkeit und Mitleiden zu allen Geschöpfen erfüllt, so dass er verwirrt wurde, wenn jemand die Dinge ohne Ehrfurcht behandelte".[7] Erwähnt sei exemplarisch die besondere Beziehung, die Franziskus zu den Tieren pflegte.[8] Da verwundert es nicht, dass auffällig viele Tierschutzvereine Franziskus zum Patron haben.

Das Verständnis des Eingebundenseins in das große Ganze, die Haltungen der Demut und der Geschwisterlichkeit sind gepaart mit der Haltung der Dankbarkeit. Gott ist es, der uns laut einem Liedtext von ECKART BÜCKEN Atem gibt, damit wir leben. Gott ist es, der uns diese Erde schenkt, damit wir auf ihr die Zeit bestehen können.[9] Franziskus selbst beklagt: „Täglich bedienen wir uns der Geschöpfe Gottes, ohne die wir nicht leben können. In ihnen beleidigt die Menschheit den Schöpfer sehr, und täglich sind wir undankbar für eine so große Gnade, weil wir unseren Schöpfer und Spender aller Güter nicht dafür loben, wie wir sollten."[10] Eines der Lieblingsworte von Franziskus ist „*reddere*" = zurückgeben. Dankbar hat er Gott als seinem Schöpfer alles zurückerstattet.

ÖKUMENISCHE SCHÖPFUNGSZEIT

Es trifft sich gut, dass das Franziskusfest am 4. Oktober stets in der Nähe des Erntedankfestes liegt, dass am letzten September- bzw. ersten Oktoberwochenende gefeiert wird. Das Franziskusfest beendet die sogenannte Schöpfungszeit, die jeweils ab dem 1. September ökumenisch begangen wird. Sie hat ihren Ursprung in einem Aufruf

---

[7] FRANZISKUS-QUELLEN: 1167.
[8] Vgl. FRANZISKUS-QUELLEN: 391-392, 407.
[9] Vgl. katholisches GOTTESLOB 468 / EVANGELISCHES GESANGBUCH 432.
[10] FRANZISKUS-QUELLEN: 1161-1162.

des orthodoxen Patriarchen DIMITROS I. im Jahr 1989. Er regte an, den 1. September, den ersten Tag im orthodoxen Kirchenjahr, als Tag des Schöpfers, der Bewahrung der Schöpfung und der natürlichen Umwelt zu begehen. Aufgegriffen wurde die Anregung vom Europäischen Christlichen Umweltnetzwerk (ECEN). Es schlug vor, eine längere Schöpfungszeit zu feiern, die vom 1. September bis zum zweiten Sonntag im Oktober reicht. Im Oktober 2007 rief die 3. Europäische Ökumenische Versammlung in Sibiu/Rumänien dazu auf, vom 1. September bis zum 4. Oktober eine „Zeit für den Schutz der Schöpfung und der Förderung eines nachhaltigen Lebensstils" zu begehen. Seit dem Ökumenischen Kirchentag 2010 in München lädt die Arbeitsgemeinschaft Christlicher Kirchen (ACK) ein, den ersten Freitag im September als Schöpfungstag und den Zeitraum vom 1. September bis 4. Oktober als Schöpfungszeit[11] zu begehen. 2015 hat Papst Franziskus den 1. September als jährlichen Gebetstag für die Schöpfung in den liturgischen Kalender der Römisch-Katholischen Kirche eingeführt.

FRANZISKANISCHES SCHÖPFUNGSBEWUSSTSEIN HEUTE

Da alles Geschaffene auf Gott als den Schöpfer allen Seins verweist, ergibt sich eine wesentliche Konsequenz: Die Schöpfung und mit ihr die Geschöpfe sind um ihrer selbst willen da, nicht als „Gebrauchswert" für den Menschen. Dieser Gedanke findet heute Eingang in das ökologische Leitbild des 21. Jahrhunderts, in das Konzept der Nachhaltigkeit. Es wurde erstmals 1987 mit dem sogenannten Brundtland Report entwickelt. Er beschreibt die untrennbare Verbindung von Umwelt und Entwicklung und definiert den Begriff der Nachhaltigkeit wie folgt: „Nachhaltige Entwicklung ist eine Entwicklung, die den Bedürfnissen der heutigen Generationen entspricht, ohne die Möglichkeiten künftiger Generationen zu gefährden, ihre eigenen Bedürfnisse zu befriedigen und ihren Lebensstil zu wählen. Die Forderung, diese Entwicklung dauerhaft zu gestalten, gilt für alle Länder und Menschen"[12] (GRO HARLEM

---

[11] Vgl. https://www.oekumene-ack.de/themen/glaubenspraxis/oekumenischer-tag-der-schoepfung.
[12] https://www.nachhaltigkeit.info/artikel/brundtland_report_563.htm.

BRUNDTLAND). Der Gedanke der Nachhaltigkeit drückt sich in einem der wesentlichen Sätze und Erkenntnisse ALBERT SCHWEITZERs aus: „Ich bin Leben, das leben will, inmitten von Leben, das leben will"[13]. Es ist erstaunlich (oder vielleicht nach dem Beschriebenen gerade auch nicht), dass Franziskus in seinem bekanntesten Lobpreis eine Urform dieses Wortes gebraucht, das heute eines der meist verwendeten im Kontext der Ökologie ist: engl. *„sustainability"* = Nachhaltigkeit. In einer Strophe des Sonnengesangs preist Franziskus den Herrn für den „Bruder Wind", für die Luft und für die Wolken, für die heitere Himmelsbläue und jede Witterung, „durch die Du deinen Geschöpfen Unterhalt gibst". Das hier gebrauchte Wort ‚*sustentamento'* ist eine Ableitung des lateinischen Wortes *„sustinere"*. Es bedeutet: aufrechterhalten, aushalten, erhalten, nachhalten. Ein weiteres Mal kommt eine Ableitung dieses Wortes in seinem Lobpreis vor. Franziskus spricht von „unserer Schwester, der Mutter Erde, die uns trägt und lenkt (‚*sustenta et governa'*)". Franziskus ist hier also tatsächlich höchst aktuell. In seinem Sonnengesang verbirgt sich ein bzw. *das* ökologische Leitbild unserer Zeit!

Franziskus mutet geradezu modern an, wenn er den Brüdern aufträgt, im Garten ein Stück unbebaut zu lassen, damit dort wilde Kräuter wachsen könnten. Auch empfiehlt er, Bäume nur so weit unten zu fällen, dass sie wieder ausschlagen und nachwachsen können.[14]

UNIVERSALE GESCHWISTERLICHKEIT UND KOSMISCHE SOLIDARITÄT

Gefordert ist heute ein tiefergehendes grundsätzliches Umdenken im Verhältnis zur Schöpfung. Gefragt ist ein neues Verständnis unserer Welt. JAMES E. LOVELOCK beschreibt die Erde als einen sich selbst organisierenden Großorganismus. Er hat dafür seit 2001 den Begriff der „Gaia-Theorie"[15] geprägt. Der Name *„Gaia"* entstammt der griechischen Mythologie und bezeichnet die fruchtbare Erde. In

---

[13] SCHWEITZER, Albert: Die Entstehung der Lehre der Ehrfurcht vor dem Leben, in: Gesammelte Werke Bd. 5, München 1974, 181.

[14] Vgl. FRANZISKUS-QUELLEN: 389-390, 1166-1167 und 1324-1325.

[15] Vgl. https://de.wikipedia.org/wiki/Gaia-Hypothese.

dieser Theorie ist der Mensch Teil eines komplexen Beziehungs-
geflechtes, in dem jedes Wesen durch ein anderes, für ein anderes und
mit einem anderen lebt. Vergleichbar dem Bild des Netzwerkes. Wie
durch das Internet eine weltweite große Verflochtenheit besteht, ist
jeder Mensch Knotenpunkt innerhalb eines großen Beziehungs-
geflechts. Dieses Verständnis kommt dem Denken und Handeln von
Franziskus sehr nahe. Es führt zu einer universalen Geschwisterlichkeit und kosmischen Solidarität. Nicht mehr Unterwerfung,
Machtausübung und Ausbeutung dürfen unser Handeln bestimmen,
sondern Ehrfurcht und Demut, Achtsamkeit und Fürsorge.
Verwiesen sei in diesem Zusammenhang auf ein Konzept aus
Südamerika. Das „buen vivir"[16] – das „gute Leben" – wurde in
Bolivien (2009) und Ecuador (2008) sogar in die Verfassung
aufgenommen. Es geht im Verständnis der dortigen Andenvölker um
eine Kultur des Lebens in vollständiger Harmonie und in gegenseitigem Respekt mit der Mutter Erde, die das westliche Verständnis
von Entwicklung (durch Wirtschaftswachstum) ablehnt. Angezielt
wird eine Lebensqualität, die sich nicht auf Konsum und Eigentum
gründet. Das Konzept des „buen vivir" versteht die „Mutter Erde"
als eigenes Rechtssubjekt mit eigenen Rechten. Ableiten lässt sich ein
ökologisches Menschenrecht, nach dem jeder Mensch das gleiche
Recht auf einen gleichen Anteil an den Gütern des Planeten hat. In
der Konsequenz bedeutet dies, dass einer Hartz-IV-Empfängerin
bzw. einem Empfänger von Grundsicherung genauso viel bzw.
wenig zur Verfügung steht wie einem Millionär. All das, was jenseits
eines nicht-nachhaltigen Niveaus in Anspruch genommen wird, ist
moralisch nicht legitim und rechtlich illegal!

DIE GROSSE TRANSFORMATION

Angesichts der Tatsache, dass unser ökologischer Fußabdruck viel zu
groß ist, kann Bewahrung der Schöpfung keine romantische Natur-
verklärung bedeuten. Da wir 3 Erden bräuchten, wenn alle so leben
würden wie wir in Deutschland und wir die uns zustehenden
Ressourcen im Bild des Jahreslaufs bereits im August aufgebraucht
haben, bleibt keine Zeit für jahrelange Diskussionen. Die Reduktion

---

[16] Vgl. https://www.bundjugend.de/buen-vivir/.

unseres CO_2-Verbrauchs von gut 10 Tonnen pro Kopf und Jahr auf die zulässigen 2 Tonnen verlangt einen drastischen Wechsel unseres Lebensstils. Papst Franziskus fordert deshalb in seiner Enzyklika *Laudato si'* eine mutige kulturelle Revolution zur Befreiung vom Modell eines strukturell perversen Wirtschaftssystems von kommerziellen Beziehungen und Eigentumsverhältnissen [LS 52; 111–114]. Er bezeichnet die Idee eines unendlichen und grenzenlosen Wachstums als Lüge [LS 106] und stellt somit *das* Credo einer kapitalistischen (neoliberalen) Wirtschaftsweise infrage. Da die Länder der „Ersten Welt" eine „ökologische Schuld" tragen [LS 51], ist von ihnen eine Rücknahme des Wachstums gefordert, um sowohl den Menschen des Südens als auch kommenden Generationen ein menschenwürdiges Leben zu ermöglichen.

Veränderter Lebensstil

Eine Wachstumsrücknahme kann jedoch nur auf einem veränderten Lebensstil aller Beteiligten beruhen. Papst Franziskus nennt ihn einen „prophetischen und kontemplativen Lebensstil, der fähig ist, sich zutiefst zu freuen, ohne auf Konsum versessen zu sein". Es handelt sich um die Überzeugung, dass „weniger mehr ist" [LS 222] und um eine Genügsamkeit, die bewusst gelebt befreiend wirkt [LS 203]. Ein Konsumverzicht ist not-wendiger Bestandteil einer dekarbonisierten Postwachstumswirtschaft. Hier wird die Systemfrage zur persönlichen Anfrage an mich: Kann ich mir vorstellen, dass weniger Konsum mehr Lebensqualität bedeutet? Bin ich bereit, dies einmal praktisch auszuprobieren, um zu testen, ob ein solcher Lebensstil tatsächlich befreiend wirkt?

Theologische Einordnung

Papst Franziskus zählt zu denen, die sich einer ökozentristischen Ökotheologie zuordnen lassen. Sie betont die Verantwortlichkeit des Menschen als Ebenbild Gottes, als sein „Stellvertreter" und Bevollmächtigter, als Mitverantwortlicher für die Schöpfung. Da der Mensch diese ausgebeutet und zerstört hat, ist er auch für deren

Wiederherstellung verantwortlich. Eine theozentristische Ökotheologie sieht darin eine Hybris und Überverantwortung der menschlichen Verantwortung. Die betont die eschatologische Dimension und setzt auf das Handeln Gottes. Eine solche theologische Ausrichtung findet sich beispielsweise im freikirchlich-evangelikalen Bereich.[17]

Die franziskanische Schöpfungsspiritualität würde ich von ihrem Ursprung her eher zwischen den beiden Polen anordnen. Es ist klar, dass für den hl. Franziskus im 13. Jahrhundert das Thema der Bewahrung der Schöpfung nicht im Focus stand, zumindest nicht aus anthropologischer Perspektive. Für ihn hat der Schutz des Geschaffenen eine eindeutig theologische Begründung: die Gestirne, die Pflanzen und Tiere und ebenso der Mensch ist zum Lobpreis Gottes da. Jede Pflanze, die verschwindet, jedes Tier, das ausstirbt, jede Minderung der Artenvielfalt (Biodiversität) stellt somit eine Verringerung des Lobpreises Gottes dar. Papst Franziskus betont die christologische Dimension der Schöpfung. Alles ist durch Christus und auf ihn hin geschaffen (vgl. Kol 1,16). „Auf diese Weise erscheinen uns die Geschöpfe dieser Welt nicht mehr als eine bloß natürliche Wirklichkeit, denn geheimnisvoll umschließt sie der Auferstandene und richtet sie auf eine Bestimmung der Fülle aus. Die gleichen Blumen des Feldes und die Vögel, die er mit seinen menschlichen Augen voll Bewunderung betrachtete, sind jetzt erfüllt von seiner strahlenden Gegenwart" (LS 100). Bereits in seinem Apostolischen Schreiben „Evangelii gaudium" betonte Papst Franziskus, dass „Gott uns so eng mit der Welt, die uns umgibt, verbunden [hat], dass die Desertifikation des Bodens so etwas wie eine Krankheit für jeden Einzelnen ist, und wir […] das Aussterben einer Art beklagen [können], als wäre es eine Verstümmelung" (EG 215). Im Sinne der geschwisterlichen Verbundenheit bedeutet jeder Artenverlust einen Verlust eines Familienmitglieds. Letztlich stehen alle, die sich aus ökotheologischer Perspektive für den Erhalt der Schöpfung einsetzen denen näher, die es aus säkular-rationalen Erwägungen ebenso tun, als denen, die aus ihrem theologischen Verständnis heraus ganz auf das Handeln Gottes setzen.

---

[17] Vgl. beispielsweise RUST, Heinrich Christian: Zuhause in der Schöpfungsgemeinschaft, Dimensionen einer ökologischen Spiritualität, Neufeld Verlag, Cuxhaven 2021.

FRANZISKANISCHE SCHÖPFUNGSSPIRITUALITÄT

Zusammenfassend können wir festhalten: Eine franziskanische Schöpfungsspiritualität lebt aus den Haltungen der Geschwisterlichkeit, der Achtsamkeit und Dankbarkeit. Ein Verständnis des Beherrschens, der Inbesitznahme und Ausbeutung widerspricht dem biblischen Schöpfungsauftrag. Als Teil des Ganzen nimmt der Mensch seine Verantwortung wahr, indem er als Hüter die Schöpfung bewahrt und im Sinne der Nachhaltigkeit die Lebensgrundlagen für alle Geschöpfe erhält. Die Bewahrung der Schöpfung erfordert heute eine veränderte Wirtschaftsordnung. Aus franziskanischer Sicht lebt eine postkapitalistische Wirtschaft vom solidarischen Teilen der Güter dieser Erde und vom nachhaltigen Umgang mit den Ressourcen. Sie nimmt Abschied vom Wachstumsparadigma. Sie lebt aus der von Papst Franziskus angemahnten Balance aus Umweltschutz und sozialer Gerechtigkeit. Eine solidarische Ökonomie beruht auf einer Spiritualität der Genügsamkeit, der Bereitschaft zu einem einfacheren Lebensstil. Sie gründet auf einer Gemeinwohlorientierung, zu der im Sinne eines ökologischen Menschenrechts die Sicherung der Gemeingüter (wie Luft, Böden und Wasser) für alle gehört.

LITERATUR

BERG, Dieter und Lehmann, Leonhard: Franziskus-Quellen. Die Schriften des heiligen Franziskus, Lebensbeschreibungen, Chroniken und Zeugnisse über ihn und seinen Orden, Butzon & Bercker, Edition Coelde, Kevelaer 2009 [Franziskus-Quellen].

Deutsche Bischofskonferenz (Hg.): Enzyklika LAUDATO SI´ von Papst Franziskus über das gemeinsame Haus (Verlautbarungen des Apostolischen Stuhls Nr. 202), 24. Mai 2015, Bonn 2015 [LS].

FATHEUER, Thomas: „Buen Vivir – Eine kurze Einführung in Lateinamerikas neue Konzepte zum guten Leben und zu den Rechten der Natur", Heinrich Böll Stiftung – Schriften zur Ökologie Band 17, Berlin 2011.

Luftaufnahme von Lützerath

Krieg gegen die Tiere

Friedensaspekte einer Theologischen Zoologie

Stefan Federbusch

„Wir führen Krieg gegen die Tiere."[1] Nicht jede/r mag diese Zuspitzung in ihrer Radikalität teilen. Doch lässt sich kaum bestreiten, dass unser menschliches Verhalten beispielsweise zu einem massiven Artensterben auch von Tieren und somit zur Reduktion der Biodiversität führt. Mich erstaunt immer wieder der höchst unterschiedliche Umgang mit Tieren. Wir haben sie eingeteilt in die Kategorie „Wildtiere", die wir in Zoos oder in freier „Wildbahn" bestaunen, in die Kategorie „Nutztiere", die wir gnadenlos ausbeuten und in Massentierhaltung für unseren Fleischkonsum in kürzester Zeit großzüchten sowie in die Kategorie „Haustiere", die wir verhätscheln und denen wir unsere ganze Liebe und Aufmerksamkeit zukommen lassen.

Unser Umgang mit Tieren ist ein Spiegelbild unserer „Welt-Anschauung" und unseres menschlichen „Selbst-Verständnisses". Er spiegelt, dass wir vergessen haben, woher wir kommen – dass wir biologisch gesehen selbst höherentwickelte Tiere sind, oder wer es eher theologisch mag – dass wir Ebenbilder Gottes mit Verantwortung zur Bewahrung seiner Schöpfung sind.

LIEBESSUBJEKT HAUSTIER

„Es gibt in der Nähe zum Menschen nur noch zwei Kategorien von Tieren. Die einen verhätscheln wir und verwöhnen sie mit Haustierfutter und die anderen werden dazu verarbeitet", so der Biologe

---

[1] Der Begriff wird häufig von Tierschutzorganisationen wie beispielsweise PETA verwendet. Vgl. https://www.peta.de/neuigkeiten/ingrid-newkirk-kommentar-krieg/ [abgerufen am 30.12.2023].

und Wissenschaftskritiker RUPERT SHELDRAKE[2]. Wie viele Haustiere in Deutschland leben, kann wohl niemand exakt angeben. Schätzungen gehen von 34,4 Millionen Haustieren aus. Somit hat jede zweite bis dritte Person in Deutschland ein Tier in seiner unmittelbaren Nähe. Heimtiere sind besonders bei Familien beliebt. In 67 Prozent aller Familien mit Kindern lebte 2022 ein tierischer Mitbewohner.[3] Während meiner Zeit in Hofheim am Taunus wurde 2016 dort eine der größten Kliniken für Kleintiere mit 170 Mitarbeitenden eingeweiht. In deren Image-Film heißt es, dass die „Patienten vollwertige Familienmitglieder" sind und dementsprechend ist der betriebene Aufwand ähnlich groß wie beim Menschen.

GEBRAUCHSOBJEKT NUTZTIER

Anders dagegen sieht es bei den Nutztieren aus. Ihnen gilt weitaus weniger Interesse, obwohl rund 95 Prozent in sogenannter Massentierhaltung ihr Leben fristen muss[4]. Der Bestand liegt in Deutschland bei über 200 Millionen Tieren jährlich, davon rund 150 Mio. Hühner, 21 Mio. Schweine, 11 Mio. Rinder und 1,5 Mio. Schafe. Davon zu unterscheiden sind noch einmal die Schlachtzahlen, die weitaus höher liegen. Weltweit werden jährlich etwa 73 Mrd. Landwirbeltiere für die Lebensmittelproduktion getötet. Tiere sind somit „in aller

---

[2] Zitiert in: VÖLKERING, Heinrich: Die Würde der Tiere – eine religiöse Wertschätzung, in: Mitgeschöpfe. Unser Verhältnis zu den Tieren, Tauwetter 4/2014, 6.

[3] Eine Umfrage für den Zentralverband der Zoologischen Fachbetriebe [https://www.zzf.de/marktdaten/heimtiere-in-deutschland – abgerufen am 30.12.2023] ermittelte für das Jahr 2022 15,2 Mio. Katzen, 10,6 Mio. Hunde, 4,9 Mio. Kleintiere, 3,7 Mio. Kleintiere, 2,3 Mio. Aquarien und 1,3 Mio. Terrarien. Für Katzennahrung wurde gut 2 Mrd. Euro ausgegeben, für Hundefutter 1,8 Mrd. Euro. Eine weitere Milliarde Euro kommt für Bedarfsartikel und Zubehör dazu. Europaweit waren es 27,7 Mrd. Euro für Tierfutter und 24,7 Mrd. Euro für Haustierprodukte. Des Weiteren entstehen Kosten für die medizinische Versorgung. Europaweit wurden 3,7 Mrd. Euro für Tiermedizin ausgegeben. Nach der neuen Gebührenordnung vom November 2023 kostet in Deutschland eine Standartuntersuchung bei Hund und Katze zwischen 23,62 Euro bis 70,86 Euro.

[4] Die folgenden Zahlen sind entnommen: https://animalequality.de/blog/fakten-ueber-massentierhaltung-in-deutschland/ [abgerufen am 17.12.2023].

Munde"[5], außer bei denen, die sich bewusst für eine vegane Lebensweise entscheiden.

Allein aus diesen Zahlen leiten sich nicht nur (tier)ethische Fragen ab, sondern Aspekte der (Schöpfungs)Gerechtigkeit. Die Massentierhaltung trägt nicht unwesentlich durch die Produktion von Kohlendioxid und den Ausstoß von Methan durch Rinder zur Klimakrise bei. An dieser Stelle geht es aber zunächst einmal grundlegend um unsere menschliche Sicht auf Tiere, um ihr Lebensrecht, aus dem sich ein adäquater Umgang ableitet.

INSTITUT FÜR THEOLOGISCHE ZOOLOGIE

Einer, der sich schon seit längerer Zeit mit der Sicht auf Tiere und unseren Umgang mit ihnen beschäftigt, ist RAINER HAGENCORD. Bereits als Hochschulpfarrer in Münster veröffentlichte er 1997 eine erste Publikation. Mit seiner 2004 erfolgten Promotion „Das Tier: Eine Herausforderung für die christliche Anthropologie. Theologische und verhaltensbiologische Argumente für einen Perspektivenwechsel" legte er den Grundstein für ein bislang einmaliges Pilotprojekt: die Gründung des Instituts für Theologische Zoologie[6] im Jahr 2009 in Münster. In den Folgejahren publizierten Hagencord und die Mitarbeitenden verschiedene Monografien, Herausgaben und Aufsätze mit dem stringenten Appell zu einer theologischen Würdigung der Tiere. Dies bedeutet, unser anthropozentrisches Weltbild zu korrigieren, das den Menschen als wichtigstes Geschöpf in den Mittelpunkt stellt. Es braucht einen Perspektivwechsel, die Tiere als unsere Mitgeschöpfe zu respektieren und ihren Eigenwert zu erkennen! Uns wieder bewusst zu machen, dass „animal" (Tier) mit „anima" (Seele, Atem) zu tun hat. Biblisch gesehen ist jedes Geschöpf eine belebte und lebendige Seele. Gott als der „Liebhaber des Lebens" (Weish 11,26) hat allem Geschaffenen seinen Atem eingehaucht. Der Mensch hat aus seinem Nutzungsrecht über die Tiere in einer Fehlinterpretation des Herrscherauftrags der Schöpfungsgeschichte ein Unterwerfungsrecht gemacht. Kritisch gilt es die Theologiegeschichte in den Blick zu nehmen, inwieweit sie dazu

---

[5] Vgl. FOER, Jonathan Safran: Tiere essen, Frankfurt a. M. 2012.
[6] Vgl. https://www.theologische-zoologie.de/.

beigetragen hat, aus den beseelten Geschöpfen „seelenlose Automaten" zu machen, die als Ressource ausgebeutet werden können.

Tierliebhaber Franziskus

Wenn es um einen veränderten Umgang mit den Tieren geht, wird häufig auf Franz von Assisi (1181-1226) verwiesen. Für ihn ist die gesamte Schöpfung eine Mitwelt, in der die Tiere unsere „Schwestern" und „Brüder" sind. Theologisch ausgedrückt: Als Kinder des einen göttlichen Vaters leben alle kosmischen Erscheinungen, alle Elemente, alle Pflanzen, Tiere und Menschen in einer universalen Geschwisterlichkeit.[7] Dementsprechend gilt es mit ihnen umzugehen in Liebe, Ehrfurcht und Achtsamkeit, denn: „Ich bin Leben, das leben will, inmitten von Leben, das leben will" (Albert Schweitzer). In der Sammlung von Perugia wird erzählt, wie es zur Entstehung des Sonnengesanges kam, den Franziskus nach einer Phase großen Leidens gegen Ende seines Lebens gedichtet hat. Franziskus spricht zu seinen Gefährten: „Täglich bedienen wir uns der Geschöpfe Gottes, ohne die wir nicht leben können. In ihnen beleidigt die Menschheit den Schöpfer sehr, und täglich sind wir undankbar für eine so große Gnade, weil wir unseren Schöpfer und Spender aller Güter nicht dafür loben, wie wir sollten" (Per 83: FQ 1160)[8].

Die Tiere verweisen Franziskus auf das göttliche Handeln. Seine Tierliebe ist Ausdruck seiner Gottesliebe und der Antwort, die wir Menschen auf die Zuwendung Gottes geben sollen. In allen Elementen und in allen Geschöpfen gilt es, „den Schöpfer und Lenker aller Dinge zu verherrlichen, zu loben und zu preisen" (1 C 80: FQ 247). Sein Biograf Thomas von Celano hebt den christologischen Bezug hervor. Alles, worin Franziskus eine sinnbildliche Ähnlichkeit mit dem Sohne Gottes finden konnte, umfing er mit großer Liebe: „Selbst gegen die Würmer entbrannte er in übergroßer Liebe, weil er vom Erlöser das Wort gelesen hatte: ‚Ein Wurm bin ich, nicht mehr

---

[7] Vgl. den Artikel in diesem Jahrbuch: Federbusch, Stefan, Laudato si' – Leben mit der Schöpfung. Franziskanische Perspektiven.

[8] Im Folgenden sind die Quellentexte zitiert aus: Berg, Dieter und Lehmann, Leonhard: Franziskus-Quellen. Die Schriften des heiligen Franziskus, Lebensbeschreibungen, Chroniken und Zeugnisse über ihn und seinen Orden, Butzon & Bercker, Edition Coelde, Kevelaer 2009 [Franziskus-Quellen].

ein Mensch' (Ps 21,7). Deshalb pflegte er sie vom Weg aufzusammeln und legte sie an einem geschützten Ort nieder, damit sie nicht von den Passanten zertreten würden" (1 C 80: FQ 247). Es ist vor allem das Lamm, das Franziskus an Jesus erinnert, als „Lamm Gottes" bis heute das Wappentier des Christentums. Es finden sich mehrere Erzählungen, in denen Franziskus Lämmer vor dem Schlachten bewahrt (vgl. 1 C 77-79: FQ 245-247). „Die gleiche Liebe und Zärt-lichkeit hegte er auch gegen die Fische, die er, wenn sich ihm Ge-legenheit bot, nach dem Fange wieder lebendig ins Wasser warf mit der Mahnung, sie sollten sich hüten, ein zweites Mal gefangen zu werden" (1 C 61: FQ 236). Mit am bekanntesten dürfte die Vogel-predigt von Franziskus sein (vgl. 1 C 58: FQ 234). Thomas von Celano beschreibt diese Erfahrung als Schlüsselerlebnis für Franziskus und als Startpunkt, nicht nur den Menschen, sondern jedweder Kreatur das Wort Gottes zu verkünden, gemäß dem Auftrag Jesu: „Geht hinaus in die ganze Welt, und verkündet das Evangelium allen Geschöpfen!" (Mk 16,15). Die Tiere – in dem Fall die Vögel – werden Franziskus zum Lehrmeister. Dementsprechend predigte er ab da auch den Blumen und Gärten, den Weinbergen und Wäldern (vgl. 1 C 81: FQ 248).

Die Aufmerksamkeit von Franziskus für die Tiere wird auch ersichtlich, wenn er im Winter den Bienen Honig und Wein hinstellen ließ (1 C 80: FQ 247) und wünschte, dass man an Weihnachten Ochs und Esel mehr Korn und Heu gebe als sonst, dass man Weizen und Korn auf die Wege streue, um den Vögeln, vor allem den Lerchen Nahrung zu geben (2 C 200: FQ 407). Die Haubenlerchen liebte er besonders, da sie ihn in ihrem braunen Federkleid und mit ihrer Haube an das erdfarbene Gewand der Brüder erinnerten. Diese Vorliebe ging so weit, dass Franziskus den Kaiser bitten wollte, „um Gottes Liebe willen und kraft meiner Bitte eine schriftliche Verordnung zu erlassen, dass niemand die Schwestern Lerchen fangen oder ihnen irgendetwas Böses tun dürfe" (Per 14: FQ 1103).

In den Schilderungen wird deutlich, dass sich das teils feindliche Verhältnis zwischen Mensch und Tier bei Franziskus in ein freundschaftliches wandelt. Die Angst der Tiere vor dem Menschen schwindet und sie suchen gar Zuflucht bei ihm. Der Biograf erzählt, dass ein Vogel in den Händen des Franziskus sitzenblieb (2 C 167: FQ 391), ein Falke ihm die Gebetszeiten ankündigte (2 C 168: FQ 391), ein

Fasan sich bei Franziskus niederließ (2 C 170: FQ 392) und ein Häslein nicht von seinem Schoß wich (1 C 60: FQ 236). Die zerstörte Harmonie ist wiederhergestellt.

TIERE IN DER HAGIOGRAFIE

Während die Tiere innerhalb der theologischen Weltkarte eher einen weißen Fleck bilden[9], zeugen die Hagiografien, die Lebensbeschreibungen der Heiligen, von gelungenen Mensch-Tier-Beziehungen. „Die Ehrfurcht vor der Schöpfung und der achtsame Umgang mit ihr hat bei vielen Heiligen dazu geführt, daß sie auch im Einklang mit den Tieren leben. Viele Heiligenlegenden berichten, daß Löwen den Einsiedlern gedient haben, daß ein Bär zum Schützer einer Jungfrau wird, daß Raben den Heiligen Nahrung bringen".[10] Heilige führen ein christusförmiges Leben, das heißt, sie richten sich in ihrer Lebensgestaltung ganz an Christus aus, der in seiner Versuchungszeit in der Wüste zusammen mit den wilden Tieren war (vgl. Mk 1,13), was die neuere Exegese als freundschaftliches Verhältnis Jesu zu den Tieren deutet. Dies nimmt Bezug auf die ersttestamentliche Friedensvision des Propheten Jesaja (vgl. Jes 11,6-8), wo in der Endzeit das paradiesische Verhältnis von Mensch und Tier wiederhergestellt wird. Mit dem Kommen Jesu Christi und dem Anbruch des messianischen Reiches wird der Tier- und Schöpfungsfriede erneuert. Als „*imitatores christi*" setzen die Heiligen sein Leben und Wirken fort und leben ansatzhaft diesen paradiesischen Frieden, ablesbar an ihrem harmonischen Umgang mit den Tieren.[11]
Es ist somit zu wenig, die Tiere lediglich allegorisch, das heißt ihre Eigenschaften christlich-moralisch zu deuten, denn dies bedeutet

---

[9] „Obwohl die Tiere innerhalb der biblischen Schöpfung ihren eigenen Platz in den großen Themen ‚Schöpfung' ‚Bund', ‚Erlösung', ‚Theodizee' und ‚Eschatologie' innehaben, stößt man auf der Suche nach ihrer angemessenen Würdigung innerhalb der theologischen Weltkarte auf einen großen weißen Fleck." HAGENCORD, Rainer: Gott und die Tiere. Ein Perspektivenwechsel. Regensburg 2008, 8.
[10] GRÜN, Anselm / SEUFERLING, Alois: Benediktinische Schöpfungsspiritualität. (Münsterschwarzacher Kleinschriften, Bd. 100), Münsterschwarzach 1996, 28.
[11] Vgl. OBERLE, Simeon: Wenn sich Tiere unter Heiligen tummeln. Tierbilder in hagiographischer Literatur – eine Spurenlese anhand ausgewählter Beispiele, Münster 2013.

wiederum eine Verzweckung. Denn „nicht das Tier soll dem Menschsein des Menschen dienen, sondern der Mensch soll das Tiersein des Tieres beachten und ehren und auf diese Weise dann auch menschlicher werden"[12], so der Kapuziner ANTON ROTZETTER, Mitbegründer des Instituts für Theologische Zoologie.

GESCHWISTERLICHER UMGANG

Die Schöpfung und mit ihr die Geschöpfe sind aus der franziskanischen Sicht und der Perspektive der Theologischen Zoologie um ihrer selbst willen da, nicht als bloßer „Gebrauchswert" für den Menschen. Den Tieren kommt ein Eigenwert zu, der viele Praktiken wie Massentierhaltung inakzeptabel macht. Aus dem franziskanisch-biblischen Verständnis der Eingebundenheit in die Mitwelt und dem Eigenwert alles Geschaffenen ergibt sich eine Haltung der Ehrfurcht und Achtsamkeit, der Dankbarkeit und Geschwisterlichkeit. Franz von Assisi hebt das hierarchische Oben-Unten-Gefüge zwischen Menschen, aber auch im Mensch-Tier-Verhältnis auf und stellt sich auf eine Stufe mit allem Geschaffenen. Als Teil der „göttlichen Familie" geht es um den gegenseitigen Respekt, um Ehrfurcht voreinander und um Lebensmöglichkeiten für alle. Erst die Herstellung gerechter Verhältnisse ermöglicht ein gewaltfreies Miteinander. Dieses geschwisterliche Verständnis kann auch heute Vorbild sein und ist alles andere als kitschige und sentimentale Gefühlsduselei. In diesem Sinn ist unser Umgang mit den Tieren Spiegelbild unseres Welt- und Selbstverständnisses. Wenn wir Geschwisterlichkeit verwirklichen als „Leben, das leben will, inmitten von Leben, das leben will" (Albert Schweitzer), dann ist dies ein Beitrag zur Gerechtigkeit, der aus dem „Krieg gegen die Tiere" ein schöpfungsgemäßes Zusammenleben macht.

---

[12] ROTZETTER, Anton: Die Freigelassenen. Franz von Assisi und die Tiere, Fribourg 2011, 29.

LITERATUR

BERG, Dieter und LEHMANN, Leonhard: Franziskus-Quellen. Die Schriften des heiligen Franziskus, Lebensbeschreibungen, Chroniken und Zeugnisse über ihn und seinen Orden, Butzon & Bercker, Edition Coelde, Kevelaer 2009.

FOER, Jonathan Safran: Tiere essen, Fischer Taschenbuch, Frankfurt a. M. 2012.

GRÜN, Anselm / SEUFERLING, Alois: Benediktinische Schöpfungsspiritualität. (Münsterschwarzacher Kleinschriften, Bd. 100), Münsterschwarzach 1996.

HAGENCORD, Rainer: Gott und die Tiere. Ein Perspektivenwechsel, Topos plus, Ostfildern 2018 (erstmals erschienen im Matthias-Grünewald-Verlag, Regensburg 2008).

HAGENCORD, Rainer (Hg.): Wenn sich Tiere in der Theologie tummeln. Ansätze einer theologischen Zoologie, Pustet Verlag, Regensburg 2010.

HORSTMANN, Simone: Was fehlt uns, wenn die Tiere fehlen. Eine theologische Spurensuche, Pustet Verlag, Regensburg 2020.

HORSTMANN, Simone / RUSTER, Thomas / TAXACHER, Gregor: Alles, was atmet. Eine Theologie der Tiere, Pustet Verlag, Regensburg 2018.

KÄFER, Anne: Gottes Werk und Fleisches Lust. Tierethische Erörterungen aus evangelisch-theologischer Sicht, wbg Academic, Darmstadt 2023.

KAPPES, Bernd: Mitgeschöpfe. Vom Umgang mit Tieren aus christlicher Sicht, Patmos Verlag, Ostfildern 2023.

OBERLE, Simeon: Wenn sich Tiere unter Heiligen tummeln. Tierbilder in hagiographischer Literatur – eine Spurenlese anhand ausgewählter Beispiele, Münster 2013.

ROTZETTER, Anton: Die Freigelassenen. Franz von Assisi und die Tiere, Paulus Verlag, Fribourg 2011.

VÖLKERING, Heinrich: Die Würde der Tiere – eine religiöse Wertschätzung, in: Mitgeschöpfe. Unser Verhältnis zu den Tieren, Tauwetter 4/2014, 6-15.

Die verletzliche Welt

Eine Schöpfungstheologie der Gewaltfreiheit

Stefan Silber

„Die Umwelt ist seit langem ein stummes Opfer des Krieges und bewaffneter Konflikte."[1] BAN KI-MOON, damals Generalsekretär der UN, machte 2014 eindringlich darauf aufmerksam, dass kriegerische Gewalt nicht nur gegen Menschen gerichtet ist, sondern auch die nichtmenschliche Welt dramatisch in Mitleidenschaft zieht. In den vielen Kriegen der Gegenwart können wir dies sozusagen live am Bildschirm mitverfolgen. Über die unmittelbare Zerstörung durch kriegerische Gewalt hinaus müssen jedoch auch die umwelt- schädlichen Folgen der Vorbereitungen zum Krieg und der soge- nannten Abschreckung in den Blick genommen werden. Welche Klimabelastung beispielsweise durch die täglichen Fahrten und Flüge der Bundeswehr entsteht, auch außerhalb von Militäreinsätzen, wird jedoch systematisch verschwiegen und sogar dem Parlament verheimlicht.[2]

Militärische Gewalt ist in vielerlei Hinsicht Gewalt gegen die Schöpfung insgesamt. Aus einer theologischen Perspektive möchte ich darüber hinaus in diesem Beitrag argumentieren, dass Gewalt nicht nur Gottes Schöpfung verletzt, sondern dass sie gerade auch gegen die Intention des Schöpfers gerichtet ist. Denn Gott hat eine gewaltfreie Welt erschaffen, und Gewalt ist in ihr nicht vorgesehen. Sie ist aber eine Tatsache, und die Schöpfung erweist sich ebenso wie der Schöpfer selbst als verletzlich und verwundbar. Die Heilung der Schöpfung ist jedoch nicht mit Gewalt zu erreichen, sondern nur mit dem Mittel, das der Intention des Schöpfers entspricht: der Gewaltfreiheit.

---

[1] BAN Ki-moon: Secretary-General's Message.
[2] Vgl. VOGLER: Klimakiller Bundeswehr.

GOTT HAT EINE GEWALTFREIE WELT GESCHAFFEN

Im Anfang hat Gott alle vegan und gewaltfrei erschaffen. So könnte man den ersten Satz der Bibel paraphrasieren, denn tatsächlich wird im ersten Kapitel des Genesisbuches den frisch erschaffenen Menschen und Tieren ausdrücklich nur pflanzliche Nahrung zugeteilt. Auch Löwen und Wölfe – die in Gen 1 noch keine Erwähnung finden – sollen sich offenbar vegan und gewaltfrei ernähren. Diese utopische Schöpfungsintention wird noch deutlicher, wenn man sie mit weiteren biblischen Texten kontrastiert: Nach der Sintflutkatastrophe wird den Menschen (und unausgesprochen auch den Raubtieren) nämlich das Töten und Verzehren von Tieren erlaubt, jedoch so charakterisiert, dass Gott die Tierwelt mit „Furcht und Schrecken" (Gen 9,2)[3] vor den Menschen erfüllt. Umgekehrt erwartet jedoch Jesaja eine künftige Welt des Friedens, die genau dieser gewaltfreien Schöpfungsvision entspricht: „Wolf und Lamm weiden zusammen, und der Löwe frisst Stroh wie das Rind" (Jes 65,25).

Nun darf man weder in den einen Irrtum verfallen, hier werde ein paradiesischer Urzustand beschrieben, zu welchem der Rückweg aufgrund menschlicher Sünde versperrt sei, noch in den anderen, dass es sich bei den prophetischen Texten um endzeitliche Utopien handle, die ebensowenig für den menschlichen Alltagsgebrauch bestimmt seien. Vielmehr zeigt gerade der Zusammenhang der prophetischen und der Schöpfungstexte, dass es bei dem Bild von einer gewaltfreien Schöpfungsintention um die Kritik einer gewalttätigen Gegenwart handelt, der alternative – nämlich gewaltfreie – Handlungsoptionen entgegengesetzt werden.[4]

Dazu ist es hilfreich, sich den Kontext der Entstehung dieser ersten Schöpfungserzählung zu vergegenwärtigen: Inmitten einer politischen, gesellschaftlichen und religiösen Katastrophe – der Zerstörung des Tempels im Krieg und der Verschleppung der judäischen Eliten – erinnern die Autor:innen des Textes daran, dass Gottes Plan für die Schöpfung ein anderer ist: „Biblische Schöpfungstexte vermitteln einen ,Sinn für Ungerechtigkeit' und

---

[3] Alle biblischen Zitate nach der Einheitsübersetzung 2016.
[4] Vgl. BENK, Schöpfung als Vision, mit Verweis auf Bernd Janowski, Jürgen Ebach und Georg Steins.

wollen die Sehnsucht nach Gerechtigkeit wachhalten" – das ist für GEORG STEINS der „Leseschlüssel für die biblische Schöpfungstheologie"[5].

Schöpfungserzählungen sollten also nicht als Alternativen zu naturwissenschaftlichen Erklärungen zur Entstehung der Welt gelesen werden, sondern als theologische Aussagen über soziale, politische und ökologische Gerechtigkeit. Ebenso wenig wollen sie eine Schöpfungsordnung in dem Sinn behaupten, dass in ihr alles schon festgelegt sei und nur bewahrt werden müsse, sondern eine prophetische Vision aufstellen, in der eine verheißene und erhoffte Ordnung sichtbar ist, an der Menschen mitzuarbeiten haben: „Die Vision unserer Erde als gemeinschaftliches Lebenshaus" ist für ANDREAS BENK „kein Romantizismus und kein verharmlosendes Idyll. Sie ist eine schneidend scharfe Ansage an all diejenigen, die in diesem Welthaus den Hausfrieden zerstören."[6]

In diesem Sinn lässt sich auch der traditionelle Lehrsatz, dass Gott, der gut ist, nur Gutes schaffen könne, interpretieren.[7] Dieser patristische Gedanke, der auch auf 1 Tim 4,4 zurückgeht („alles, was Gott geschaffen hat, ist gut und nichts ist verwerflich"), wurde in der Tradition aufgrund des in der Welt zu beobachtenden Bösen daraufhin umgedeutet, dass dieses Böse eben aus der materiellen Beschaffenheit der Schöpfung, aus dem freien Willen, der Sündhaftigkeit des Menschen oder gleich vom Teufel stamme. In der Schöpfungserzählung in Gen 1 wird von Gott jedoch selbst acht Mal betont, dass die Schöpfung im Einzelnen gut und insgesamt sehr gut sei. Versteht man diese Erzählung nun aber als sozialethische Vision und nicht als Faktenbericht über Vergangenes, so wird aus diesem Gutsein der Schöpfung ein Auftrag an diejenigen, die am sechsten Schöpfungstag als Sachwalter und Repräsentant:innen Gottes in dieser Schöpfung eingesetzt werden. Dazu werden sie – wie auch die Tiere – mit Fruchtbarkeit und Fortpflanzung gesegnet: Fruchtbarkeit und Vermehrung des Lebens sind ebenso ein Auftrag und zugleich eine Verheißung an die Menschen wie der geschwisterliche Umgang mit Mensch und Tier und das gewaltfreie, verantwortungsvolle Zusammenleben aller. So

---

[5] Zit. nach ebd., 4.

[6] BENK, Schöpfung als Vision, 8; vgl. Benk, Schöpfung – eine Vision von Gerechtigkeit, 217-246.

[7] Vgl. KRAUS, Schöpfungslehre, 65, 104-107, 150 u.ö.

lässt sich die Intention Gottes erfüllen, dass alles, was Gott geschaffen hat, „sehr gut" (Gen 1,31) ist.

GOTTES WELT IST VERLETZLICH UND VERLETZT

Tatsächlich ist jedoch nicht alles, was wir in dieser Schöpfung vorfinden, „sehr gut" und im Sinn dieser Schöpfungsintention. Denn die Lebens- und Segensverheißungen aus Gen 1 werden von Gewalt gegen Menschen, Tiere und die gesamte Schöpfung konterkariert: Krieg, Ausbeutung und Unterdrückung bringen Hunger, Krankheit, Flucht, immer wieder neuen Krieg und in allem die Zerstörung der natürlichen Grundlagen des Lebens hervor. Gottes Schöpfung zeigt sich verwundet und verletzt; sie ist von Gott nicht unverwundbar geschaffen, sondern gerade in ihrer Verletzlichkeit der Verantwortung des Menschen anvertraut. BERND JANOWSKI schreibt: „Der Mensch ist also ‚Bild Gottes', insofern er sich verantwortlich handelnd zu seinem Lebensraum samt den Lebewesen darin verhält' und nicht, insofern er zu einem autonomen Verfügen über die Tierwelt für selbstgewählte Zwecke ermächtigt wird."[8]

Gott hat (in der Interpretation der Schöpfung von Gen 1) die *Intention* der Gewaltfreiheit in die Schöpfung hineingelegt, nicht aber das *Faktum*. Gewaltfreiheit ist ein Auftrag und eine Verheißung, aber keine Selbstverständlichkeit. Schmerzliches Faktum ist dagegen die Verletzlichkeit, die vielfach neu erfahrbare Verwundung der Schöpfung. Es steht in der Verantwortung des Menschen, darüber zu walten[9], dass sie sich in der Intention Gottes entfalten kann.

MAYRA RIVERA verwendet die theologische Kategorie Fleisch, um die Beziehungen aller Menschen untereinander und zum Gesamt der Schöpfung zum Ausdruck zu bringen: „In einem Modell der Leiblichkeit" können, wie sie schreibt, „elementare Beziehungen jenseits von Appellen an reale oder gedachte Ursprünge als integrale Elemente von Diskussionen über Orte betrachtet" werden. „Hierbei erschiene die Einübung einer leidenschaftlichen Verbindung zur Erde als Modus des fleischlichen Gedeihens, als positive

---

[8] JANOWSKI, Biblischer Schöpfungsglaube, 70. Eingebettetes Zitat von Walter Groß.
[9] So drückt die revidierte Einheitsübersetzung 2016 das vermeintliche Herrschen des Menschen über die Schöpfung in Gen 1,26.28 aus.

Inkarnation." Das „Fleisch" verbindet die Menschen untereinander über alle scheinbar trennenden Identitätsmerkmale hinweg, und zugleich mit der Erde, den Pflanzen, den Tieren und der gesamten Schöpfung. Mit dieser Idee des Fleisches kann auch die Verletzlichkeit der Schöpfung und der Geschöpfe thematisiert werden, die über den individuellen Körper hinaus als Gefährdung der Beziehungen erfahren werden kann. Die Verletzungen der Schöpfung können zum Schmerz am eigenen Körper werden, wie auch Papst FRANZISKUS in Laudato Si' schreibt (LS 89).

Gott selbst erleidet diesen Schmerz, welcher der Schöpfung durch ihre Verletzungen zugefügt wird. Das ausdrucksstarke theologische Symbol dafür ist im Christentum das Kreuz: Gott selbst leidet die Gewalt, die Menschen einander und der gesamten Schöpfung antun, Gott teilt in solidarischer Nähe und Identifikation (ja: Inkarnation) den Schmerz der Schöpfung, insbesondere derjenigen, die leiden. Jesus macht am Kreuz sichtbar, dass Gott weiterhin zur Schöpfung steht und in ihr anwesend ist, dass Gott weiterhin an der gewaltfreien Intention der Schöpfung und ihrer Verletzlichkeit festhält, dass Gottes Gewaltfreiheit so weit geht, dass er das Leiden, den Schmerz und den Tod der Geschöpfe selbst mit erträgt.

Dieses Leiden, dem Gott sich aussetzt, entspricht jedoch nicht seiner Intention: Durch die Gewaltlosigkeit Jesu am Kreuz demonstriert Gott zugleich, dass auch dieser Widerspruch zur Schöpfungsintention nicht mit Gewalt abgewendet, beendet oder beseitigt werden kann, selbst wenn es zum Erleiden der Gewalt und zum Tod am Kreuz kommen sollte. Gewalt hilft nicht gegen die Verletzungen der Schöpfung. Sie vergrößert und verschlimmert nur noch das Leiden und den Schmerz. Inmitten dieser Verletzungen hilft nur das solidarische, geschwisterliche, Fleisch gewordene Mitleiden, auch wenn es vorerst die Gewalt und die Verwundung nicht abwenden zu können scheint. Das ist die theologische Botschaft, die vom Kreuz ausgeht: Gott hält auch angesichts des Schmerzes, die Gott selbst durch die Verwundungen der Schöpfung zugefügt werden, an der Intention einer gewaltfreien Schöpfung fest. Nur so kann die Schöpfung der ihr zugesagten Verheißung gerecht werden: dass alles „sehr gut" sein soll.

Doch Jesus bleibt nicht im Tod: Leid, Schmerz und Verwundung der Schöpfung haben nicht das letzte Wort. Gott greift ein; erneut auf eine gewaltfreie, dem Leben zugewandte Weise. Der Auferstandene lebt, bleibt aber als der Gekreuzigte zu erkennen: Seine Wunden machen deutlich, dass das Leiden nicht ausgelöscht und vergessen wird. Das Leben und das Wiederaufleben der Leidenden verwirklichen vielmehr die gewaltfreie Intention der Schöpfung. Aus dieser Erfahrung lässt sich die Hoffnung auf „einen neuen Himmel und eine neue Erde" (Offb 21,1) begründen, also eine neue Weise, die Schöpfungsntentionen Gottes vom Beginn der Bibel zu verwirklichen. Dies schließt für die Autor:innen der Johannesoffenbarung einen Bruch mit der zum Exzess gesteigerten Gewalt unter dem alten Himmel und auf der alten Erde ein.

Es ist eine Gewalt, die auch im Buch der Offenbarung viele Gesichter hat: unmittelbar physische Gewalt, militärische, politische, wirtschaftliche Gewalt, Sklaverei, Verfolgung, Zerstörung der Lebensgrundlagen, strukturelle, epistemische und religiöse Gewalt. Diese Formen der Gewalt haben in der durch die Auferstehung Jesu begründeten neuen Schöpfung keinen Platz mehr, doch die Verletzlichkeit der Schöpfung bleibt: Die Tore des neuen Jerusalem werden offenstehen und nicht mehr geschlossen (vgl. Offb 21,25). Der Weg dorthin führt über den Bruch mit der Herrschaft der Gewalt.

GEWALTFREIE SORGE UM DIE SCHÖPFUNG

Papst Franziskus gab seiner Enzyklika *Laudato Si'* den Untertitel: „Über die Sorge für das Gemeinsame Haus". Die „Sorge" in diesem Untertitel ist in der spanischen Originalsprache des Textes (*cuidado*), aber auch im Italienischen (*cura*) und Englischen (*care*) semantisch mit der Sorgfalt verwandt, der Aufmerksamkeit, der liebevollen und zärtlichen Zuwendung und nicht zuletzt auch mit der als „Care" oder „Sorgearbeit" in der Gegenwart bezeichneten Pflege kranker und älterer Menschen, die häufig von Frauen und schlecht bezahlten (oft migrantischen) Arbeitskräften geleistet wird.

Um eine solche Sorge – und nicht die im Deutschen semantisch ebenfalls mögliche *ängstliche* Sorge – wirbt der Papst angesichts der Verwundungen der Schöpfung, die er unser Gemeinsames Haus nennt: zärtliche, liebevolle Aufmerksamkeit, Pflege, Sorgfalt, lindernde oder heilende Ermöglichung des bestmöglichen Zusammenlebens aller, insbesondere der am meisten Beeinträchtigten. Diese Sorge ist keine technische Lösung, keine politische Strategie und keine gesetzgeberische Maßnahme, auch wenn sie all das sicherlich benötigt: Sie ist in erster Linie eine Spiritualität, eine Lebenseinstellung und eine praktizierte Überzeugung.

Pflegende Aufmerksamkeit ist – das können uns Praktizierende der Pflegeberufe mitteilen – keine Rückkehr zu einem unverletzten Anfangszustand. Wunden und Verletzungen können gelindert und vielleicht auch geheilt werden, aber Narben und Traumata verbleiben. Es können im Bereich der Pflege jedoch auch neue Beziehungen, neue Gemeinschaften und völlig neue Lebensmöglichkeiten entstehen. Nichts im Leben – und nichts in der gesamten Schöpfung – geht rückwärts oder wiederholt sich in identischer Weise. Die Pflege der Schöpfung ist eine zärtliche Begleitung in den Prozessen der Veränderung, in der Erwartung, dass diese Begleitung zu positiven und heilenden Veränderungen führen kann.

Die Auferstehung des verwundeten Gekreuzigten kann dies aus einer theologischen Perspektive deutlich machen: Die Wunden bleiben sichtbar, aber offenbar in einer Weise transformiert, dass sie nicht schmerzen. Jesus kehrt nicht ins Leben „zurück", sondern eröffnet eine neue Weise des Lebens, die nun auch seinen Jünger:innen offensteht. Diese werden nach Galiläa zurückgeschickt (Mk 16,7; Mt 28,7.16), quasi wieder an den Anfang, aber nun durch diese Erfahrung der Auferstehung transformiert.

Dies ist die Sorge, welche die verwundete Schöpfung in der Gegenwart nötig hat: zärtliche Aufmerksamkeit für das Gesamt und jedes einzelne Element, jede einzelne Beziehung in dieser Schöpfung, Sorge für die Lebensmöglichkeiten insbesondere der Schwachsten, Eröffnung neuer Lebensmöglichkeiten. THOMAS NAUERTH hat gezeigt, welche Bedeutung die Praxis der Zärtlichkeit für Papst Franziskus besitzt und welche strukturellen Ähnlichkeiten sich zu einer Spiritualität der Gewaltfreiheit ergeben.[10] Die Verwundungen der Schöpfung, die Verletzungen der Menschen, die Traumata der Armen brauchen zärtliche, pflegende, heilende Aufmerksamkeit, die nur auf dem Weg der Gewaltfreiheit zu finden ist. Es liegt auf der

---

[10] Vgl. NAUERTH, Gerechtigkeit und Frieden, 212-214.

Hand, dass gewalttätige Mittel nicht geeignet sind, diese Zärtlichkeit aufzubringen. Auch die dramatischen Zerstörungen der Ökosysteme, auch die Gewalttätigkeit des Krieges, auch die Brutalität der weltweiten Ungerechtigkeiten lassen sich nicht wirklich mit Gewalt überwinden, auch wenn sie sich die Attribute „befreiend", „schützend", „Verteidigung", „Menschenrechte" oder „Demokratie" aneignen sollte. Denn die Gewalt zerstört auch als vermeintliches Mittel zum Zweck die Ziele, die damit erreicht werden sollen. Und sie widerspricht der Intention eines gerechten, zärtlichen und barmherzigen Zusammenlebens, das in der Schöpfungserzählung Gen 1 zum Ausdruck kommt.

Im Psalm 104 wird Gott selbst in einer Weise dargestellt, die diese zärtliche Sorge um das Gemeinsame Haus repräsentiert: Gott hat dieses Gemeinsame Haus gegründet und gebaut, ausgespannt „gleich einem Zelt" (v. 2). Er gibt Regeln, die den Lebensmöglichkeiten aller Geschöpfe entsprechen und sorgt dafür, dass sie eingehalten werden (v. 9). Gott ermöglicht Wachstum und Fruchtbarkeit (v. 11-14), er versorgt alle Wesen mit dem zum Leben Notwendigen, selbst „die jungen Löwen brüllen nach Beute, sie verlangen von Gott ihre Nahrung" (v. 21). Und in all der Sorge und Carearbeit findet Gott noch die Muße, mit dem „Leviatan [...] zu spielen" (v. 26), der offensichtlich nur zu diesem Zweck überhaupt erschaffen worden ist. Anders als in Ps 74,13f (und in vergleichbaren antiken Texten) werden hier die „die Köpfe des Leviatan" *nicht* „zermalmt"; die Vorstellung einer Schöpfung durch und mit Gewalt ist ganz der zärtlichen, spielerischen Vorsorge und Versorgung gewichen.

Das Kreuz Jesu ist schmerzliche Erinnerung daran, dass eine solche gewaltfreie Pflege der Schöpfung durchaus im Kontext der Gewalt verbleibt und diese nicht aus der Schöpfung verbannen kann. Ja, die Sorge für das Gemeinsame Haus kann zu neuen Wunden führen, zu Verfolgung und Gewalt, zu Folter und Ermordung. Menschen, die sich für Umweltschutz und Gerechtigkeit einsetzen, werden in zahlreichen Ländern der Welt ermordet. Amazonien und andere Regenwaldregionen sind dafür traurige Beispiele.

Aber die gewaltfreie Schöpfungssorge bricht mit der Macht der Gewalt und verweigert sich ihr. Sie setzt sich zwar der Verwundung aus, weigert sich jedoch, der Schöpfung noch weitere Wunden selbst hinzuzufügen. Eine solche Spiritualität zärtlicher Aufmerksamkeit für die Wunden der Schöpfung bemüht sich, die gewaltfreie Intention des Schöpfers in der Schöpfung selbst aufzuspüren und zu imitieren. Und sie empfängt dankbar von Gott alles, was es zum eigenen Leben braucht. Denn Gott, der zärtliche Versorger seiner Schöpfung, sorgt sich auch um diejenigen, die diese Sorge imitieren wollen.

Wie die ganze Schöpfung, empfangen auch wir alles, was wir zum Leben und für die Praxis dieser Spiritualität brauchen, gratis und „zur rechten Zeit" (Ps 104,27). Diese Gratuität, mit der Gott die gesamte Schöpfung zärtlich umfängt, ist eine hinreichende Grundlage für eine Praxis der Gewaltlosigkeit und eine Spiritualität der Sorge um das Gemeinsame Haus: Wir empfangen alles von Gott und können es dankbar, gratis und gewaltfrei weitergeben. Das bedeutet auch, allen Geschöpfen dankbar und gratis „ihre Speise zur rechten Zeit" (ebd.) zukommen zu lassen, so wie es der Schöpfer intendiert, also politische und wirtschaftliche Strukturen zu beseitigen, die genau das verhindern. Auf diese Weise wird es möglich, auch in intergenerationeller Verantwortung die Schöpfung vom Schöpfer zu empfangen und künftigen Generationen als lebendiges und gesegnetes Gemeinsames Haus zu hinterlassen.

LITERATUR

BAN KI-MOON: Secretary-General's Message for the International Day for Preventing the Exploitation of the Environment in War and Armed Conflict, New York 2014. Online zugänglich unter: https://www.un.org/sg/en/content/sg/statement/2014-11-06/secretary-generals-message-international-day-preventing-exploitation.

BENK, Andreas: Schöpfung als Vision einer gerechten Welt. Die Relecture biblischer Schöpfungstexte als Befreiungstheologie, in: Bibel und Kirche 76 (2021) 1, 2-9.

BENK, Andreas: Schöpfung – eine Vision von Gerechtigkeit. Was niemals war, doch möglich ist, Ostfildern 2016.

FRANZISKUS, Papst: Enzyklika Laudato Si' über die Sorge für das gemeinsame Haus, 24. Mai 2015 (Verlautbarungen des Apostolischen Stuhls 202) Bonn 2015. Abgekürzt zitiert als LS mit Absatznummer.

JANOWSKI, Bernd: Biblischer Schöpfungsglaube: Religionsgeschichte – Theologie – Ethik, Tübingen 2023.

KRAUS, Georg: Schöpfungslehre (Texte zur Theologie, Abt. Dogmatik 3) Graz 1992.

NAUERTH, Thomas: Gerechtigkeit und Frieden bei Papst Franziskus im Horizont von Zärtlichkeit und Gewaltfreiheit, in: JCSW 59 (2018) 201-223.

RIVERA, Mayra 2013. Fleisch der Welt. Leiblichkeit in Beziehung, in: Concilium 49/2, 171-180

VOGLER, Katrin: Klimakiller Bundeswehr, in: Friedensforum (2020) 2. Online zugänglich unter:
https://www.friedenskooperative.de/friedensforum/artikel/klimakiller-bundeswehr.

Das Argument Schöpfung
in den Kommentaren von
Samson Raphael Hirsch und Mendel Hirsch[1]
zum Pentateuch und zu den Psalmen, zu den
Haftoroth und den Zwölf Propheten

Johannes Weissinger

Gott hat den Menschen zu seinem Stellvertreter auf Erden, zu seinem Ebenbild geschaffen – und schafft ihn täglich neu.[2] Was dies für das Verhältnis des Menschen zur geschaffenen Erde samt Pflanzen und Tieren, zu Gott und zu sich selbst bedeutet, soll hier nicht weiter verfolgt werden. Ich beschränke mich darauf, mit Verweis auf einige ausgewählte Bibelstellen darzustellen, was dies für das Verhältnis der Menschen zueinander, von Mensch zu Mensch ebenso wie von Volk zu Volk, bedeutet: „nur, wo der Egoismus (…) aufhört, da beginnt der Mensch und die Gottebenbildlichkeit des Menschen."[3]

WER EINEN GERINGEN UNTERDRÜCKT, SCHMÄHT SEINEN SCHÖPFER
(Prov 14,31a)

Von den Bewohner*innen der Erde heißt es im Psalm 33,15 in der Übersetzung von SAMSON R. HIRSCH, dass Gott „für einander bildet

---

[1] Angaben zur Person Samson Raphael Hirsch (1808 – 1888) und Mendel Hirsch (1833 – 1900) siehe WEISSINGER, 99 und 108.

[2] Die Prophetenlesung zum ersten Wochenabschnitt ist mit Jesaja 42,5ff deshalb gewählt, weil mit der Partizipform des Verbums *bara* zum Ausdruck gebracht wird: „der einst schuf, (…) er ist *noch jetzt* ebenso der Herr seines Werkes wie damals als er es schuf". M. HIRSCH, Haftoroth, 1.

[3] S. R. HIRSCH zu Psalm 103,4, Psalmen II, 141.

ihr Herz".[4] Aus der Ungleichheit der Menschen, aus ihrem ungleichen Besitz in weitesten Sinne, dem Besitz materieller und geistiger Güter, ergibt sich ihre Angewiesenheit aufeinander. „Keinen gibt's, der alles zu seinem Dasein Notwendige oder Wünschenswerte in sich trüge oder durch *sich* – ohne Mitwirken des andern – haben könnte."[5] Daraus ergibt sich zweierlei: erst durch eine Rechtsordnung (*mischpat*), in der die Ansprüche der Menschen gegeneinander geachtet werden, finden sich Menschen zu einem Volk zusammen, zu einer „'zusammen lebende(n)' Menge"[6] – das hebräischen Wort für Volk *am* ist verwandt mit der Präposition mit, hebräisch *im*, geschrieben mit denselben zwei Buchstaben wie *am*.[7]

Wie der Anspruch (*zädäk*) des Mitmenschen zu erfüllen ist, so sind eigene Ansprüche nur in den Grenzen des Rechts geltend zu machen. Die eigene Pflicht gegenüber dem Mitmenschen jedoch reicht über dessen (fehlenden) Anspruch hinaus, weil mich dessen Schöpfer, Gott, an Stelle dessen, der selbst keinen Anspruch an mich hat, verpflichtet. Für diese Pflicht steht der Ausdruck *zedaka*, von Samson R. Hirsch mit dem Wort Pflichtmilde übersetzt: „*zedaka* ist dem Empfänger gegenüber: Wohltat, Gott gegenüber: Pflicht."[8] Zusammengefasst: „*zädäk* und *mischpat* sichert jedem den rechtmäßigen Besitz. *Zedaka* sichert auch dem Besitzlosen, wenngleich keinen Rechtsanspruch, so doch einen Gottes-Anspruch an dem Segen von Acker und Flur, dessen Gewährung den Empfänger nicht erniedrigt und allen ein menschenwürdiges, vom Pflichtbewusstsein getragenes und befriedigtes Dasein gewährleistet."[9]

Der Psalm 72 enthält die Wünsche des Königs David für seinen Sohn und Nachfolger Salomo (Schelomo, verwandt mit schalom, Frieden), dass dieser den Armen zum Recht verhelfe bzw. deren Recht zur Geltung bringe. In Vers 2 werden die Armen in der Anrede Gottes als „deine Armen", also als Arme Gottes, benannt, in Vers 4 dagegen als die Armen des Volkes. Nach Samson R. Hirsch sind die einen arm, weil Gott die Menschen ungleich erschafft und damit sein

---

[4] S. R. Hirsch zu Psalm 72,2, Psalmen I, 329 (Hervorhebung im Original).

[5] Ebd. (Hervorhebung im Original).

[6] Ebd.

[7] Vgl. M. Hirsch, Propheten, 254: „*am* von *im*: das Volk in seinen inneren Verhältnissen, die Gesellschaft."

[8] S. R. Hirsch zu Psalm 72,4, Psalmen I, 329.

[9] Ebd., 330.

Volk zur Übung von *zedaka* anleitet und verpflichtet, die anderen arm „durch mangelhafte, rechts- oder pflichtwidrige (V. 3) gesellschaftliche Zustände"[10]. Die Großen und Hohen im Volk – „sie bedürfen seiner [des Königs, JW] nicht" – mögen am Beispiel des Königs lernen, mit „ihre(n) geistigen und materiellen Vorzüge(n) (...) allen Minderbeglückten [JW erg: zum] Segen zu werden"[11]. In der Vertretung des Rechtes der Armen steige der König hinab „wie Regen auf geschnittene Flur", heißt es in Vers 6. Samson R. Hirsch weist zur Erklärung dieses Vergleiches darauf hin, dass die jüdischen Fürsten *nesiim* heißen, „ein Ausdruck, der ebenso: Wolken bedeutet. Sie sind gehoben und mit Säften und Kräften der Nation getränkt, um alles, was sie von der Nation empfangen haben, ihr wieder, alle Schichten befruchtend und aufrichtend, zugutekommen zu lassen."[12]

Was für das Verhältnis der einzelnen Menschen zueinander gilt, gilt auch für das Leben der Völker. „Gott hat die Welt nicht für eine ewige Herrschaft der Gewalt und des Unrechts geschaffen, in seiner Welt ist den dahin zielenden Plänen und Gedanken von vornherein die Aussicht auf dauerndes Gelingen versagt."[13] Die Pläne der Völker und die Gedanken, die sich vom Streben nach Machtvergrößerung und selbstsüchtiger Ausnutzung von Vorteilen leiten lassen, stehen im Gegensatz zu dem Sinn und Ziel der Schöpfung, die Gott mit seiner Liebe, Treue und Güte, hebräisch *chäsäd*, füllt und in der die Menschen dazu bestimmt sind, Milde und Recht, hebräisch *zedaka* und *mischpat*, zu üben (Psalm 33,5).

---

[10] Ebd., 329.

[11] Ebd., 331.

[12] Ebd. Vgl. auch M. Hirsch, Haftoroth, 93: „*nasi* das auch Wolke bedeutet, bezeichnet den Fürsten nach seiner über die Gesamtheit emporgehobenen Stellung. Nach dem Geiste des hebräischen Sprachgedankens dürfte es ihn damit als denjenigen bezeichnen, der, wie die Wolke das in ihr sich sammelnde von der Erde aufgestiegene Element des Segens nur sammelt, um es der Erde befruchtend wiederzugeben, so als Fürst seine hohe Stellung und alle ihm von der Nation übertragenen Machtmittel nicht zur Erhöhung seines Glanzes, sondern nur im Dienste der Förderung ihrems Heiles und ihrer Blüte zur Verwendung kommen lasse."

[13] S. R. Hirsch zu Psalm 33,10, Psalmen I, 159.

Die Gotteskindschaft aller Menschen

Kräftiger als sein Vater Samson R. Hirsch betont Mendel Hirsch die Gotteskindschaft aller Menschen. Gegen die „ebenso alte wie unwahre" Behauptung, die Befolgung der in der Thora gebotenen Gesetze stehe einer weltbürgerlichen Gesinnung im Wege, setzt er die Einsicht: „Gerade das auf dem Sinai offenbarte Gotteswort lehrt die Gotteskindschaft ausnahmslos *aller* Menschen, lehrt sie *alle* im Ebenbild Gottes erschaffen, *alle* zum höchsten Menschenziele berufen und befähigt, und lehrt die Ausübung der Pflichten der Gerechtigkeit und Menschlichkeit gegen ausnahmslos *alle* als heilige Pflicht."[14] Den bekannten Vers Micha 6,8 übersetzt Mendel Hirsch: „Er hat es dir *klar ausgesprochen, Mensch,* was das Gute ist und was *Gott* von dir fordert: nur das Recht zu üben, Liebeshingebung zu lieben und auch im still-verborgenen Wandel mit deinem Gotte zu sein!" und kommentiert: „Der ganze große Inhalt des Gottesgesetzes ist in dem Worte *adam*: `Mensch´ gegeben, das hier nicht bloß als Anrede, sondern als *Ziel und Inhalt des in Gesetzeswort gefassten Gotteswillens* ausgesprochen ist." Es geht um die „*Verwirklichung des Menschenideals, Vollendung des reinen Menschentums*"[15].

Mendel Hirsch spricht von der „menschheitspriesterlichen Bestimmung" Israels. Und so wie für Priester in Israel besondere Gesetze gelten, gibt es auch nur Israel gebotene Gesetze, die von der übrigen Völkerwelt nicht zu befolgen sind. Das folgert Mendel Hirsch aus dem hebräischen Wortlaut von Micha 4,2, dem die gängigen Übersetzungen nicht gerecht werden. Nicht, „dass er uns lehre seine Wege"[16], erhoffen sich die Völker, die sich zum Berg Zion aufmachen, sondern „dass er uns lehre von seinen Wegen". Durch eine vorgesetzte Präposition ergibt sich ein partitiver Sinn. „`von´ seinen Wegen ist weniger umfassend als `seine Wege´."[17] Gemeingut der Gesamtmenschheit werden nur „die das Verhalten zwischen Mensch

---

[14] M. Hirsch, Haftaroth, 63 (Hervorhebung im Original).
[15] M. Hirsch, Propheten, 270f (Hervorhebung im Original).
[16] Lutherbibel, 1038.
[17] M. Hirsch, Haftoroth, 255f.

und Mensch regelnden Pflichten der Gerechtigkeit und der Nächstenliebe"[18]. Das Ziel der „Erziehung der Menschheit" ist nicht, dass alle
Menschen Juden werden, sondern Menschen werden.[19]

Eine weitere Beobachtung von Mendel Hirsch verdient
Beachtung: In der Parallelstelle Jesaja 2,2-5 werden die Völker, die
zum Gottesberg ziehen, zuerst mit dem Wort *gojim* und danach mit
dem Wort *amim* bezeichnet. Das Wort *gojim* meint „Völker als geschlossene Einheiten" in Abgrenzung bzw. im Gegenüber zu den
jeweils anderen Völkern.[20] Das treibende Moment für die Völker, zum
Zion zu ziehen, ist ihr internationales Friedensbedürfnis: „sie wollen
zunächst ihre internationalen Beziehungen dem dort thronenden
Rechte unterstellen."[21] Erst in zweiter Linie erwacht in ihnen „auch
der Entschluss zur Unterstellung ihrer inneren Verhältnisse unter das
Diktat der ewigen Gerechtigkeit und Liebe"[22]. Bei Micha ist es anders-
herum. Es geht den Völkern zuerst um die „Beendigung der inneren,
sozialen Kriege"[23].

Zwei weitere Unterschiede zwischen Jesaja und Micha seien kurz
angemerkt: Bei Jesaja werden die Völker als *gojim* in der Verbindung
col gojim alle Völker und als *amim* mit dem Attribut *amim rabim* viele
Völker genannt, sie strömen zum Gottesberg bzw. Haus Gottes. Bei
Micha stehen die *amim* ohne Attribut, die *gojim* mit dem Attribut *gojim
rabim* viele Völker. Bei den *amim* geht es zunächst um eine partielle
Erhebung, diese *amim* gelangen nicht nur zum, sondern auf den Gottesberg, „erreichen die Höhe des Berges."[24] Die Frage, welche
Fassung der prophetischen Schau die ältere ist, kann nach Mendel
Hirsch nicht entschieden werden, braucht es auch nicht: „Es sind
eben verschiedene Momente der Erlösung (..) und die Worte (…)
beider ergänzen einander. Die nach beiden Worten von den Völkern

---

[18] Ebd.

[19] Vgl. ebd.

[20] Ebd., 254. Dort auch die Erklärung: „*goj* von *gew*, Körper: das Volk als Gesamtheit, in
seiner nationalen Einheit." Vgl. auch ebd., 266: „*gojim*: die je einen Nationalkörper
bildenden, sich gegeneinander mehr oder minder feindlich abschließenden
Volkseinheiten." Zu *am* siehe Anmerkung 7.

[21] M. HIRSCH, Haftoroth, 254.

[22] Ebd.

[23] Ebd., 255.

[24] Ebd.

ersehnte Belehrung (…) hat ja die gänzliche Umgestaltung der inneren wie der äußeren Beziehung und Verhältnisse im Auge"[25]. Die Völker (*gojim*) „werden (…) aufhören, sich gegeneinander abschließende Nationalitäten zu sein, in der gemeinsamen Erhebung zu dem von Gott gezeichneten Menschenideale umschlingt ein Band der Brüderlichkeit sie alle"[26].

Auf das Thema dieses Artikels bezogen sei hinzugefügt, dass die Beendigung der Ära der Kriege[27], wie in Micha 4,3 beschrieben, nicht als Fortschritt der Völkerwelt in den Blick genommen wird, sondern als Ergebnis ihrer Umkehr, ihrer Rückkehr zu Gott, der die Menschen zu einem Zusammenleben in Gerechtigkeit, Liebe und Wahrheit geschaffen hat.[28]

---

[25] Ebd. Vgl. auch M. HIRSCH.

[26] M: HIRSCH, Haftoroth, 154.

[27] Die Ära der Kriege beschreibt Mendel Hirsch wie folgt: „In den früheren Geschichtsperioden entsprangen die Kriege mehr nationalen Gegensätzen", in der weiteren geschichtlichen Entwicklung sind es zunehmend „die sozialen und wirtschaftlichen Verhältnisse, die ausschlaggebend sind und deren Antagonismus schließlich Kriege erzeugt oder den Ausgleich nach dem Recht heischt." (M. HIRSCH, Propheten, 256).

[28] Nach Mendel Hirsch ist bei Micha die innige Beziehung Israels zur Gesamtmenschheit der Ausgangspunkt seiner prophetischen Reden. Schon sein Vater Samson R. Hirsch hatte zu Exodus 19,5 angemerkt: das Verhältnis, in das Israel zu Gott treten soll, „ist kein Ausnahmeverhältnis, ist vielmehr nur der erste Wiederbeginn des normalen Verhältnisses, in welchem die ganze Erde" zu Gott stehen soll. S. R. HIRSCH, Pentateuch II, 194.

Dass Israel seiner menschheitspriesterlichen Bestimmung nicht gerecht geworden ist, hatte Folgen nicht nur für Israel, sondern für die ganze Welt: „Alle die gewaltigen Erschütterungen mit allen den völkermordenden, Länder verheerenden Kriegen, die durch die einander ablösenden Weltreiche über die Menschheit gebracht wurden, sie hätten, so lehrt er [Micha, JW], vermieden werden können, wenn Gesamtisrael der staunenden Welt das Beispiel eines Idealstaates geboten hätte, in dem durch die Verwirklichung der ewigen Prinzipien der Gerechtigkeit und der Liebe, wie sie im Gottesgesetze kodifiziert sind, jenes reine Menschentum verwirklicht worden und jene Glückseligkeit erblüht wäre, die in anderen Kreisen und ohne diese Voraussetzung noch heute als Utopie gelten. Die Macht dieses Beispiels würde schon am Anfang der Geschichte das bewirkt haben, was jetzt erst am Ziele der großen Erziehungsgeschichte der Menschheit winkt: nämlich die Erkenntnis, dass nur in der Rückkehr zu Gott (…) das einzige Heil für Alle ruht, wie diese Rückkehr [JW erg.: Micha] 4,1ff am Ziele der Tage geschaut und geschildert wird." (M. HIRSCH, Propheten, 229).

PUNKT ODER DOPPELPUNKT

Im Prophetenbuch Micha gibt es neben Kapitel 4 noch einen Abschnitt, der auf den kommenden Frieden vorausblickt. Das Kapitel 5 beschreibt, wie dieser Frieden seinen Anfang nehmen wird im jüdischen Land. Aus Bethlehem-Ephratha wird der kommende Herrscher über Israel hervorgehen. Von ihm heißt es: „seine Ursprünge sind aus der Urzeit, aus den Tagen der Ewigkeit." (Micha 5,1) Das Stichwort Urzeit, hebräisch *mikädäm*, weist zurück in die Tage der Schöpfung. „Und es pflanzte Gott einen Garten in Eden zu Osten (hebräisch *mikädäm)* und setzte dorthin den Menschen, den er gebildet hatte." (Genesis 2,8) Da die Verwendung desselben Wortes in der hebräischen Bibel ein Mittel ist, auf inhaltliche Zusammenhänge hinzuweisen, werden das kommende Friedensreich und das Paradies miteinander verknüpft. [29] Die Menschen werden unter dem kommenden Herrscher, der sie als Hirt weiden wird „durch die Kraft Gottes, durch die Erhabenheit des Namens *Gottes*, seines Gottes", „wohnen", d. h.: „die Zeit des ruhigen, sicheren und friedlichen Wohnens auf Erden für die Menschen [JW erg: wird] gekommen sein"[30]. Das wird so sein, weil der Name groß sein wird bis zu den Enden der Erde.[31]

So weit Micha 5,1-3 in der Übersetzung und Auslegung von Mendel Hirsch, so wenig sich unterscheidend von der kirchlichen Lesart. Auch ob das hebräische Pronomen *säh* als maskulines oder als neutrisches (in der Lutherbibel: „Und er wird der Friede sein", in der Zürcherbibel: „Und das wird das Heil sein.") übersetzt wird, ist noch nicht so aufregend wie das Satzzeichen, das dahinter gesetzt wird.

---

[29] Vgl. J. EBACH, Ursprung und Ziel. Erinnerte Zukunft und erhoffte Vergangenheit, 18: „Urzeit und Endzeit als wiedergekehrte Urzeit umgreifen die Gegenwart wie eine Zange und nehmen ihr (dies jedenfalls ist die subversive Absicht) die Luft des natürlichen Zustands. *Was war, kehrt sich als das, was sein wird, kritisch gegen das, was ist."* (Hervorhebung im Original).

[30] M. HIRSCH, Propheten, 264. Wichtig ist m. E. der Hinweis von Samson R. Hirsch, dass das hebräische Verb für wohnen *schachan* nicht isoliert zu denken ist: wohnen heißt Nachbarn haben! *„schachan,* vorzugsweise der Ausdruck für: eine ungestörte, ruhige, bleibende Stätte haben (…) heißt andererseits zugleich: anwohnen, Nachbarsein (…), somit seine Stelle neben etwas anderem haben, so dass die beiden sich friedlich berühren, ohne ineinander aufzugehen." (S. R. HIRSCH, Psalmen I, 178).

[31] Das Subjekt des Prädikats *wird groß sein* ist nach Mendel Hirsch der „`Name' d. i. die Anerkennung Gottes". M. HIRSCH, Propheten, 264.

Der Punkt signalisiert: So weit die Hoffnung auf das messianische Friedensreich. Darum bricht die Schriftlesung am 1. Weihnachtstag Micha 5,1-4a an dieser Stelle ab. Was folgt, klingt nicht mehr so „weihnachtlich": „Wenn Assur in unser Land fällt und in unsere festen Häuser einbricht, so werden wir sieben Hirten und acht Fürsten dagegen aufstellen, die das Land Assur verderben mit dem Schwert und das Land Nimrods mit ihren bloßen Waffen. So wird er uns von Assur erretten, wenn es in unser Land einfallen und in unsere Grenzen einbrechen wird." (Micha 5,4b–5)[32]

Beides steht, durch einen Punkt getrennt, nebeneinander: die Hoffnung auf das messianische Friedensreich und die Hoffnung auf den Erfolg der eingesetzten Gegengewalt gegen einen feindlichen Aggressor.[33]

Ganz anders liest und übersetzt Mendel Hirsch! Vers 4 beginnt: „Und dies wird der Friede sein:" – Doppelpunkt! Was kommt, erläutert und führt das vorher Gesagte weiter: „Wenn Aschur in unser Land kommen, in unsere Paläste eindringen will, so stellen wir wider ihn sieben Hirten und acht Geweihte der Menschen." Wenn mit der Anerkennung Gottes „bis zu den Enden der Erde" die Gründung des Friedensreiches im jüdischen Land begonnen haben wird, dann werden wir gegen die Erben des Aschur- und Nimrodgeistes „nicht das Schwert zu ziehen haben", wenn sie „den Kampf auf Gottes Boden wieder beginnen wollen". Wir, die dann „auf dem Boden des Gottesgesetzes" leben und vom Geist des aus Bethehem-Ephrata hervorgegangenen Sprösslings Isais beseelt sind, wissen uns andere Hilfe: wir werden Aschur „die seine Macht brechenden Gegner in seinem Land erstehen lassen. Der von Zion ausströmende Geist wird in `Aschur und Babel´ selbst Männer erstehen und erstarken lassen, die sich in Vertretung der auf Zion gelehrten Wahrheit als `Hirten´ und `geweihte Menschen´ (...) in ihren Volkskreisen (...) bewähren werden. Die Verkündung der Lehre von der Bedeutung jeder Menschenpersönlichkeit, von der Majestät des Rechts und der Liebe,

---

[32] LUTHERBIBEL, 1038f. Die ZÜRCHERBIBEL übersetzt ähnlich: „Die werden Assyrien mit dem Schwerte weiden, das Land Nimrods mit gezückter Waffe."

[33] Vgl. H. W. WOLFF: Biblischer Kommentar, 119f: „Dass der fremde Eroberer `Assur´ genannt wird, ist auch in babylonischer Zeit nicht ungewöhnlich; (...) die Kode-Bedeutung von `Assur´ [JW erg: wird] durch das Synonym `Land Nimrods´ in 5a bestätigt. Denn Nimrod stellt im Blick auf das Zweistromland das Urbild des Gewaltherrschers schlechthin dar (vgl. Gen10,8-10)."

bereitet der Herrschaft des Unrechtes und der Gewalt den Unter-gang."[34] Diese „Hirten" und „geweihten Menschen" „`weiden´ das Land Aschur mit dem Schwerte und das Land Nimrods in seinen Türen." Und weiter: „So [JW: durch sie] rettet er [JW: der Friedens-herrscher aus Bethlehem] „vor Aschur, wenn es in unser Land kommt und wenn es in unser Gebiet tritt." Nach Mendel Hirsch ist das Subjekt dasselbe wie in Vers 1ff und sein Rettungstun fasst den Inhalt von Vers 4 und 5 zusammen: „so rettet *er*, denn die sieben Hirten und acht Geweihten sind ja von seinem Geist beseelt."[35] Und wenn auch hier gilt, dass durch die Verwendung desselben Wortes eine in-haltliche Verknüpfung hergestellt wird, wird man auch von den „Hirten" und „Geweihten" sagen können bzw. müssen, dass sie wie-den wie in Vers 3 beschrieben, „durch die Kraft *Gottes*, durch die Erhabenheit des Namens *Gottes*."[36]

Wo ist in dieser Deutung das Schwert, mit dem sie weiden, geblieben? Entweder dieses Wort ist metaphorisch zu deuten oder – und diese Möglichkeit ist m. E. bestechend – dieses „mit dem Schwert" ist grammatisch nicht das Adverb zu dem Prädikat weiden, sondern ein Attribut zu dem Nomen Aschur: „das schwertgerüstete Aschurland"[37] werden die Hirten weiden. Der Sinn: Assurs Macht stützt sich nur auf das Schwert, die Gewalt – und deren Macht ist gebrochen.

Dazu passt, dass Mendel Hirsch das hebräische Wort *biphthachäjha* übersetzt als Ortsangabe „in seinen Türen" mit Bezug auf das Land Nimrods, gemeint sind nicht die Stadttore, sondern die Haustüren, die Eingänge in das häusliche Leben, den Familienkreis. Dieser ist der Ort der Unterweisung, der Unterrichtung in der Weisung Gottes, durch die der Mensch lernt, was gut und was böse ist. Also keine Rettungstat „mit ihren bloßen Waffen"[38] oder „gezückter Waffe"[39]

---

[34] M. HIRSCH, Propheten, 265. Dort sind auch die Zahlen sieben und acht erklärt: sie bezeichnen den „Sieg des Guten als ein Werk des unsichtbar in der Welt waltenden, durch den Sabbath, die Schöpfung des siebten Tages verkündeten Schöpfers, und des als Träger und Vertreter seines Wortes ausgesandten Israel, des achten Schöpfungs-werkes."

[35] Ebd., 265f (Hervorhebung im Original).

[36] M. HIRSCH, Haftoroth, 264 (Hervorhebung im Original).

[37] Ebd., 265.

[38] LUTHERBIBEL, 1039.

[39] ZÜRCHERBIBEL 1942, 914. Die ZÜRCHERBIBEL von 2007 übersetzt dagegen „in dessen Toren".

oder gar „mit blankem Dolch"[40]. So bekommt der Abschnitt Micha 5,1-5 in der Auslegung von Mendel Hirsch seine Einheitlichkeit zurück bzw. er behält diese.

Micha 5,1-5 enthält noch ein militärkritisches Detail, das ich kurz erwähne. Der zukünftige Friedensherrscher aus dem Geschlecht Davids wird nicht mit der von David eroberten und zu seiner Königsresidenz gemachten Stadt Jerusalem verbunden, sondern mit Davids Heimatort Bethlehem, das nach Mendel Hirschs Übersetzung „zu klein ist, um unter den Tausenden Judas zu sein". Die Tausendschaft ist die kleinste Militäreinheit, die die Stämme Israels im Kriegsfall zu stellen haben. Bethlehem ist so klein, dass es nicht „zählt", oder: wo nur gezählt wird, zählt Bethlehem nicht.

UND? WAS SAGT UNS DAS?

Vater und Sohn Samson Raphael und Mendel Hirsch schrieben in einer anderen Zeit: noch vor den beiden Weltkriegen des 20. Jahrhunderts und vor Gründung der Vereinten Nationen, der Staatsgründung Israels und der Allgemeinen Erklärung der Menschenrechte. Ist der Unterschied insbesondere im Hinblick auf Israel zwischen einer in der Völkerwelt zerstreuten, machtlosen Minderheit ohne eigenen Staat und dem heutigen Staat Israel nicht so fundamental, dass wir heute wenig „damit anfangen können", was Samson R. und Mendel Hirsch aus den Schriften, die sie kommentierten, herauslasen bzw. in diesen fanden? Ich möchte einige Punkte nennen, die uns herausfordern könnten.

Wenn *Samson R. Hirsch* z. B. in Psalm 4,6 die Aufforderung findet, „den Frieden und die Freude des eigenen Lebens" in einem pflichtgerechten Leben zu suchen „und dann" „mit Zuversicht auf Gottes Beistand und Hilfe" zu blicken[41], dann könnte das relevant sein für das Vorhaben, „Sicherheit neu (zu) denken"[42]. Das hebräische Substantiv für Sicherheit *bätach* leitet sich ab von dem Verb für vertrauen *batach*. Auch im Neuhebräischen ist das Wort für Sicherheit *bitachon*. Das Verb *batach* wird in den Psalmen mit den zwei

---

[40] H. W. WOLFF, 101.
[41] S. R. HIRSCH, Psalmen I, 16.
[42] Vgl. das gleichnamige Projekt der Badischen Landeskirche seit 2014.

Präpositionen in bzw. durch, hebräisch *be*, und auf, hebräisch *äl*, verbunden. Die Bedeutung ist einmal „sich in Gott und durch Gott sicher fühlen", das andere Mal „Gottes Hilfe mit Zuversicht erwarten"[43]. Die Sicherheitsfrage ist eine Vertrauensfrage.

Wenn *Mendel Hirsch* die Botschaft des Propheten Obadja so zusammenfasst, dass jedes Reich, das sich auf Gewalt des Schwertes und List des Mundes gründet, keinen Bestand hat, dann mag man an die Geschichte des Deutschen Reiches, des von 1871 wie des von 1933, denken. Wenn M. Hirsch diese Botschaft des Obadja – traditionell wird Edom mit Rom gleichgesetzt – gerade im Untergang des Römischen Weltreiches bestätigt[44] sieht, dann sind wir gefragt, in welchen Zeithorizonten wir denken – hat das Römische Reich doch einige Jahrhunderte bestanden -, speziell ob wir uns auch Zielen, die über die Dauer des eigenen Lebens hinausreichen, verpflichtet fühlen.

Wenn *Mendel Hirsch* in seiner als möglich angedeuteten Auslegung von Micha 5 in dem Auftreten der „Hirten und Geweihten" im Land Assur, die mit ihrem Wort die gewaltsame Invasion stoppen, den Grund dafür sieht, dass das überfallene Juda nicht selbst zum Schwert greifen muss, dann frage ich, ob es in den aktuellen Beispielen Ukraine und Israel ausreicht, den Überfallenen „selbstverständlich" das Recht auf Selbstverteidigung zuzubilligen, oder ob wir nicht zunächst den eigenen Schuldanteil an dem nicht zustande gebrachten Aufbau einer Ordnung kollektiver Sicherheit sehen müssten.[45]

---

[43] S. R. HIRSCH, Psalmen I, 16. Vgl. auch S R Hirsch zu Psalm 37,5. Dort wird das Verb *batach* mit noch einer dritten Präposition, hebräisch *al*, verbunden: „sein Vertrauen *auf* jemandem ruhen lassen. Sich von jemandem getragen wissen und darin Ruhe und Zuversicht finden." S. R. HIRSCH, Psalmen I, 179 (Hervorhebung im Original).

[44] Vgl.: M. HIRSCH, Haftoroth, 204: „Beide Momente ['mit dem Schwert' und 'mit dem Mund', JW] haben nie größere Triumphe gefeiert, (sic!) als in dem Aufbau des römischen Weltreiches. Wenn nun aber dieses selbige römische Reich, das für die Ewigkeit gegründet schien, trotzdem an seiner eigenen inneren Verderbnis kläglich zu Grunde gegangen ist, so verkündet eben dieser Untergang (…) die Unfähigkeit dieser beiden Momente zur Gründung dauernder Staatengebilde." Vgl. auch die Auslegung des Propheten Nachum im Blick auf Ninive: „Dieser Stätte organisierter Gewaltherrschaft kündet der Gott der Liebe und des Rechtes den Untergang." (M. HIRSCH, Haftoroth, 297).

[45] Vgl. die Rede von Rolf Mützenich im Deutschen Bundestag drei Tage nach der Invasion Russlands in die Ukraine: „Mit der Invasion wurden die Hoffnungen und die Arbeit für eine friedlichere Welt wahrscheinlich auf Jahrzehnte zurückgeworfen. Junge

Wenn *Samson R. Hirsch* Psalm 45,5 dahingehend kommentiert, dass hier eine ungewöhnliche Wortverbindung zwei Gedanken miteinander verbinden, nämlich den Gedanken, dass das Recht als Idee an sich keine Macht hat, und den Gedanken, dass das Recht deshalb jemanden braucht – im Psalm 45 den König -, der mit dem Schwert an seiner Seite „Menschen und Verhältnisse in die Bahnen des Rechts" lenkt und leitet, dann ist das genau die Frage, ob die Überzeugung, dass es Situationen geben kann und immer wieder gibt, in denen der Gebrauch von Waffen als Mittel zur Bewahrung und Durchsetzung von Recht notwendig ist, aktuell richtungsweisend[46] ist oder ob diese Legitimation die Weise verkennt, wie sich Recht bildet, und damit das Recht als Weg zum Frieden untergräbt.[47]

Schließen möchte ich mit einem Zitat von *Mendel Hirsch*, der das Vollbringen des Rechts, das in Micha 6,8 vom Menschen gefordert wird, in Mose verkörpert sieht. „Heilighaltung des Rechtes bildet (…) die Grundlage des Gesetzes, dessen Überbringer er [Mose, JW] war. Wohlverstanden: des Rechtes Anderer. Denn was das eigene Recht betrifft, so könnte nach den Worten der Weisen die Welt nicht bestehen, wollte jeder streng und starr auf seinem Rechte bestehen."[48] Das lese ich wie eine Vorwegnahme der Beschreibung der Menschenrechte durch EMANUEL LEVINAS[49]: „Das Menschenrecht ist ursprünglich das Recht des anderen Menschen: *in concreto* manifestieren sich die Menschenrechte dem Bewusstsein als Recht des Anderen, auf das ich antworten muss."[50]

---

und nachfolgende Generationen werden uns dafür verurteilen, dass wir Älteren es nicht vermocht haben, eine bessere Welt zu schaffen, sei es beim Klima, bei der Armut oder bei Militär und Rüstung. Ich kann für viele hier in diesem Haus versprechen: Solange wir können, müssen wir diese Schuld abtragen." (R. MÜTZENICH, 1366).

[46] Vgl. Mendel Hirsch zu Maleachi 2,7: der Priester – das hebräische Wort *kohen* bedeutet „Weg Weisender und Richtung Gebender" – hat die Thora des „Gottes der Schöpfungsscharen" zu vertreten. M. HIRSCH, Haftoroth, 47.

[47] Vgl. U. HAHN, 154: „Das Recht wirkt nicht Zwang, sondern über die Einsicht. Je mehr Zwang mit der Durchsetzung des Rechts verbunden ist, desto weniger wird erkennbar, dass es Recht ist, was da durchgesetzt werden soll."

[48] M. HIRSCH, Haftoroth, 271.

[49] Emanuel Levinas (1906 – 1995), Philosoph und Talmudgelehrter.

[50] LEVINAS, 1531. Als Konkretion führe ich ein Beispiel aus dem Sozialbereich an. Franz Segbers schrieb 2013 unter der Überschrift „Die Armut der Politik. Das Menschenrecht auf Nahrung – und der Irrweg der Tafelbewegung": „Die Tafeln mögen wohl das einzelne, individuell miserable Leben erträglicher machen, doch sie machen es zugleich auch perspektiv- und rechtloser. Sie erzeugen und stabilisieren dadurch gerade jene

LITERATUR

DIE BIBEL: Nach der Übersetzung Martin Luthers, revidiert 1956/1964, Stuttgart 1970.

DIE HEILIGE SCHRIFT DES ALTEN UND NEUEN TESTAMENTS: ZÜRCHER BIBEL 1942, Stuttgart 1972.

EBACH, Jürgen: Ursprung und Ziel. Erinnerte Zukunft und erhoffte Vergangenheit; bibl. Exegesen, Reflexionen, Geschichten, Neukirchen-Vluyn 1986.

HAHN, Ullrich: Vom Lassen der Gewalt. Thesen, Texte, Theorien zu Gewaltfreiem Handeln heute, hrsg. von Annette Nauerth und Thomas Nauerth, edition pace 2020.

HIRSCH, Mendel: Die Haftoroth, übersetzt und erläutert von Dr. Mendel Hirsch, Frankfurt a. M. 1896.

HIRSCH, Mendel: Die zwölf Propheten, übersetzt und erläutert von Dr. Mendel Hirsch, Frankfurt a. M. 1900.

HIRSCH, Samuel Raphael: Der Pentateuch. Übersetzt und erläutert von Samson Raphael Hirsch (1867-1878), Erster Teil: Die Genesis, Tel-Aviv 1986.

HIRSCH, Samuel Raphael: Der Pentateuch. Übersetzt und erläutert von Samson Raphael Hirsch (1867-1878), Zweiter Teil: Exodus, Tel-Aviv 1986.

HIRSCH, Samuel Raphael: Die Psalmen übersetzt und erläutert von Samson Raphael Hirsch, Erster Teil (Buch 1 und 2) und Zweiter Teil (Buch 3, 4 und 5). (1882). Dritte unveränderte Auflage, Frankfurt a. M. ³1914.

LEVINAS, Emanuel: Les droits de l'homme et les droits d'autrui, 1987, 187; zitiert nach: Hans Sandkühler, Jörg: Menschenrechte, in: Enzyklopädie Philosophie in drei Bänden, herausgegeben von Hans Jörg Sandkühler, Hamburg 2021, Band 2, 1530 – 1553.

MÜTZENICH, Rolf: Rede im Deutschen Bundestag am 27. Februar 2022, zitiert nach dem Plenarprotokoll 20/19, Stenografischer Bericht der 19. Sitzung, 1365-1367 (zuletzt eingesehen am 1.3.2024).

SEGBERS, Franz: Die Armut der Politik. Das Menschenrecht auf Nahrung – und der Irrweg der Tafelbewegung, in: Blätter für deutsche und internationale Politik, Monatszeitschrift 58. Jahrgang, Heft 1/2013, 81 – 89.

---

gesellschaftlichen und politischen Verhältnisse, welche durch Menschenrechte und Grundrechte überwunden werden sollten. Untersuchungen belegen, dass letztlich auch die Nutzerinnen und Nutzer von Tafeln sich entwürdigend und stigmatisierend behandelt sehen: Statt autonome Subjekte mit einem Rechtsanspruch auf angemessene Soziale Sicherheit und Ernährung zu sein, werden sie zu Hilfeempfängern gemacht, die auf Barmherzigkeit angewiesen sind." (SEGBERS, 88).

SICHHEIT NEU DENKEN. Von der militärischen zur zivilen Sicherheitspolitik – Ein Szenario bis zum Jahr 2040, hrsg. von Ralf Becker, Stefan Maaß & Christoph Schneider-Harpprecht im Auftrag des Evangelischen Oberkirchenrats der Badischen Landeskirche, Karlsruhe 3. Auflage 2022.

WEISSINGER, Johannes: Schlag nach beim Rabbi! Die Kommentare zum Pentateuch und zu den Psalmen von Samson Raphael Hirsch, in: *Toleranz und Teilhabe*. Jahrbuch Friedenstheologie 2022. Ökumenisches Institut für Friedenstheologie, hrsg. von Matthias-W. Engelke, Stefan Federbusch OFM, Gottfried Orth, Michael Schober, Stefan Silber, edition pace 2022, 99 – 109.

WOLFF, Hans Walter: Dodekapropheton 4, Micha, in: Biblischer Kommentar Altes Testament, Band XIV/4, Neukirchen-Vluyn 1882.

ZÜRCHER-BIBEL, revidiert 2007, Zürich 2007.

Beiträge im Andenken an Dorothee Sölle

Kreuzweg für die Schöpfung: Von Lützerath nach Büchel
Gottesdienst vor dem Fliegerhorst des Atomwaffengeschwaders 33
in Nörvenich – Foto: Thomas Nauerth

Selig sind, die Frieden machen!

Predigt beim Politischen Nachtgebet in der Hauptkirche St. Katharinen in Hamburg am 28. April 2023

Karen Hinrichs

Liebe Gemeinde hier in St. Katharinen in Hamburg, liebe Mitfeiernde im Livestream,

wenn ich mich nur für einen einzigen Teil der Bibel entscheiden müsste, den ich immer und immer wieder lesen und hören, beten und meditieren will, es wären die Seligpreisungen.

Wie DOROTHEE SÖLLE die Psalmen als Nahrungsmittel verstand, etwas zum Essen und Trinken, zum Kauen, zum Leben[1], so sind es für mich die Seligpreisungen: Lebensmittel, Hoffnungsnahrung, kostbar und stärkend wie frisches Wasser, Brot und Wein.

Oder wie Brot und Rosen. Denn die Seligpreisungen duften! Sie duften nach einer anderen Welt, nach dem Gottesreich des Friedens und der Gerechtigkeit. Nach der Wirklichkeit, in der – hier auf dieser Erde – Gott unter den Menschen wohnt. Wo wir sind und sein werden, wie Gott uns erträumt hat: Schwestern und Brüder, Gotteskinder mit aufrechtem Gang.

> *„Schaffe in mir gott ein neues herz*
> *das alte gehorcht der gewohnheit*
> *schaffe mir neue ohren*
> *die alten registrieren nur unglück…*
> *eine neue Sprache gib mir*
> *statt der gewaltverseuchten*

---

[1] BALTZ-OTTO, Ursula: Dorothee Sölle. Das Lesebuch, Stuttgart 2004, 54.

die ich gut beherrsche...
  schaffe in mir gott ein neues herz"[2]

Ich sehe in vielen Texten und Gebeten von Dorothee Sölle die Seligpreisungen hindurchschimmern wie Licht hinter buntem Glas.

Die Bergpredigt Jesu wird oft auf wenige ethische Worte reduziert. Doch sie beginnt mit diesem Zuspruch, dieser Zumutung: Selig seid ihr! Und das gibt ihr den weiten Horizont, den Duft und Geschmack. Ohne die Seligpreisungen ist die ganze Bergpredigt nicht zu verstehen. Wenn wir diese Worte Jesu nicht hätten, die in der jüdischen Tradition und im ersten Testament vielfache Wurzeln haben, um wie viel ärmer wären wir! Um wie viel ärmer wären unsere christlichen Kirchen, unsere Spiritualität, die Friedensethik und Friedensarbeit.

Selig sind die Armen, die Leidenden, die Barmherzigen, die Sanftmütigen, die Frieden machen... – Wie viele Menschen haben sich in zwei Jahrtausenden trösten oder ermutigen lassen von diesen Worten? Haben sie gelesen und gehört, für sich entdeckt, anderen zugesprochen oder neu formuliert und in die Gegenwart geholt?

Selig sind die Gott-Suchenden, die nicht aufhören, auf die Liebe zu vertrauen, die allem Lebendigen gilt.

Glücklich noch im Unglück sind, die sich als Kinder Gottes verstehen, die einfach darauf los glauben, wie Vögel fliegen lernen, weil man nicht leben kann ohne Hoffnung.

Selig die Armen, die an Gottes Kraft glauben, die in den Schwachen mächtig ist.

Selig, die mit Leid Beladenen, die Trauernden, die Weinenden, die nachts nicht schlafen können.

Selig sind, die so sehr hungert und dürstet nach Recht und Gerechtigkeit, wo Unrecht und Gewalt herrschen, und die verfolgt werden, weil sie sich zu Gott halten und nicht den Götzen des Todes dienen.

Selig sind, die Frieden machen, und die Barmherzigen und die Warmherzigen und die Sanftmütigen. Die mit dem sanften Mut.

Selig sind die Gewaltfreien! Das wäre die richtige Übersetzung. Und was sind das für unfassbare Versprechen, geht es noch größer? Dass alle diese selig genannt werden, glücklich, Kinder Gottes, die das Himmelreich erben und das Land, dass sie Barmherzigkeit

---

[2] Ebd. 114.

erfahren und Gerechtigkeit, und dass sie endlich, endlich richtig werden und Gott schauen, Gott nahe sein werden und sich freuen, in Freude leben werden und in Fülle.

Das sind so wunderschöne und, manches Mal, wunderwirkende Worte! Kann man je genug davon hören?

Mit einem großen Missverständnis speziell der Bergpredigt müssen wir immer rechnen. Das ist das Missverständnis, Jesus habe damals eine Art „Rede an die Nation" gehalten. Eine Programmrede wie auf einem Parteitag, gegen die man sich in Stellung bringt, die man abwertet und lächerlich macht. Dann heißt es schnell: die Bergpredigt kann man ja nicht ernst nehmen, die ist weltfremd, damit lässt sich nicht regieren.

Dagegen ist einzuwenden, dass Jesus diese Worte nicht an die Regierenden richtete. Und dass er sehr genau gewusst hat, in welcher Welt er lebte, in welcher Not die Menschen um ihn herum waren. Wer sich den sozialgeschichtlichen und politischen Kontext der Bergpredigt vor Augen führt, der gewinnt ein völlig anderes Verständnis, so wie Dorothee Sölle, ihre Freundin LUISE SCHOTTROFF oder wie ihr US-amerikanischer Kollege, WALTER WINK. So machte der methodistische Neutestamentler Wink deutlich:

Jesus redete zu Menschen, die Opfer eines Systems von Unterdrückung, Gewalt und Unfreiheit waren. Sie waren „kleine Leute", die nur wenige Möglichkeiten hatten, sich gegen die Besatzungsmacht der Römer und gegen den Kaiserkult zu wehren. Ihnen zeigt Jesus mit den drei Beispielen im 5. Kapitel des Matthäusevangeliums (5,38ff) eine ungewöhnliche Weise, mit Situationen der Demütigung umzugehen.

Das erste Beispiel: Wahrscheinlich kannten das viele der Menschen, die Jesus zuhörten: Dass sie als Sklaven, als Mägde und Knechte von ihren Herren geschlagen wurden, so wie man damals Untergebene schlug. Mit dem Handrücken, verächtlich. Das war vermutlich für viele etwas Gewohntes. Und trotzdem schwer zu ertragen. Diesen Menschen machte Jesus einen völlig überraschenden Vorschlag: Wenn du das nächste Mal so geschlagen wirst, dann halte auch die andere Wange hin. Dann muss der zweite Schlag mit der offenen Hand ausgeführt werden. So, wie man einen gleichwertigen Gegner schlägt. Wenn du so die andere Wange hinhältst, zeigst du: Ich bin ein Mensch mit Würde, wie du! So gewinnt der Geschlagene das Selbstwertgefühl zurück. Und bringt, vielleicht, den anderen zum Umdenken.

Auch das zweite Beispiel (Mt 5,40) ermutigt zu einem alternativen Verhalten: Es geht um einen Menschen, der in Armut lebt und Schulden hat. Jetzt stellt der Geldgeber die unverschämte Forderung, zur Begleichung der Schulden das Obergewand, das einzig wärmende Kleidungsstück, herzugeben. Was wäre, wenn der Arme so reagiert, dass er auch noch das Untergewand auszieht und dann nackt dasteht? Dann ist der Fordernde beschämt und mit seiner Gier öffentlich entlarvt.

Das dritte Beispiel (in Mt 5,41) bezieht sich auf das Recht unter römischer Besatzung. Einem römischen Soldaten war es erlaubt, von jedem Zivilisten verlangen zu können, ihm für eine Meile das Gepäck zu tragen. Jesu Ratschlag, dann absichtlich noch eine zweite Meile Gepäckträgerdienste zu leisten, hat die Zuhörenden sicher überrascht und vielleicht zum Lachen gebracht. Denn das bedeutete eine bewusste Provokation und hätte für den Soldaten, der darauf eingeht, unter Umständen eine Strafe seines Vorgesetzten nach sich gezogen.

In diesen drei Beispielen leuchtet ein Weg auf, wie die Ohnmächtigen, die Unterlegenen, die Opfer eines unterdrückerischen Systems, auf die Mächtigeren reagieren können: durch aktives, gewaltfreies, überraschendes Handeln. Also nicht mit den beiden sonstigen Antworten, die wir meist als einzige Reaktionsmöglichkeit sehen: entweder Gegengewalt und Kampf oder Passivität und Widerstandslosigkeit. Diesen beiden Wegen stellt Jesus als dritte Möglichkeit die aktive Gewaltfreiheit gegenüber. Sie zielt nicht auf den Sieg über den Feind, sondern auf eine Veränderung seines Verhaltens, eine Veränderung der Gesamtsituation. In Aufnahme einer Formulierung GANDHIS nennt Wink diesen Weg – jenseits von Passivität oder Gewalt – „den dritten Weg Jesu".

Dem Gebet, das wir vorhin gebetet haben, gab Dorothee Sölle die Überschrift: *Der dritte Weg.*

> *„Wir sehen immer nur zwei wege*
> *sich ducken oder zurückschlagen…*
> *getreten werden oder treten*
> *Jesus du bist einen anderen weg gegangen*
> *du hast gekämpft aber nicht mit waffen*

du hast gelitten aber nicht das unrecht bestätigt
du warst gegen gewalt aber nicht mit gewalt..."[3]

Wir wissen nicht, wie viele Menschen sich von Jesus und seinen Worten zu gewaltfreiem Protest und Widerstand haben ermutigen lassen. Für den Hindu Gandhi war dieser Text eine große Inspiration, ebenso für den Christen MARTIN LUTHER KING und die Christin ROSA PARKS in ihrem Kampf gegen Rassismus und für Menschenrechte.

Und auch in unserer Lebenszeit gibt es Beispiele für erfolgreiche gewaltfreie Aktionen und Revolutionen. Noch leben die Menschen, die dabei waren und können über ihre Motive Auskunft geben.

Da sind die christlichen und muslimischen Frauen um LEYMAH GBOWEE in Liberia, die 2003 durch ihre gewaltfreien Aktionen die Truppenführer der Bürgerkriegsmilizen an den Verhandlungstisch zwangen. Schließlich wurde der jahrelange Bürgerkrieg beendet und der Diktator CHARLES TAYLOR abgesetzt.

Noch etwas länger zurück, Mitte der 1980er-Jahre gelang es den überwiegend katholischen Christinnen und Christen auf den Philippinen, im Zuge der sogenannten Rosenkranzrevolution, die Diktatur von FERDINAND MARCOS zu stürzen.

In den 1980er-Jahren spielten im Osten Deutschlands die Friedens- und Ökologiebewegung und die evangelische Kirche in der DDR eine wichtige Rolle bei der friedlichen Revolution. Der Aufnäher „Schwerter zu Pflugscharen" – das biblische Motiv war das Erkennungszeichen und eine inspirierende Vision. Eine andere Welt ist möglich, in der Menschen in Frieden leben. *An seinem Feigenbaum und Weinstock wird jede, jeder wohnen ohne Furcht.*

Ja, diese biblischen Bilder und Visionen haben uns in Ost und West ermutigt zum gewaltfreien Protest gegen die wachsende Aufrüstung und Block-Konfrontation, gegen die jeweiligen Feindbilder und Ideologien, für die Menschenrechte und gegen eine menschenverachtende und imperialistische Politik. Und selbstverständlich gegen die Drohung mit der Vernichtung des Feindes und des gesamten Lebens durch den Einsatz von Nuklearwaffen und Atomraketen.

Die wachsende Friedensbewegung in Ost- wie in Westdeutschland hatte in Dorothee Sölle eine prominente Unterstützerin.

---

[3] SÖLLE, Dorothee: Den Rhythmus des Lebens spüren. Hrsg. v. B. Hertel u.a.. Freiburg 2006, 147.

Im Herbst 1980, also vor über 42 Jahren, hielt sie im Dom zu Lübeck eine Predigt über das Wort: Selig sind die Friedfertigen. Sie fragte: *Wie wird man denn einer, der Frieden macht? Ich glaube, sich einmischen hat einmal damit zu tun mit dem Ich, das jemand nicht mehr versteckt und anonym hält."*[4]

Sölle erzählte von einer Begegnung mit einem Studenten namens Rüdiger, der sich erst anpasste und dann einmischte. Er hatte es bei der Bundeswehr nicht mehr ausgehalten, Teil einer Maschinerie zu sein, die Massenvernichtungswaffen zu legitimen Mitteln der Verteidigung erklärte. Er verweigerte schließlich den Wehrdienst und studierte Theologie. (Zu gern wüsste ich, was aus ihm geworden ist. Er dürfte rund dreißig Jahre jünger sein als Sölle und damit ungefähr so alt sein wie ich. Ob dieser Rüdiger auch heute zu seiner pazifistischen Haltung steht?)

Ich stelle mir vor, wen Dorothee Sölle jetzt als Beispiel nehmen würde für Menschen, die sich einmischen, die protestieren gegen Militarismus und gegen die brutalen Folgen der Ausbeutung von Menschen und Ressourcen, die so oft die wahren Kriegsursachen sind.

Ich bin mir sicher, dass Dorothee Sölle hier und heute die Russinnen und Russen nennen würde, die gegen Putin und den Krieg protestieren und dafür ins Gefängnis müssen oder fliehen. Die *Frauen in Schwarz, die Soldatenmütter*, die würde sie sicher kennen. Vielleicht hätte sie Kontakt zu Yurii Sheliazhenko, einem der Sprecher der *Ukrainisch-Pazifistischen Bewegung*, die dringend einen Waffenstillstand fordert und die Aufnahme von Verhandlungen zu einem dauerhaften Frieden zwischen Russland und der Ukraine. Bestimmt würde sie die Frauen und Männer von *Nash Dom in Belarus* kennen. Und die großartige Initiative der *Frauen für Frieden in Donbas*, für die wir nachher die Kollekte sammeln und die noch vorgestellt wird.

Ich denke, es wäre auch die beeindruckende Organisation *Connection* dabei. Sie begleitet die Kriegsdienstverweigerer und Deserteure, die sagen: „*Für welche Seite auch immer: Menschen töten will ich nicht*". Auf diesem Flyer und auf der Webseite erklären junge Männer wie *Vlad aus Belarus, Mark aus Russland und Ilja aus der Ukraine*, warum sie vor dem Krieg in Nachbarländer oder nach Deutschland geflohen sind, weshalb sie nicht für ihr Land sterben

---

[4] SÖLLE, Dorothee: Im Hause des Menschenfressers. Reinbek b. Hamburg 1981, 18.

oder töten wollen. Warum sie das nicht mit ihrem Glauben und ihrem Gewissen vereinbaren können.

Dorothee Sölle würde von ihnen sagen: sie sind aus dem „Haus des Menschenfressers" ausgezogen.

Sie alle und noch viel mehr Menschen des Friedens würde sie heute in einem politischen Nachtgebet nennen. Und ich vermute, dass Dorothee Sölle heute auch die jungen Leute nennen würde, die sich für das Klima einsetzen: von der *Letzten Generation*, *Extinction Rebellion* und *Fridays for Future*. Bestimmt wüsste sie auch Namen von Menschen aus anderen Ländern, in die sie gereist ist. Von Gruppen, die sich gewaltfrei wehren gegen die Zerstörung der Erde und der Lebensgrundlagen. Von Menschen, die für den Frieden arbeiten, die mitten in Kriegen und Konflikten nach friedenslogischen Wegen suchen, oft im Verborgenen.

Menschen, die ohne Waffen für Frieden und Gerechtigkeit kämpfen, im Großen und im Kleinen. Meist bleiben sie im Hintergrund.

Ich denke, einige von uns kennen solche Menschen des Friedens und wir könnten einander noch viel mehr erzählen! Jetzt und hier denken wir an sie und bitten für sie und für uns alle:

> Schaffe uns, Gott, ein neues Herz voller Mut,
> damit wir nicht aufgeben,
> nach Wegen des Friedens zu suchen.
> Tue unsere Augen auf, damit wir erkennen,
> wo an den Rändern der Schlachtfelder,
> unter Gestrüpp und Dornen,
> die Samen des Friedens zu wachsen beginnen.
> Die wir trauern mit Seele und Leib,
> sende uns Kraft in den Armen und Beinen,
> die deine sind,
> und die Kraft zu lieben: deinen Geist.
> So segne und stärke uns die Lebendige. Amen

Kreuzweg für die Schöpfung: Von Lützerath nach Büchel – Foto: Thomas Nauerth

„ganz sein – nicht zerstückelt leben" oder: Dorothee Sölles Plädoyer für das Glück

Gottfried Orth

Wenn ich Adjektive finden möchte, die DOROTHEE SÖLLEs Theologie für mich charakterisieren, dann sind mir folgende Kennzeichen wichtig: Sie hat eine seelsorgerliche, feministische, erzählerische, lobende und klagende, betende, bekennend sich kenntlich machende, Berührung suchende und Berührung stiftende, zärtlich behutsame und kämpferische, fromme und politische Theologie gelebt und gelehrt. Das fasziniert mich und davon schreibe ich in diesem Text.

*

Dorothee Sölle treibt Theologie in mindestens drei Sprachformen: argumentativ-reflektierend – die Sprache wissenschaftlicher Theologie –, narrativ-poetisch – die Sprache der Erfahrung und des Mythos – und religiös-konfessorisch – die Sprache des Gebets und des Bekenntnisses. Theologie ist deshalb für sie nicht nur der Wissenschaft, sondern vor allem auch der Kunst verwandt.[1] In Poesie und Gebet erklingt die Sprache „gemeinsamen Wünschens, Hoffens und Träumens". Diese Sprache beschreibt nicht, was ist, sondern artikuliert, was sein, was werden soll; sie will nicht durchsetzen, sondern aufzeigen, Modelle anbieten für Glauben und Aufstehen und Sich-solidarisieren und Lieben. „Große Theologie hat immer das Erzählen und das Beten geübt; sie hat Anteil an allen drei Ebenen des religiösen Diskurses. Als Gegenbeispiel braucht man nur Verlautbarungen der Evangelischen Kirche heute zu Friedensfragen zu lesen, um die Selbstzerstörung, die diese Theologie betreibt, zu

---

[1] Vgl. H. KUHLMANN (Hrsg.), Eher eine Kunst als eine Wissenschaft. Resonanzen der Theologie Dorothee Sölles. Stuttgart 2007.

begreifen. Sie weiß weder den Mythos noch seine religiöse Aneignung auszudrücken. Sie lässt sich zu einem rationalen Reflexionsmodus verleiten, in dem die Wahrheitsfähigkeit längst durch die Konsensfähigkeit abgelöst worden ist. Es ist eine Sprache, die das narrative und das konfessorische Sprechen zunehmend ausschließt; sie hat sich von jeder Betroffenheit gereinigt und benutzt die theologischen Terminologien in einem rein instrumentellen Sinn. Sie drücken die Heiligkeit des Lebens nicht aus, sondern wirken wie Verhütungsmittel. Kein Wort transzendiert das technokratische Sprachspiel" – so schreibt sie in ihrem Aufsatz „Das Eis der Seele spalten" 1993[2]. Dabei verachtet sie die theologische Wissenschaft nicht – im Gegenteil: „Selbstverständlich hat die kritische Vernunft einen Platz in der Theologie und übt eine notwendige Funktion gegen Aberglauben und Biblizismus aus. Aber wer nur die Sprache der Wissenschaft beherrscht, bleibt in wesentlichen Lebensbezügen stumm. Heute genügt die aufgeklärte Sprache dem aufgeklärten Bewusstsein nicht mehr, weil sie bestimmte Erfahrungen, zum Beispiel die der Sinnlosigkeit oder der Sinnerfahrung, der Beziehungslosigkeit oder der Verbundenheit mit allem, was lebt, nicht artikulieren kann. Ihre größte Schwäche ist, dass sie uns vom Mythos, der Religion und der Poesie isoliert und das mythisch-religiöse-poetische Wesen, das wir auch sind, erstickt. Als sei es überflüssig, das Eis der Seele zu spalten!"[3]

„Es gehört zum Reichtum Dorothee Sölles", so Wolfgang Grünberg, dass sie diskursive Theologin und expressive Lyrikerin und Schriftstellerin war."[4] Genährt von Poesie und Gebet erneuert die Theologieprofessorin einen Satz Hölderlins: „Dichterisch wohnet der Mensch" und formuliert diesen auslegend: „Mitten im Krieg vom Frieden zu singen, ich glaube, das ist das Geheimnis der Menschen im Neuen Testament, die unter einem vergleichbar menschenfeindlichen Imperium[5] zitterten und ihre anderen Lieder sangen. So

---

[2] Jetzt in: D. SÖLLE, Das Eis der Seele spalten. Gesammelte Werke. Bd. 7. Stuttgart 2008. 98-112. Zitat S. 103. Im Blick auf landeskirchliche Stellungnahmen und solche der EKD halte ich die Beschreibung auch 20 Jahre später für ebenso treffend wie schlüssig.

[3] AaO. 105.

[4] W. GRÜNBERG, Anmerkungen zum theologischen Weg der späten Dorothee Sölle. In. H. KUHLMANN (Hrsg.), aaO. 34-42, Zitat 41.

[5] Sölle erläutert zuvor den Krieg, in dem wir jetzt leben, „dieser Krieg gegen die Ärmsten dieser Welt, gegen die Schöpfung und gegen uns selber".

‚wohnten' sie ‚dichterisch' und teilten die andere Sprache miteinander."[6]

In diesem Beitrag versuche ich nach einem Abschnitt zur
Biographie Sölles ihr Plädoyer für das Glück zunächst eher
aphoristisch-poetisch und sodann eher diskursiv nachzuzeichnen.

BIOGRAPHISCHE STATIONEN

Geboren wird Dorothee Sölle, geb. NIPPERDEY, als viertes von fünf
Kindern am 30. September 1929 in Köln. Dort verbringt sie auch, von
der Evakuierung im 2. Weltkrieg unterbrochen, ihre Schulzeit. Ihre
Religionslehrerin war MARIE VEIT, eine Frau, die sie weit über das
Fach Religion hinaus prägte und über die sie schrieb: „In meinem
Tagebuch aus jenen Jahren steht der mich heute erheiternde Satz: ‚Die
neue Religionslehrerin ist umwerfend gut, leider Christ!' Das zeigt
meine achtzehnjährige Arroganz, meine Vorstellung, Christen seien
eben dumm, zurückgeblieben, feige und unklar. Bis ich mir zugab,
dass das, was mich da faszinierte, viel stärker war als meine Weisheit,
dauerte es noch einige Zeit. Auf dem Weg nach Athen merkte ich
plötzlich, dass ich eigentlich nach Jerusalem wollte. … Eine wunderbare Lehrerin, … sie hat unsere Intelligenz herausgefordert, weil sie
Menschen einfach zutraute, dass sie der Erkenntnis und des
Gewissens fähig sind."[7]

1949 beginnt sie zunächst ein Studium der Philosophie und der
alten Sprachen in Köln und Freiburg, ehe sie 1951 ihre Studienfächer
wechselt: Sie studiert nun Evangelische Theologie und Germanistik
in Göttingen. 1954 absolviert sie ihr Staatsexamen und wird mit einer
literaturwissenschaftlichen Dissertation zu Bonaventuras Nacht-
wachen promoviert.

---

[6] D. SÖLLE, Das Eis der Seele spalten. AaO. 111 f. Sölle vergleicht in diesem Text das
römische Imperium, unter dem die Menschen im Neuen Testament litten, mit dem
neoliberalen Imperium, in dem ‚wir' heute leben: ‚dem Krieg gegen die Ärmsten dieser
Welt, gegen die Schöpfung und gegen uns selber'. Vgl. dazu: G. Orth, Mitten im Krieg
vom Frieden singen. Traditionen der Gewaltfreiheit. Berlin 2017.
[7] D. SÖLLE, Gegenwind. In: dies., Gegenwind. Erinnerungen. Gesammelte Werke. Bd. 12.
Freiburg 2010, 35 f.

Im gleichen Jahr heiraten Dorothee Nipperdey und der Maler
DIETRICH SÖLLE. Zwischen 1956 und 1961 hat sie drei Kinder geboren.
Die Ehe mit Dietrich Sölle wird 1964 geschieden.

In den Jahren 1954-1960 ist sie Religions- und Deutschlehrerin am
Mädchen-Gymnasium in Köln-Mühlheim und arbeitet ab 1960 für
Rundfunk und Zeitschriften zu theologischen und literarischen
Themen. Von 1962-1964 wird Sölle Assistentin am Philosophischen
Institut der Technischen Hochschule Aachen, von 1964-1967 arbeitet
sie als Studienrätin im Hochschuldienst am Germanistischen Institut
der Universität Köln.

1966 hatte Sölle in Jerusalem den ehemaligen Benediktinerpater
FULBERT STEFFENSKY kennengelernt, der neben ihr ein weiterer spiri-
tus rector der Politischen Nachtgebete wird. JÜRGEN EBACH hat
einmal beschrieben, was für die Poltischen Nachtgebete im Besonderen und doch auch für Sölles Theologie im Ganzen gilt: „Glauben
und die Augen aufmachen – das ist zuweilen schwer. Viele machen
die Augen auf und verlieren darüber den Glauben – viele andere
wollen darum lieber die Augen vor der Wirklichkeit verschließen, um
den Glauben nicht zu verlieren. Dorothee Sölle hat uns gezeigt, dass
diese Alternative nicht gelten muss. ... Sie hat gezeigt (das würde ich
sagen, wenn ich in ganz wenigen Worten sagen sollte, was Dorothee
Sölle vor allem auszeichnete), dass Frömmigkeit und Rebellion zu-
sammengehören sollen, wie und weil sie im Lichte und im Ton
biblischer Poesie zusammengehen können."[8]

1969 heiraten Dorothee Sölle und Fulbert Steffensky und 1970
bringt Dorothee Sölle die Tochter MIRJAM zur Welt. Im gleichen Jahr
wird sie Mitglied des P.E.N.-Zentrums der Bundesrepublik
Deutschland. 1971 habilitierte sie sich an der Philosophischen
Fakultät der Universität Köln mit der Schrift „Realisation. Studien zum
Verhältnis von Theologie und Dichtung nach der Aufklärung"[9].

Von 1972-1975 begleitet Sölle, beantragt von LUISE SCHOTTROFF,
Lehraufträge an der Evangelisch-Theologischen Fakultät der Universität Mainz, wo sie Seminare zu den Themenbereichen Religion

---

[8] J. EBACH, Rebellion und Frömmigkeit: ein Grundton biblischer Poesie – ein Grundton
in Dorothee Sölles Leben und Werk. In: W. GRÜNBERG/W. WEIßE (Hrsg.), Zum Gedenken
an Dorothee Sölle. Hamburger Universitätsreden. Neue Folge 8. Hamburg 2004, 37-67,
Zitat 58 f, kursiv im Original.

[9] D. SÖLLE, Das Eis der Seele spalten. Ges. Werke. Bd. 7. Stuttgart 2008.

und Literatur sowie Theologie und Literaturwissenschaft anbietet. Dorothee Sölle hat neben ihrem politischen Engagement ihre beiden Lebensschwerpunkte gefunden: theologische Reflexion und literarische Praxis, Theologie und Literatur oder, wie sie später formulieren wird: das Gebet und die Poesie. 1974 erhält sie die Theodor-Heuss-Medaille. Doch ihr Lehrauftrag wird nicht verlängert. Luise Schottroff kommentiert: „Ich finde die Ablehnung einen Skandal. Man wird sagen müssen: hier wird die Freiheit von Forschung und Lehre behindert – und zwar nicht durch die Studenten, sondern durch konservative Professoren."[10]

1975 erscheint Sölles Buch „Hinreise"[11], dem intensive Studien mittelalterlicher Mystiker, insbesondere von Meister Eckhart und Heinrich Seuse, vorausgegangen sind. Es geht um religiöse Vollzüge – „ein Gebet, ein Song, zwecklose Gebärden wie das Anzünden einer Kerze, das Weitergeben von Brot, sich umarmen" – und das dahinter zu entdeckende religiöse Bedürfnis, Sinn zu erfahren.[12] Dabei steht im Zentrum des Buches die Frage nach individueller Identität, die Sölle u. a. am Gegenüber von sozialer Identität und innerer Selbsterfahrung der eigenen Identität in Bonhoeffers Gedicht „Wer bin ich"[13] entfaltet.[14]

Von 1975 bis 1987 ist sie, der in Deutschland eine ordentliche Professur zeitlebens verweigert wurde, Professorin für Systematische Theologie am Union Theological Seminary in New York. Hier sind günstige Bedingungen, die sie ihre Theologie entwickeln ließ: Ein erstes war die selbstverständliche Wahrnehmung und Reflexion von religiösen und ganz weltlichen Erfahrungen als Ausgangspunkt theologischen Arbeitens. Hinzu kommt: Sölle spürt – ähnlich wie Jahrzehnte zuvor DIETRICH BONHOEFFER –, dass in Gottesdiensten das Leben gefeiert werden und dass Gottesdienst schön sein kann. Diese Erfahrung geht nun auch in Sölles Denken und poetisches Formu-

---

[10] Zit. nach R. WIND, Dorothee Sölle. Rebellin und Mystikerin. Die Biographie. Stuttgart 2008, 84.
[11] D. SÖLLE, Die Hinreise. Zur religiösen Erfahrung. Texte und Überlegungen. (1975). Jetzt in: D. SÖLLE, Und ist noch nicht erschienen, was wir sein werden. Gesammelte Werke. Band 2. Stuttgart 2006.
[12] Vgl. dazu R. LUDWIG, Die Prophetin. Wie Dorothee Sölle zur Mystikerin wurde. Berlin 2010.
[13] D. BONHOEFFER. Widerstand und Ergebung. DBW Bd. 8. Gütersloh 2011, 468-471.
[14] D. SÖLLE, aaO. 99-106.

lieren ein. Eine dritte Erfahrung betrifft ihre differenzierte Kenntnisnahme der Frauenbewegung und ihre eigenständige Positionierung in der feministischen Debatte: Feminismus bestimmte sie als ein menschheitliches Unternehmen; Sölle ist überzeugt davon, dass Frauen und Männer nur Menschen werden können, wenn sie an ihrer eigenen und ihrer gemeinsamen Befreiung arbeiten. Schließlich fährt sie in ihrer New Yorker Zeit zum ersten Mal in Länder Lateinamerikas. Jetzt wird befreiungstheologische Arbeit zu Sölles Zentralthema, zum Thema des Friedens kommt die politische Frage nach Gerechtigkeit und damit die Ortsbestimmung der reichen Industrieländer, die sie als Täter, „die das Elend mitverursachen", sehen lernt. Fortan sind Gerechtigkeit, Frieden und die Bewahrung der Schöpfung ihr Thema. BÄRBEL VON WARTENBERG-POTTER: „Dass die deutsche Theologie etwas von anderen lernen kann, nicht so sehr die Kunst brillanter Gedanken, sondern den einfachen Lebensmut, die Freude in Christus und die Leidensbereitschaft, das hat sie wortwörtlich mit Haut und Haaren gelernt. Nur so ist sie zur deutschen Theologin geworden, deren Name nach Auschwitz im weltweiten ökumenischen Gespräch akzeptiert und anerkannt wurde."[15]

Der Zeit in New York folgen zwei Gastprofessuren und eine Fülle von Auszeichnungen für ihr poetisches und theologisches Werk. Am 6. August 1985, dem Hiroshima-Tag, demonstriert Dorothee Sölle vor dem Pershing II-Raketendepot in Mutlangen. Aufgrund ihres zivilen Ungehorsams wird sie ein weiteres Mal wegen „Nötigung" verurteilt. Mehr und mehr sieht Dorothee Sölle die Welt nun mit den Augen der Mystik und dem Dreischritt: staunen – loslassen – widerstehen:

– Über die Schönheit der Schöpfung und des Lebens staunen, das ist der Motor, eine von der Werbung und ihrer Maschinerie bestimmte Trivialisierung des Lebens zu durchbrechen, und es ist die Ermutigung, die Erinnerung an das „es war sehr gut" als Hoffnungssatz zu praktizieren.

– Loslassen dessen, was belastet, einengt, das Leben zum Gefängnis macht.

– Und Widerstehen dem, was Ersterben von Liebe und Solidarität befördert, was Elend und Tod produziert und die Schöpfung rückgängig zu machen droht. Das Einswerden mit Gott – die *unio*

[15] Zit. Nach R. LUDWIG, aaO. 95.

mystica – realisiert sich nur im Einssein mit seiner Schöpfung und das bedeutet: im Widerstand.

Am 27. April 2003 stirbt Dorothee Sölle während einer Tagung der Evangelischen Akademie Bad Boll. Kurz davor formulierte sie folgenden Wunsch:

> „Ich wünsche mir wirklich von ganzem Herzen,
>
> dass diese Erde bleibt,
>
> dass Frühling, Sommer, Herbst, Winter, Kommen und Gehen,
>
> dass das bleibt,
>
> dass diese Schöpfung bestehen bleibt.
>
> Ob ich als Person,
>
> also mit Visitenkarte oder Enkelkindern oder sonst wie da vorkomme,
>
> das ist mir nicht zentral.
>
> Gott ist, Gott ist ewig,
>
> im Gegensatz zum Menschen.
>
> Wir sind endlich,
>
> und diese Endlichkeit muss man, glaube ich,
>
> nicht als Fluch ansehen.
>
> Der Fluch ist die Sünde,
>
> der Fluch ist das Töten,
>
> nicht das Sterben."[16]

In der Traueranzeige der Familie steht: „Gott und das Glück war das letzte Thema, zu dem sie gesprochen hat. Sie hatte große Träume, und sie hat eingestimmt in die Endlichkeit des Lebens."[17]

GLÜCK: ALL MEIN LACHEN LACHEN UND ALL MEIN WEINEN WEINEN…

Dorothee Sölle, so erinnern es Fulbert Steffensky und URSULA BALTZ-OTTO, „hat ihre poetischen Texte rasch geschrieben, meistens am Abend. Es war ihre Art, das Glück und den Schmerz eines Tages zu meditieren. Es waren ihre täglichen Tränen und ihr täglicher Jubel."[18] Welch ein Reichtum!

---

[16] D. SÖLLE, Wenn du nur das Glück willst, willst du nicht Gott. In: H. Kuhlmann (Hrsg.), aaO. 13-34. Zitat 33 f.

[17] Zit. nach R. WIND, aaO. 189.

[18] In: D. SÖLLE, Das Brot der Ermutigung. Gesammelte Werke. Bd. 8. Stuttgart 2008.

So hat sie „Für Fulbert", ihren „Lache- und Weine-Partner" das folgende Gedicht geschrieben:

„Säufer und Verwässerer
erster und letzter Leser
Beichtvater im Widerstand
der die Nacht kennt
und die Kerzen ansteckt
das Buch zu lesen
der mich beschützt
vor anderen und vor mir
und niemanden aufgibt
außer sich selber manchmal
companero"[19]

Dieses persönliche – doch nie private oder nach außen abgeschottete – Glück – ihr Mann ist der *comapenero* – ist zum einen eingebettet in gesellschaftliche und politische Kontexte: Dorothee Sölle glaubte immer weniger an das Glück „das zweien ganz für sich gehört"; sie glaubte „immer mehr an das kurze geteilte / in das die geschichten fallen aus kellern und lagern / die magnolienblüten auf die fahrbahn" – so heißt es in ihrem Gedicht „Magnolien am broadway"[20]. Und Persönliches wie Gesellschaftliches und Politisches sind zum andern Teil unabgegoltener Glückswünsche, die Dorothee Sölle in ihrem Buch „Die Hinreise" als „unbestimmte Wünsche", als religiöse Bedürfnisse formuliert „für ein bewusstes Leben, das im Hier und Jetzt gelebt werden sollte":

„ganz sein – nicht zerstückelt leben
heil sein – nicht zerstört
heil machen – nicht kaputt machen
hungern nach der Gerechtigkeit –
nicht satt sein in der Ungerechtigkeit
authentisch leben – nicht bewusstlos apathisch

Vorwort der Herausgeber:in URSULA BALTZ-OTTO und FULBERT STEFFENSKY. 13 f. Zu Sölles Gedichten vgl. auch das ebenso schöne wie kluge Buch: D. SÖLLE, Poesie als Gebet. Eine Biographie in Gedichten, herausgegeben und kommentiert von N. Zillmann. Berlin 2017.

[19] Zit. nach R. WIND, Dorothee Sölle, aaO. 71; urspr. Widmung des Buches „Im Hause des Menschenfressers" Reinbek 1981.

[20] Vgl. D. SÖLLE, fliegen lernen. gedichte. Berlin 1979, 17.

in den Himmel kommen –
nicht in der Hölle bleiben"[21]
In Sölles Gedichtband „Loben ohne lügen" findet sich ihr „Credo für
die Erde". Und hier weitet sich der Rahmen und das in ihm formulierte Glück nochmals. Sölle glaubt an „gottes gute schöpfung die
erde". In der vorletzten Strophe heißt es:

> „Laßt uns nicht einen tag leben und sie vergessen
> wir wollen ihren rhythmus bewahren
> und ihr glück leuchten lassen
> sie beschützen vor habsucht und herrschsucht
> weil sie heilig ist
> lernen wir das heilen"[22]

„Unsere Mutter, die Erde"[23] hat Sölle hier im Blick; sie soll „ihr Glück
leuchten lassen" können:

> „wie die Sache mit den heiligenscheinen
> wer weiß wie sie zustande kommen
> wieso leute so etwas gesehen haben müssen
> welche freude dazu geführt haben muß jemanden leuchten zu
> sehen"[24]

So reicht das Glück von der persönlichen Beziehung zweier
Menschen über gesellschaftliche und politische Kontexte bis hin zum
Credo an „gottes gute Schöpfung die erde" und „ihr glück".

Und als ob dies nicht genüge, erzählt Sölle im Gedicht, weil ja
noch nicht erschienen ist, was wir sein werden, auch von Gottes
Träumen. In ihrem Gedicht „Ich dein baum", das in vielem an Psalm
1 erinnert, jubelt sie:

> „du hast mich geträumt gott
> …
> glücklicher als ich mich traue"[25]

---

[21] D. SÖLLE, Die Hinreise. In: dies., Und ist noch nicht erschienen, was wir sein werden. Gesammelte Werke Bd. 2. Stuttgart 2006, 21

[22] D. SÖLLE, Loben ohne lügen. AaO. 43. Jetzt auch in: dies., Das Brot der Ermutigung. AaO. 234 f.

[23] Vgl. D. SÖLLE, Wenn du nur das Glück willst, willst du nicht Gott. Vortrag im Rahmen der Tagung „Gott und das Glück". Evangelische Akademie Bad Boll, am 25. April 2003. Zit aus: H. KUHLMANN (Hrsg.), aaO. 13-28. Zitat 20.

[24] D. SÖLLE, fliegen lernen. AaO. 25.

[25] D. SÖLLE, Loben ohne lügen. AaO. 12. Jetzt auch in: dies., Das Brot der Ermutigung. AaO. 206.

Wenn Poesie Modelle anbieten will für glauben und aufstehen und sich solidarisieren und lieben – was ist das für ein Glück, so geträumt worden zu sein!

Und bei all' dem glaubte Dorothee Sölle, dass ‚wir den Weg zum Glück nicht beginnen als suchende, sondern als schon Gefundene.‘ Und Fulbert Steffensky interpretierte diesen konfessorischen Satz aus ihrem letzten Vortrag: „Das ist die kostbare Formulierung dessen, was wir Gnade nennen."[26]

Weit hinaus schießen diese poetischen Aussagen über das Glück und seine Subjekte über das, was wissenschaftlich-theologisch zu sagen ist. So sind wir nicht nur beim Singen, sondern wohl auch im Gedichte schreiben und lesen mutiger als im alltäglichen Leben und erst recht als im Wissenschaftsbetrieb der Theologien. Die theologische Arbeit Dorothee Sölles, die sich eben nicht in der Theo-Logie erschöpft, sondern sich auch als Theo-Poesie zur Sprache bringt, ist so in einer Weise versprachlichte Religion und Frömmigkeit, die angelegt ist auf ein Leben, in dem Glauben und seine Reflexion gelingen mag[27]:

> „Ich möchte theologie schreiben
> die so über das fehlende spricht
> daß es vermisst wird
> und anwesend."[28]

---

[26] F. STEFFENSKY, Nachwort zu einem Leben. In: D. SÖLLE, Gegenwind. Erinnerungen. Freiburg 2010. 283-287. Zitat 287.

[27] In dem schönen Wort „gelingen" wird das Erleben eines Tuns und eines Erfahrens ausgedrückt. In dem Wort steckt ‚man kann es nicht machen' und zugleich: Man kann doch auf Machbarkeit und die damit verknüpfte Aufmerksamkeit und Anstrengung nicht verzichten. Gerald Hüther erzählt zu diesem Wort die Geschichte des Kirschkuchens seiner Großmutter. Sie hat alles getan, was sie konnte, Kirschen vom Baum im Garten geholt, einen guten Teig zubereitet, eine alte, schwere Backform herausgesucht. Und dann kam er in den Backofen. Und die ganze Familie hoffte, dass er gelingt – sicher war das ja nicht. In dem Wort „gelingen" steckt etwas Wunderbares: Indem man es sagt, weiß man, wie es wäre, wenn es gelänge. Wenn ich sage, ein Kirschkuchen sei gelungen, dann habe ich ein inneres Bild davon, wie er sein könnte, wenn er geglückt ist. Vgl. https://spuren.ch/single-news?tx_news_pi1%5Baction%5D=detail&tx_news_pi1%5Bcontroller%5D=News&tx_news_pi1%5Bnews%5D=10&cHash=1822efa926bfe124f87f542efd104d5e (letzter Zugriff: 13. 07. 2023)

[28] D. SÖLLE, fliegen lernen. AaO. 78.

Von der „Hinreise" und der „Rückreise" –
eine Erfahrung von Glück

„Die ‚Reise' ist ein altes Bild für die Erfahrungen der Seele auf dem Weg zu sich selbst. Die ‚Hinreise', die in Meditation und Versenkung angetreten wird, ist die Hilfe der Religion auf dem Weg der Menschen zu ihrer Identität. Christlicher Glaube akzentuiert die ‚Rückreise' in die Welt und ihre Verantwortung. Aber er braucht eine tiefere Vergewisserung als die, die wir im Handeln erleben: eben die ‚Hinreise'."[29]

So beginne ich – entgegen einer historischen Rekonstruktion – mit dem letzten Vortrag Dorothee Sölles unter dem Titel „*Wenn du nur das Glück willst, willst du nicht Gott*"[30] und seinen Bezügen zu ihren beiden Büchern zur Mystik „*Du stilles Geschrei. Wege der Mystik*" und dem Fragment „*Mystik des Todes*"[31]. Sie beschreiben die „Hinreise" und weisen den Weg zur „Rückreise". Dem schließt sich eine kurze Darstellung von Sölles Büchlein „*Phantasie und Gehorsam. Überlegungen zu einer künftigen christlichen Ethik*"[32] an, das die „Erfindung und Vermehrung von Glück"[33] zum Inhalt hat; diese Gedanken ordne ich im Kontext von Sölles Mystik-Verständnis der Rückreise zu.

Der mystische Weg

Am Anfang des mystischen Weges, den Dorothee Sölle zeichnet, steht das ‚Versunken sein ins Glück'. Und sie erzählt dazu eine Erfahrung mit ihrem ältesten Sohn, als dieser fünf Jahre alt war und gerade die Zahlen lernte: „Und da ging er auf der Aachener Straße in Köln, einer riesigen, viel befahrenen Straße, blieb stehen und bewegte sich nicht. Und ich, ungeduldige Mutter, die ich bin, zupfte an ihm und sagte: ‚Nun komm doch, was ist denn?' Sagte er: ‚Mama! Sieh doch mal!

---

[29] D. Sölle, Die Hinreise. In: dies., Und ist noch nicht erschienen, was wir sein werden. Gesammelte Werke. Bd. 2. 7-129. Zitat 8.
[30] S. o. Anm. 12.
[31] D. Sölle, „Du stilles Geschrei". Wege der Mystik. Gesammelte Werke. Bd. 6. Stuttgart 2007.
[32] Stuttgart. Berlin 1974,
[33] D. Sölle, Phantasie und Gehorsam. AaO. 59.

Guck doch nur! Diese wundervolle Fünfhundertsiebenunddreißig.'
Er sprach das ganz langsam, weil er das gerade gelernt hatte, wie man
Zahlen spricht. Das war für ihn etwas Neues, diese wundervolle 537.
Und ich sah sie zum ersten Mal, also auf einem blauen Schild, die
Zahl 537, und sah plötzlich wie schön sie war. Und wie wunderbar
das, was das Kind erlebte, war. Das war ein Stück einer Reise, eine
Verzauberung, wie wir sie an vielen, vielen Stellen unseres Lebens
erfahren können … Und ich denke, dass jede Entdeckung der Welt
uns in einen Jubel stürzt, ein radikales Staunen, das die Schleier der
Trivialität zerreißt. Nichts ist selbstverständlich, und am aller-
wenigsten die Schönheit. Die macht uns verwundert."[34] Dieses Staunen ist eine Erfahrung, mit denen die Griechen die Philosophie begonnen haben. Solches „Staunen heißt wie Gott nach dem sechsten
Tag die Welt wahrnehmen: ‚Und siehe, es war alles sehr gut.' Das ist
ein Anfang."[35] Im Staunen werden wir andere: glücklicher, lobender,
aufmerksamer; wir sind einverstanden mit unserem Hiersein und
sind glücklich – „ein etwas anderes Verständnis von Glück als diese
normale Selbstversessenheit, in der wir ja – mit Trivialität korrespon-
dierend – leben"[36]. Und Sölle kommentiert diese erste Station der
Hinweise mit dem Satz: „Wir beginnen den Weg zum Glück nicht als
Suchende, sondern als schon Gefundene. Die erfahrene Güte ist uns
allemal voraus."[37]

Gott loben ist der erste Anstoß der Hinreise zu mir selbst,
Loslasssen der zweite: „Unser Loslassen beginnt mit einfachen Frau-
gen: Was nehme ich wahr? Was lasse ich an mich heran? Was berührt
mich? Was wähle ich aus? Wir brauchen ein Stück ‚Entbildung' – das
ist ein Satz von Seuse, diesem Heinrich Seuse, auch ein Zeitgenosse
Eckhardts, der von ‚Entbildung' oder ‚Befreiung' sprach, ehe wir in
Christus ‚gebildet' oder ‚transformiert' werden können."[38] Reinigung
brauchen wir. Aufhören müssen wir.[39] „Je mehr wir uns auf das
Loslassen der falschen Wünsche und Bedürfnisse einlassen, je mehr
wir dem Staunen in unserem Alltag Raum geben, desto mehr nähern
wir uns dem an …: ein gelebtes Abschiednehmen von Gewohnheiten

---

[34] D. SÖLLE, „Wenn du nur das Glück willst… AaO. 14 f.
[35] AaO. 16.
[36] AaO. 17.
[37] AaO. 16.
[38] AaO. 19.
[39] Vgl. H. ROSA, Demokratie braucht Religion. München 2023. 56.

und Selbstverständlichkeiten unserer Kultur. Gerade weil unsere Mystik mit dem Staunen beginnt, ist unser Entsetzen über die Zerstörung des Wunders radikal." Wir vermissen Gott.[40]

---

[40] D. SÖLLE, „Du stilles Geschrei" Wege der Mystik. AaO. 129. Hartmut Rosa formulierte im vergangenen Jahr in dem Vortrag „Demokratie braucht Religion" dieses Loslassen mit dem Wort „aufhören": „Wir müssen aufhören" – erst dann können wir auch wieder auf etwas oder jemanden auf-hören und Resonanzen wahrnehmen. Rosa beschreibt dies Phänomen ganz ähnlich als Soziologe wie Dorothee Sölle als Theologin. Vgl. H. ROSA, Demokratie braucht Religion. München 2022.

„Von Hartmut Rosa haben wir den inspirierenden Satz: ‚Wir müssen aufhören'.

Wenn wir aufhören, z. Bsp. Geräusche zu machen, wird etwas anderes hörbar. Wenn wir aufhören, Pläne zu machen, können wir die Welt hören, ohne dass unser Ego gleich wieder neue Ressourcen braucht, um andere Ressourcen zu sparen. Wir können lernen aufzuhören und dabei eine neue Sicht- und Hörweise entwickeln, um unsere Grenzen zu erkennen.

Wir verstehen dann, dass wir auf eine Weise begrenzt sind, dass unsere Grenzen ein Teil von uns sind, die wir horchend und fühlend erfahren und akzeptieren können. Dass wir begrenzt sind in der Beantwortung unserer E-Mails, dass uns niemand dadurch, dass er uns unter Druck setzt, effektiver macht. Wenn wir aufhören, hören wir einen Teil unserer Wirklichkeit anders, die Wirklichkeit unserer Begrenzungen, unserer Verletzlichkeit, unserer Menschlichkeit. Wenn wir aufhören, können wir hören, dass wir keine Maschinen sind, die immer können, immer wollen und immer wissen.

Wir hören Stille und erfahren, dass es diese Stille ist, die die Geräusche erst hörbar macht. Die Stille ist immer da; sie erscheint nur nicht erst, wenn wir aufhören, sondern wird deutlich und macht deutlich, dass wir weit mehr sind als die Geräusche, die wir produzieren. Wir hören auf und hören, dass wir eigentlich Stille sind und in dieser Stille mit allen und allem verbunden sind.

Wir hoffen, dass das Aufhören zu einer Übung wird, die es uns ermöglicht, weniger haben zu müssen, weniger verbrauchen zu müssen, so dass unsere Erde nicht schon im April jeden Jahres verbraucht ist.

Wenn wir auf-hören, kann es sein, dass durch die Stille der Schrei hörbar wird, der Schrei der Verletzlichkeit. Wir hoffen, dass es uns gelingt, die Verletzlichkeit aller und unsere Verletzlichkeit zu berücksichtigen, zu hören, ohne schnell etwas tun zu müssen und damit das Auf-hören zu lernen."[41]

---

[41] KURT SÜDMERSEN, ORCA-Institut für Konfliktmanagement und Training. Geringfügig verändert von G.O.

„Der Horizont der Katastrophe, in der wir leben, ist der Hintergrund, vor dem der heutige Weg der mystischen Reise zu denken ist. Gott loben und nichts so sehr wie Gott zu vermissen, führt zu einem ‚In-Gott-leben‘, das die Tradition die ‚vita unitiva‘ genannt hat, also das Leben der Vereinigung. Das Einswerden mit dem, was in der Schöpfung gemeint war, hat die Gestalt der ‚cocreatio‘; in Gott zu leben, bedeutet, sich an der weitergehenden Schöpfung zu beteiligen.

Und so führt diese dritte Station zugleich in ein Heilen und Widerstehen. Beides gehört in unserer Situation zusammen. ‚Heil‘ heißt, dass Menschen in ‚compassion‘ und Gerechtigkeit mitschöpferisch leben und, indem sie geheilt werden, das Heilenkönnen erfahren. Wie die Jüngerinnen und Jünger Jesu sich als ‚geheilte Heilerinnen‘ erfuhren, so ist jeder Weg der Einung einer, der sich fortsetzt und ausstrahlt. Die Einheit ist nicht individuelle Verwirklichung, sondern geht über in die Veränderung der todbringenden Realität.“[42]

Zusammenfassend die drei Stationen der „Hinreise“ und der Übergang zur „Rückreise“[43]:

STAUNEN via positiva	LOSLASSEN via negativa	HEILEN/WIDERSTEHEN via transformativa
Radikales Staunen	Abgeschiedenheit	Weltveränderung
Glück	Lassen von Gewalt, Besitz und Ego	Compassion und Gerechtigkeit
Gott loben – die Rose	Gott vermissen – die ‚dunkle Nacht‘	In Gott leben – der Regenbogen

---

[42] D. SÖLLE, „Wenn du nur das Glück willst… AaO. 20 f.
[43] D. SÖLLE, „Du stilles Geschrei“ Wege der Mystik. AaO. 130.

THEOLOGISCH-ETHISCHE ÜBERLEGUNGEN ZUR „RÜCKREISE" ODER: NACHFOLGE DES MENSCHEN, DEN DOROTHEE SÖLLE FÜR DEN GLÜCKLICHSTEN HÄLT

In ihren „Überlegungen zu einer künftigen christlichen Ethik" setzt sich Sölle kritisch mit dem Begriff des Gehorsams auseinander, der über Jahrhunderte ein Grundwort war für die Gewissensbildung der Christinnen und Christen: Gehorsam war – bis hin nach Auschwitz und darüber hinaus – „der Christen Schmuck". Sodann zeigt Sölle in einem ersten Schritt, was ‚Gehorsam' in der Verkündigung Jesu bedeutet: Gott ist gerade kein Allgemeines oder Überzeitliches, der Gehorsam fordert, sondern die Situation erfordert ‚meine' Antwort: „Gerade zur Spontaneität befreit Jesus. Was er fordert, setzt die Ordnung der Welt gerade nicht voraus; sie muss jeweils erst als Zukunft hergestellt werden. Indem der Mensch erst finden muss, was Gottes Wille sei, bleibt die Zukunft der Welt offen."[44] Wenn der Weg der Christinnen und Christen von Gehorsam und damit Fremdbestimmung zum Reichtum des Selbst geht, dann „ist vielleicht Phantasie ein deutlicheres Grundwort für die Christen in einer sich radikal ändernden Welt"[45] und der Reichtum des Selbst – das ist Glück.

Doch meldet sich hier oftmals ein unmittelbares Unbehagen: Habe ich das Glück verdient? Wem nehme ich damit etwas weg? Dahinter steckt ein antiker – die Statik einer unveränderbaren Welt spiegelnder – Mythos über den Neid der Götter auf den antiken Glückspilz Polykrates, den Tyrannen von Samos, der freilich „die mythische Formulierung einer gesellschaftlichen Organisation ist, deren Glücksmöglichkeiten begrenzt und zufallsdiktiert sind" und in der das Streben nach Glück mit Schuldgefühlen belastet ist, „weil jedes Glück auf Kosten anderer geht".[46]

In einer als veränderlich angesehenen Welt, kann ‚das Glück jenseits polykratischer Ängste gebaut werden'. „Freigewordene Menschen sind Bauleute des Glücks": Sie warten nicht lediglich, „was das Glück ihnen bringt. Der neue, größere Glückliche konsumiert nicht nur, was ihm zufällt, sondern er produziert eine andere Welt, an

---

[44] D. SÖLLE, Phantasie und Gehorsam. AaO. 34 f.
[45] AaO. 37.
[46] AaO. 51.

seinem geistigen Ursprung wird dies Glück genannt: ein Sohn Gottes sein."[47]

Die letzten drei Kapitel des Büchleins *„Phantasie und Gehorsam"* haben Jesus Christus zum Thema: Die Phantasie Jesu – Ein Mensch sagt „ich" – Das Glück Christi. Dabei geht es um den historischen Jesus und um Christus und Sölle entfaltet im Kontext des Themas der Phantasie und des Glücks Grundzüge ihrer später ausgeführten Christologie: „Sprechen wir von Christus, so nehmen wir das, was Franziskus oder Martin Luther King von Jesus gelernt haben, in unsere Beziehung mit auf; wir übernehmen die Schätze, die Menschen in der Begegnung mit Jesus gesammelt haben. Es ist der verstandene, der konkret entfaltete, der vorangehende, weiterwirkende Christus, von dem wir lernen können. Dieser Weg Christi bis zu uns hin ist nicht umsonst gewesen."[48]

Das erste Stichwort lautet: Die Phantasie Jesu. Ein Vorbild für Phantasie findet Sölle „in dem Menschen, den ich für den glücklichsten halte: in Jesus von Nazareth"[49], wobei sie unter Phantasie eine sehr erwachsene Form der Freiheit versteht, die ein Mensch in den Erfahrungen seines Lebens und der Auseinandersetzung mit diesen erreichen kann. Jesus Phantasie knüpfte an konkrete Lebenssituationen – Krankheit, Armut, Behinderung, Mangel, religiöse Konflikte – an und öffnete, veränderte sie: „Ich aber sage euch…". So hat Jesus in seinen Begegnungen mit Menschen wie in seinen Wundern Grenzen überwunden und eine Phantasie entwickelt, „die eigentlich nur ein einziges Prinzip anerkennt: die Erfindung und Vermehrung von Glück"[50]:

Das zweite Stichwort: Ein Mensch sagt „ich": „Jesus war ein Mensch, der es wagte, ‚ich' zu sagen ohne Rückendeckung" – Grenzen immer wieder überschreitend.[51] Und Sölle fragt: „Was befähigt einen Menschen dazu, in diesem Sinne ‚ich' zu sagen, in diesem Sinne ‚Gott' für andere zu spielen, in diesem Sinne frei zu sein von Angst vor dem Sterben und Sorge um das Weiterleben, frei von Hemmungen und Vorsichten, frei von Ansprüchen für sich selber

---

[47] AaO. 55.
[48] AaO. 8.
[49] AaO. 56.
[50] AaO. 59.
[51] AaO. 62.

und der Sucht, anerkannt zu werden, frei, vollständig frei für andere Menschen – woher nimmt einer diese Freiheit?" Und dann folgt ein Text, der sich in vielen Religionsbüchern für die Oberstufe findet – freilich ohne die dazugehörende zitierte Frage, auf die der Text die Antwort ist[52] und die ihn öffnet auf Möglichkeiten gegenwärtiger Nachfolge hin, denn auch Jesu Glück will nicht bewundert, sondern für alle Menschen ermöglicht werden: „Ich halte Jesus von Nazareth für den glücklichsten Menschen, der je gelebt hat. Ich denke, dass die Kraft seiner Phantasie aus dem Glück heraus verstanden werden muss. Alle Phantasie ist ins Gelingen verliebt, sie lässt sich etwas einfallen und sprengt immer wieder die Grenzen und befreit die Menschen, die sich unter diesen Grenzen in Opfer und Entsagung, in Repression und Rache ducken und sie so ewig verlängern. Jesus erscheint in der Schilderung der Evangelien als ein Mensch, der seine Umgebung mit Glück ansteckte, der seine Kraft weitergab, der verschenkte, was er hatte. Das konventionelle Bild von Jesus hat immer seinen Gehorsam und seinen Opfersinn in den Vordergrund gestellt. Aber Phantasie, die aus Glück geboren wird, scheint mir eine genauere Beschreibung seines Lebens. Sogar sein Tod wäre missdeutet als das tragische Schicksal eines Glücklosen, er wäre zu kurz verstanden, wenn nicht die Möglichkeit der Auferstehung in Jesus selber festgehalten würde! Auferstehung als die weitergehende Wahrheit der Sache Jesu ist aber im Tode dieses Menschen gegenwärtig; er hat den Satz ‚ich bin das Leben' auch im Sterben nicht zurückgenommen. … Von Christus ist zu lernen: Je glücklicher einer ist, umso leichter kann er loslassen. Seine Hände krampfen sich nicht um das ihm zugefallene Stück Leben. Da er die ganze Seligkeit sein nennt, ist er nicht aufs Festhalten erpicht. Seine Hände können sich öffnen."[53]

Das dritte Stichwort. Das Glück Christi. Zunächst erläutert Sölle ihre Überlegungen mit den traditionellen dogmatischen Stichworten des Themas und öffnet so die evangelisch-theologische Tradition hin zu neuer gegenwärtiger Sprache: „Es besteht ein Sachzusammenhang zwischen dem Glück, dem Ich und seiner Phantasie, ein Zusammenhang, der an Jesu Leben deutlich wird, aber für alle

---

[52] Ich halte es für ein Kennzeichen bürgerlicher Religion, dass sie Antworten früherer Zeiten gibt, ohne auf die heute gestellten Fragen zu hören – sie müsste sich sonst selbst infrage stellen.
[53] AaO. 63 und 65.

Menschen gilt. Wenn man diesen Zusammenhang mit den älteren theologischen Wörtern beschreibt, so ist es der von Gnade, Rechtfertigung des Sünders und Heiligung der Welt. In der Gnade, die so erscheint, dass einem Menschen sein Leben glückt, konstituiert sich ein anderes Ich, das den eigenen Ängsten entnommen ist, das befreit und erlöst ist, und eben dieses Ich kann seine Aufgabe nun nicht mehr im Erfüllen bestimmter Vorschriften sehen, eine christliche Ethik nicht mehr auf Gehorsam gründen, weil die Aufgabe nun Weltveränderung ist, die die Tugend der Phantasie braucht."[54] Diese Phantasie ist die Phantasie der Hoffnung[55]: „Sie ist produktive Unendlichkeit für andere"[56] – ein anderes Wort Sölles für Transzendenz und so schließt sie ihren kleinen Text: „Gott hat sich nach christlicher Überlieferung so in unsere Hände gegeben, dass er entdeckbar ist – im Gesicht des Menschen von nebenan, dass man ihn finden kann in den versteinerten Ordnungen, die wir verändern können, dass er als diese produktive Unendlichkeit sichtbar wird in unserer Welt."[57]

Auch wenn die Sprache der späten und des frühen Textes Sölles sich unterscheiden, so scheinen sie mir doch einig in ihrem Anliegen

– eines Glückes, das mich verzaubert und das darauf aus ist, dass alle Menschen an ihm teilhaben können,

– einer neuen im Glück geborenen Aufmerksamkeit und Wahrnehmungssensibilität für die Menschen, Dinge und die ganze Erde – und für mich selbst,

– eines Verständnisses von Transzendenz, das diese nicht in einem „oben" oder postmortal ansieht, sondern „unten" mitten im Leben als radikale Perspektiveröffnung für die „verbesserliche Welt" (E. Lange),

---

[54] AaO. 66 f.

[55] Auch Ernst Lange arbeitete an einer religiös-politischen Pädagogik und Theologie der Hoffnung in ökumenischen Kontexten; vgl. etwa: E. LANGE, Die ökumenische Utopie Oder: Was bewegt die ökumenische Bewegung. Stuttgart 1972. Es gibt eine Fülle anregender Parallelen zwischen dem hier vorgestellten Büchlein zu Phantasie und Gehorsam und Ernst Langes kleiner Schrift *Leben im Wandel* sowie zu seinen bildungstheoretischen und bildungspraktischen Texten Langes.

[56] AaO. 69.

[57] AaO. 71.

– eines Loslassens dessen, was mich an dieser Aufmerksamkeit
  hindert, und damit eines Freiwerdens für neue Entdeckungen, für
  Phantasie, für andere Menschen und die ganze Erde
– und dem daraus resultierenden Willen zu heilen, was leidet, und
  zu widerstehen der Zerstörung: „Gott hat keine anderen Hände
  als unsere, wie konnten wir das je vergessen! Auch wir können
  Gott lieben, Gott schützen, Gott wärmen, dem es vielleicht auch
  manchmal kalt wird, wenn er diese Welt ansieht. Gott über alle
  Dinge lieben, das ist, was Mystik für uns alle sein kann. So berührt
  sein von Gott ist auch andere berühren können und zugleich der
  einzige Grund unserer Hoffnung für diese Schöpfung." – so
  formuliert es Dorothee Sölle 2001 in dem unveröffentlichten Text
  mit dem Titel *„Eine theologische Bilanz".*

Gegründet sind diese Anliegen in einer tiefen Frömmigkeit, einem
daraus erwachsenden Engagement für Solidarität und Gerechtigkeit
und nicht zuletzt reicher theologischer Kenntnis, die Sölle poetisch
und diskursiv in die Auseinandersetzungen und Hoffnungen ihrer
Zeit zu übersetzen verstandt. Ich halte sie für hochaktuell.

LITERATUR

BONHOEFFER, Dietrich: Widerstand und Ergebung. DBW Bd. 8. Gütersloh
2011.

EBACH, Jürgen: Rebellion und Frömmigkeit: ein Grundton biblischer Poesie –
ein Grundton in Dorothee Sölles Leben und Werk. In: W. Grünberg/W.
Weiße (Hrsg.), Zum Gedenken an Dorothee Sölle. Hamburger
Universitätsreden. Neue Folge 8. Hamburg 2004. S. 37-67.

GRÜNBERG, Wolfgang: Anmerkungen zum theologischen Weg der späten
Dorothee Sölle. In: H. Kuhlmann (Hrsg.), aaO. S. 34-42.

KUHLMANN, Helga (Hrsg.): Eher eine Kunst als eine Wissenschaft.
Resonanzen der Theologie Dorothee Sölles. Stuttgart 2007.

LANGE, Ernst: Die ökumenische Utopie Oder: Was bewegt die ökumenische
Bewegung. Stuttgart 1972.

LUDWIG, Ralph: Die Prophetin. Wie Dorothee Sölle zur Mystikerin wurde.
Berlin 2010.

ROSA, Hartmut: Demokratie braucht Religion. München 2023.

Sölle, Dorothee: „Du stilles Geschrei". Wege der Mystik. Gesammelte Werke. Bd. 6. Stuttgart 2007.

Sölle, Dorothee: Das Brot der Ermutigung. Gesammelte Werke. Bd. 8. Stuttgart 2008.

Sölle, Dorothee: Das Eis der Seele spalten. Gesammelte Werke. Bd. 7. Stuttgart 2008. S. 98-112.

Sölle, Dorothee: Die Hinreise. Zur religiösen Erfahrung. Texte und Überlegungen. (1975). Jetzt in: D. Sölle, Und ist noch nicht erschienen, was wir sein werden. Gesammelte Werke. Bd. 2. Stuttgart 2006. S. 7-130.

Sölle, Dorothee: fliegen lernen. gedichte. Berlin 1979.

Sölle, Dorothee: Gegenwind. In: dies., Gegenwind. Erinnerungen. Gesammelte Werke. Bd. 12. Freiburg 2010.

Sölle, Dorothee: Phantasie und Gehorsam. Stuttgart 1974.

Sölle, Dorothee: Poesie als Gebet. Eine Biographie in Gedichten, herausgegeben und kommentiert von N. Zillmann. Berlin 2017.

Sölle, Dorothee: Wenn du nur das Glück willst, willst du nicht Gott. In: H. Kuhlmann (Hrsg.), aaO. S. 13-34.

Steffensky, Fulbert: Nachwort zu einem Leben. In: D. Sölle, Gegenwind. Erinnerungen. Gesammelte Werke. Bd. 12.Freiburg 2010. S. 283-287.

Wind, Renate: Dorothee Sölle. Rebellin und Mystikerin. Die Biographie. Stuttgart 2008.

Kreuzweg für die Schöpfung: Von Lützerath nach Büchel
Atomwaffenlager Büchel

Beiträge zur Friedenstheologie

Kreuzweg für die Schöpfung: Von Lützerath nach Büchel
Atomwaffenlager Büchel

Dietrich Bonhoeffer

Von der Kriegsbegeisterung zum Pazifismus

Detlef Bald

Die großen Worte von Dietrich Bonhoeffer zum Frieden klingen wie helle Erinnerungen, gut und mahnend, leuchtend und klar, manche unerkannt, aber viele bekannt. Seit 1930 gibt es sie. So, das Gebot ansprechend, „Du sollst nicht töten", kam prompt die Frage: „Aber muss man nicht im Krieg das Leben zerstören?", worauf er die christlich-pazifistische Antwort gab: „Eben darum weiß die Kirche nichts von der Heiligkeit des Krieges" und er bekräftigte noch: „Die Kirche, die das Vaterunser betet, ruft Gott nur um den Frieden an".[1] Voller Sorge wies er schon 1932 auf die Folgen der NS-Ideologie des völkischen Expansionismus hin, in jedem nationalen Krieg „wird mit entmenschlichten Mitteln der Kampf ums Dasein geführt"; dann weiter: „ein völkisches Trotzen auf Fleisch und Blut" sei „Sünde wider den Geist". Bonhoeffer erahnte früh die Kriegsgefahr.

Ebenso eindringlich brachte Bonhoeffer in starken Worten ein Plädoyer für den Frieden vor Studenten an der Uni auf den Punkt: „Dem Christen ist jeglicher Kriegsdienst, es sei denn Samariterdienst, und jede Vorbereitung zum Krieg verboten".[2] Bonhoeffer meinte diese Aussage ernst; daher nahm er 1939 die Prüfung an, als er zur Wehrmacht eingezogen werden sollte; seine erste Lösung, Pfarrer im Sanitätsdienst, lehnte man kategorisch ab. Die pazifistische Haltung Bonhoeffers hatte sich lange vor 1933 gefestigt; er unternahm viele praktische Schritte, für Frieden und Verständigung zwischen den Staaten zu werben und vor allem, die Kirchen dafür zu gewinnen, also ein entsprechendes, „das rechte Wort zur rechten Stunde" zu

---

[1] Dietrich BONHOEFFER, Franz HILDEBRANDT: Katechismus. Glaubst Du, so hast Du, in: Dietrich Bonhoeffer Werke (DBW), Bd. 11, 228 ff.
[2] Vortrag vor der Deutschen Christlichen Studentenvereinigung, Dez. 1932, in: DBW, Bd. 12, 232 ff.

sprechen.[3] Doch davon wollte die heimatliche Kirche nichts wissen; sie dachte auch am Ende der Weimarer Republik eng nationalistisch und revanchistisch. Nicht zufällig hatten ihn, als er in Cambridge im Sommer 1931 ökumenische Aufgabe übernahm, prominente Berliner Theologen (PAUL ALTHAUS, EMANUEL HIRSCH) vor Kontakten nach England unversöhnlich in einer deutschlandweiten Kampagne gewarnt, denn zwischen Deutschland und „den im Weltkrieg siegreichen Nationen" könne es keine „Verständigung" geben.[4] So war im Alter von 25 Jahren Pfarrer Dr. Dietrich Bonhoeffer ungewollt, aber massiv in Kollision mit der verfassten deutschen Kirche geraten.

ZUR WEITE DER FRIEDENSETHIK

Den ersten Höhepunkt, die Weite der Friedensethik vorzustellen, gab es im Juli 1932 auf der Jugend-Friedenskonferenz in Tschechien im ehemaligen Bad Schwarzenburg; dort präsentierte Bonhoeffer sein Konzept zur internationalen Friedensfrage.[5] In den Fokus seiner Argumentation stellte er den biblisch-neutestamentliche Frieden; seine Gedanken gingen in eine Richtung, die spüren ließ, dass Bonhoeffers Verständnis von Frieden im eigentlichen Sinn eine Botschaft war: verborgen wie offenbar – das „göttliche Gebot" von Frieden. Im Neuen Testament sei einzigartig bezeugt: „Das *biblische* Gesetz, die *Bergpredigt* ist die absolute Norm für unser Handeln." Sie sei „ernst zu nehmen und zu realisieren" als Verpflichtung zum Frieden, das „Gebot von Christus her", galt für Bonhoeffer verbürgt. Und er gelangte zu der klaren, herausfordernden Aussage: „Die Ordnung des *internationalen* Friedens ist heute Gottes Gebot für uns." Dieser Friede diene einer „Ordnung der Erhaltung der Welt", gebunden an Wahrheit und Recht.[6] Dieser Friede – erneut der aktuelle Bezug zur rassistisch-nationalistischen NS-Ideologie – werde bedroht durch „das völkische Bewusstsein" und „von extremen Elementen" in Deutschland. Entsprechend folgerte er: „Darum muss

---

[3] SCHOLDER: Die Kirchen und das Dritte Reich, 565.
[4] DBW, Bd. 12, 85.
[5] Dietrich BONHOEFFER: Zur theologischen Begründung der Weltbundarbeit, 20 bis 30. Juli 1932, in: DBW, Bd. 11, 327 ff.
[6] Vgl. PANGRITZ: Dietrich Bonhoeffers ökumenische Friedensethik damals – und heute?, 19 f.

der heutige Krieg, also der nächste Krieg, der *Ächtung* durch die Kirche verfallen." Oder wie er bald forderte, die Kirche müsse „dem Rad in die Speichen" fallen.

Bonhoeffer fand dieses berühmte Leitmotiv seiner Friedensethik: „Pacem facere zur Überwindung des Krieges". Das galt der Kirche wie auch der Politik. Nüchtern erkannte er die spürbare Distanz zur Mehrheit der deutschen Pfarrer, die in diesen Jahren den Nationalprotestantismus mit seinem typisch militäraffinen Schwertglauben vertraten, verbunden mit Parolen der braunen rechten Politik. Das hatte Bonhoeffer seit seiner Rückkehr aus Amerika besorgt. In einem Brief äußerte er seine Befürchtungen vor dem NS-Regime: „eine grauenhafte kulturelle Barbarisierung" und, seinem eigenen Schicksal Grenzen aufweisend: „Der Weg der Kirche ist so dunkel wie selten zuvor".[7]

Staat und Kirche boten Bonhoeffer den Anstoß zu dieser großen Friedensmahnung – zum einen in der Kirche, als am 9. August 1934 der neue Diensteid der Pfarrer beschlossen wurde, dem „Führer" ADOLF HITLER „mit jedem Opfer und jedem Dienste" zu folgen, und zum andern in der Politik, als das NS-Regime nach dem Röhm-Putsch die gewaltige Wende in der Militarisierung vollzog. In Sorge vor einer kriegerischen Zuspitzung konzentrierte er alles auf die Frage: „Wie wird Friede?" Bonhoeffer suchte eine normative Lösung, als er am 28. August 1934 auf der dänischen Insel Fanö an das Rednerpult trat (DBW 13, 298 ff.).[8] Seine Erkenntnis und seine Botschaft zielten auf die christlich fundamentale Kategorie, genial einfach: Frieden als das „Gebot Gottes", ohne Zweifel ein „bindendes Gebot" und „nicht als offene Frage zu diskutieren"; es gelte die Verkündigung der Bibel: „Friede auf Erden." Für Frieden, für Wahrheit und Recht müsse der „Kampf" gewagt werden.

Bonhoeffer stellte die übliche Auffassung infrage, Kriege seien normal und hinzunehmen in der Politik; man müsse entsprechend mit Waffen für Sicherheit sorgen. Also spitzte Bonhoeffer rhetorisch zu: „Sollte Gott nicht doch gesagt haben, wir sollten wohl für den Frieden arbeiten, aber zur Sicherung sollten wir doch Tanks und Giftgas bereitstellen?" Und, um den Kontrast zu markieren, erschreckte er mit der Formel, kein Frieden durch Aufrüstung – in

---

[7] Bonhoeffer an Niebuhr, Febr. 1933, in: DBW, Bd. 12, 50 f.
[8] Dietrich BONHOEFFER: Kirche und Völkerwelt, in: DBW, Bd. 13, 298 ff.

seinen Worten: Etwa „eine allseitige friedliche Aufrüstung zum Zweck der Sicherstellung des Friedens?".

Bonhoeffer wiederholte in Fanö seine leitende Frage – „Wie wird Friede?" – mit aller Dringlichkeit. Im Blick auf die gesellschaftliche und politische Wirklichkeit, die Gewalt- und Kriegsbereitschaft mit ihren Schatten der großen Zerstörungen erkannte er, die Chancen eines Friedens lägen nicht im Handeln Einzelner. Nicht der Einzelne, auch nicht einzelne Kirchen, sondern die weltweite Ökumene sei aufgerufen, „dass die Welt zähneknirschend das Wort vom Frieden vernehmen muss und dass die Völker froh werden", wenn die Friedensbewegung den Machthabern „die Waffen aus der Hand nimmt und ihnen den Krieg verbietet".

Bonhoeffer trennte die Begriffe Frieden und Sicherheit; sie dürften nicht verwechselt werden. „Es gibt keinen Weg zum Frieden auf dem Weg der Sicherheit." Die Kategorien Sicherheit und Frieden seien grundsätzlich zu unterscheiden. Die Sehnsucht nach Sicherheit erzeuge Misstrauen, Misstrauen wiederum gebäre Krieg. Bonhoeffer begründete die Argumente historisch. Sicherheit sei verbunden mit politischer Sicherung nationaler Interessen durch die Macht der Staaten und durch staatliche Konkurrenz sowie internationaler Machtrivalität. Die Gegenwart war bestimmt von diesen nationalistischen Denkschemata; Irritationen trieben Bonhoeffer doch noch um: „Die Welt starrt in Waffen und furchtbar schaut das Misstrauen aus allen Augen, die Kriegsfanfare kann morgen geblasen werden", klangen noch Sorgen: „Wollen wir selbst mitschuldig werden, wie nie zuvor?"

DIE GROßE WENDE DES DIETRICH BONHOEFFER

Dietrich Bonhoeffer hat diese Haltung zu Frieden und Krieg nicht einfach formulieren können; er musste schwer darum ringen, um sich zu klären.[9] Er hat eine existenzielle Wende des Glaubens und Denkens vorgenommen; es war keine einfache Sache, als ob er nur einen Schalter umlegen würde. Ohne das Mitwirken glücklicher Umstände und persönlicher Kontakte wäre es nicht gegangen. Drei Faktoren haben Bonhoeffers Wende herbeigeführt.

---

[9] Vgl. BALD: Dietrich Bonhoeffer 1906 – 1945, 50 ff.

Unter den persönlichen Begegnungen in New York 1930 soll nur eine erwähnt werden, die zur Orientierung beitrug; nämlich nur jener, der ihn mit dem Denken der „Realistischen Schule" vertraut machte. Er lehrte ihn, einen Normen-Ansatz mit der wirklichkeitsnahen Analyse zu verbinden. Das wurde die Basis von Bonhoeffers christlich-pazifistischer Friedensethik. [10] Reinhard Niebuhr, der Freund bis in den Krieg, überzeugte ihn: „Politische Ethik besteht (…) primär in der verantwortlichen Wahl" der politisch-praktischen Alternativen. [11] Zur Analyse der Wirklichkeit forderte er eine kritische, zugleich empirisch-akribisch Methode, um die machtpolitischen Wirkfaktoren benennen zu können. Niebuhr ging es um die Zähmung der Macht durch politische Ethik – ohne den Anspruch, eine ideale Welt zu verwirklichen; darum ging es in den Niebuhr-Bonhoeffer-Gesprächen. Im Kampf um Gerechtigkeit sei die erkennbare Realität nicht „weniger wertvoll" als das Ideal, die „vollkommene Gerechtigkeit, in deren Namen der Kampf eröffnet wurde."[12] Bonhoeffer lernte, Ideale auf die Wirklichkeit zu beziehen.

Diese Klarheit politisch-gesellschaftliche Realität passte; Realist, ja kritischer Realist war Bonhoeffer seit der Jugend. Dies führt zum zweiten Faktor seiner Wende. Ihn leitete keine Friedenseuphorie oder die pure Vision einer pazifistischen Welt. Er analysierte scharf historisch-ökonomisch die Moderne. So untermauerte er die fundamentale These: „Die Geschichte des Westens belehrt uns, dass dies eine Geschichte der Kriege gewesen ist." Dies sah er als Ursache für Wohlstand und Reichtum im Abendland. Bonhoeffer war überzeugt: die Identität des Westens war eine Geschichte der Kriege und der militärischen Macht. Globale Ausbeutung der Rohstoffe bei den einen führte zu Fortschritt und Status bei den andern. [13] Der Erfolg der globalen Expansionen basiere „im eigentlichen Sinn" auf der

---

[10] Vgl. die Bedeutung von Reinhard Niebuhr für die Wissenschaft bei Gottfried-Karl Kindermann in der Einleitung zu HANS J. MORGENTHAU: Macht und Frieden. Grundlegung einer Theorie der internationalen Politik, Gütersloh 1963, 19 ff.

[11] Ebenda, 40.

[12] NIEBUHR: Jenseits der Tragödie 164; vgl. REINHOLD NIEBUHR: Glaube und Geschichte, München 1951.

[13] Vgl. Hans MAIER: Gewaltdeutungen im 19. Jahrhundert, in: Ders. (Hg.): Wege in die Gewalt, 54 ff.

Bereitschaft zum „Töten"; [14] Töten im Krieg im Interesse der Ausbeutung in den langen Jahrhunderten des Kolonialismus. Das Ärgste
schien: Die Kirchen haben diese Welt der Machtausübung immer mit-
getragen, auch ausdrücklich den Segen erteilt; eine schlimme
„Sanktifikation des Politischen". [15] Bonhoeffer erkannte den komplexen Zusammenhang zwischen Krieg und „die Natur zu beherrschen,
bekämpfen, in seinen Dienst zu zwingen", eine „Herrscherstellung
des Menschen über die Natur". [16] Dies zur Einordnung der Geschichte.

Krieg, wagte Bonhoeffer den Blick auf die Gegenwart, würde im
Zeitalter der Technik durch die maschinelle Produktion der
Waffensysteme noch effizienter, noch zerstörerischer, noch ver-
nichtender. „Darum sind ihre Mittel rücksichtsloser." Seine Gedanken kreisen um den kommenden Krieg, er werde schlimm, da in
ihm „alles – auch das Verbrechen – gerechtfertigt wird". [17] Dann be-
zog er diese Entwicklung auf die Politik des NS-Regimes. Er nahm
die NS-Termini von „völkischer Selbsterhaltung" und „Lebensraum"
auf und befürchtete, nun drohe der „totale Vernichtungskrieg". Bonhoeffer erkannte früh das realistische Bild der militärischen Expansion des Zweiten Weltkrieges. Dies alles bildet die Basis seiner
Friedensethik.

Um diesen Weg zu seiner Ethik des Friedens zu gehen, hatte
Dietrich Bonhoeffer allerdings noch einen weiteren, den dritten und
wohl schwersten Schritt zu tun. Im traditionalistischen Universitäts-
System hatte er studiert. Nun, im Alter von 24 Jahren, kam der Um-
bruch zur Friedenstheologie; mit 18 Jahren hatte er zu studieren
begonnen. Was aber hatten seine Lehrer der Theologie in der Fakultät
über Staat, Krieg und Frieden gelehrt? [18]

Zur Illustration Beispiele seines Lehrers REINHOLD SEEBERG in
Berlin: Deutschland „will sich ausrecken und ausbreiten nach den
Maßen, die der Schöpfer ihm verlieh." Oder: „Unser Volk" führe
diesen Krieg, gemeint war der Erste Weltkrieg, „gemäß der
Liebespflicht gegen die eigenen Kinder" als das „Liebeswerk des

---

[14] Dietrich BONHOEFFER: Das Recht auf Selbstbehauptung, 4. Febr. 1932, in: DBW, Bd. 11, 230.
[15] Vgl. den Einfluss von Adolf VON HARNACK: Das Wesen des Christentums.
[16] Ebenda, 221.
[17] Dietrich BONHOEFFER: Ethik, in: DBW, Bd. 6, 100.
[18] Zur langen Tradition der Theologie: HAMMER: Deutsche Kriegstheologie 1870-1918.

Krieges". Rasse und Auslese bezeugten die „sittliche Kraft eines Volkes".[19] So die Lehre des Luther-Nationalprotestantismus, eben national-expansiv und rassistisch unterlegt. Dieses Denken war 1918 natürlich nicht untergegangen und leitete weiterhin Bürgertum und Pfarrer.

Zur theologischen Systematik noch ein paar Zitate zum Thema Staat, Nation und Militär. Ein zentraler Satz: *Dort, wo Völker angerufen werden, da ist Wille Gottes zur Geschichte.* Der Text fuhr fort: Wenn ein Volk „sich unter Gottes Willen beugend in den Krieg zieht, um seine Geschichte, seine Sendung in der Welt zu erfüllen, (…) da weiß es sich von Gott aufgerufen".[20] Keine Zweifel gab es, Geschichte unterlag Gottes eigener Lenkung, Gewissheit verkündend: „Jedes Volk aber hat einen Ruf Gottes in sich, Geschichte zu gestalten." Das Ziel erscheint: „Gott ruft das Volk zur Mannhaftigkeit, zum Kampf und Sieg." Schließlich ging es um den schicksalhaften Eroberungskrieg, „ein Volk" könne „über das Leben anderer Völker" bestimmen.[21] Pazifisten nannten es einen „Schwertglauben" (FRIEDRICH WILHELM FOERSTER).

Die Theologie wurde auch historisch-germanisch unterlegt: „Die Ethik ist Sache des Blutes und Sache der Geschichte." So klang die theologische Blüte des Rassismus in der Tradition des Kaiserreichs. Es gäbe keine humane oder christliche Ethik, vielmehr sei sie national, also „eine deutsche Ethik und eine französische Ethik wie eine amerikanische Ethik".[22] Daher hieß es nahezu brutal: „Christentum und Ethik haben gar nichts miteinander zu tun, christliche Ethik gibt es nicht".[23] Heute klingt das alles ungeheuerlich. Solcher Glauben erleichterte es dann, sich mit dem NS-Regime zu verquicken.[24] Mit dieser extremen Theologie wuchs Bonhoeffer auf, er lernte an der Uni die Welt des völkischen Rechts auf Krieg und Sieg, von Gott gewollt. Zur Klärung: Alle hier genannten Zitate sind wörtlich von Bonhoeffer

---

[19] Vgl. Zitate bei BALD: Das „Liebeswerk des Krieges" – ein „traditionell-dogmatischer Starrsinn". Bonhoeffer und sein Lehrer Seeberg, 62.

[20] Dietrich BONHOEFFER: Sanctorum Communio, in: DBW, Bd. 1, 74.

[21] BONHOEFFER: Grundfragen, 339; vgl. Sebastian KRANICH: Evangelisch im Ersten Weltkrieg, 91 ff.

[22] Ebenda, 323.

[23] Ebenda, 327.

[24] Ein typischer Aspekt bei KLEE: „Die SA Jesu Christi". Die Kirche im Banne Hitlers.

aus den zwanziger Jahren. Es war ein weites Feld, das er überwinden musste.

Er hatte immerhin zuvor in Berlin Berührungen zum Pazifismus. Da war in Grunewald der Nachbar ERNST VON HARNACK, der im Vorstand des „Bundes der religiösen Sozialisten" wirkte; auch GÜNTHER DEHN war dort aktiv; dessen Predigten hatte Bonhoeffer in Berlin-Moabit seit Jahren besucht, oder FRIEDRICH SIEGMUND-SCHULTZE, dessen Seminare in der Familie Bonhoeffer schon lange Zuspruch erfahren hatten; alle zählten zur kleinen, aber wenig angesehenen Gruppe protestantischer Pazifisten, deren Kontakte Bonhoeffer schätzte.[25] Bonhoeffer publizierte auch Beiträge in der „Eiche", einer pazifistischen Zeitschrift.

Die Wende des Dietrich Bonhoeffer im Jahr 1930 im Alter von 24 Jahren war fundamental, grundlegend und existentiell. Diese Wende zum Pazifismus erscheint wie ein radikaler Einbruch ins Leben – wie eine Besinnung, eine Umkehr wie einstmals in der Bibel der Wandel vom Saulus zum Paulus umschrieben wurde. Die uneingeschränkte Annahme der Bergpredigt lässt ein derartiges Bild der Erinnerung zu. Es war ja, wie Bonhoeffer sagte, sein Weg zur Bibel; erstmals in seinem Leben war ihm diese Dimension des Glaubens bewusst geworden. Um es zu betonen, Bonhoeffer hätte niemals ohne die Bindung der Ethik an die Realität, ohne kritische Analyse der Politik der Kriege und ohne diese Bibelzuwendung der Bergpredigt mit der Klärung gegenüber der etablierten Theologie das Fundament seiner Friedensethik legen können; er hätte keine Friedensethik hinterlassen können, die unsere Phantasie bewegt.

UMSETZUNG DER FRIEDENSETHIK VON BONHOEFFER

Die ethische Verpflichtung zum Frieden hat den Theologen Dietrich Bonhoeffer bewegt und getragen, er hat aufgerüttelt und gemahnt; ebenso hat er seinen „radikalen Ruf zum Frieden" in der „rasenden Welt", wie er in Fanö sagte, auch in Deutschland umzusetzen versucht. Die Lage war mehr als ernst, denn die Reichskirche meldete

---

[25] Vgl. BALD: Bonhoeffer, 38 f.; vgl. zum weiteren christlichen Pazifismus RIESENBERGER: Die katholische Friedensbewegung in der Weimarer Republik; HOLL / WETTE (Hg.): Pazifismus in der Weimarer Republik.

ihn gleich der Polizei mit den Worten, er sei „Pazifist und Staats-
feind"; soviel zur Amtskirche, der „völkischen Nationalkirche". Bonhoeffer erkannte diese Politisierung längst: „Die Frage ist wirklich
Germanismus oder Christentum".[26] „Widerwärtig" erschien ihm die
Lage: „Wie lange ich Pfarrer und in dieser Kirche bleibe, weiß ich
nicht. Vielleicht nicht mehr lange".[27]

Aber Bonhoeffer gab nicht auf. Daher sagte er den lang geplanten
und fest zugesagten Besuch bei Gandhi in Indien 1934 ab, wo er das
Konzept des gewaltfreien Widerstandes vertiefen wollte. Stattdessen
übernahm er eine praktische Friedensarbeit; mit dem Ziel, Vikare
auszubilden, baute er in Finkenwalde ein Zentrum im Kampf gegen
das NS-Denken in Kirche und Staat auf. Die Lage war ernst: „Die
neue Kirche, die in Deutschland werden muss, wird sehr anders
aussehen als die jetzige Oppositionskirche",[28] gemeint war die Be-
kennende Kirche. Finkenwalde blieb das visionäre Modell „einer Art
neuen Mönchtums" einer politisch-religiösen, verschworenen
Gemeinde;[29] im Geist einer Bruderschaft sollte „eine fest geordnete
und geregelte Gemeinschaft des Lebens" entstehen, die fähig sei, „in
den gegenwärtigen und kommenden kirchlichen Kämpfen" diese
Aufgaben zu erfüllen.[30] Später gehörten diese Pfarrer dann „mitten
unter die Feinde".[31] Das trieb ihn an, bevor sich die Tore öffneten.

Diese verschworene Elite von Pfarrern sollte auch das Potential
zum politischen Handeln haben; sie sollten ihre Friedens-Haltung in
der Gesellschaft übernehmen. Dafür wurden sie über Ideologie und
Macht des NS-Regimes aufgeklärt, gerade um den Militarismus mit
seiner Bereitschaft zu erkennen, ohne wenn und aber in einem Vernichtungskrieg germanischen Lebensraum zu erobern. Doch in
Bonhoeffers Leben blieb dieses Kapitel, Vikare zum Kern einer Re-
form von Kirche und Staat auszubilden, eine Utopie – bis auf wenige,
einzelne Vertraute. Die Verwirklichung dieses Konzepts scheiterte an
den Verhältnissen. Doch Bonhoeffer gab nicht auf. Sein Kampf gegen
das NS-Regime führte ihn geradewegs in den Widerstand, um die
NS-Diktatur durch Tyrannenmord zu beenden.

[26] Bonhoeffer an Großmutter Julie, 20. Aug. 1933, in: DBW 12, 118.
[27] Bonhoeffer an Erwin Sutz, 28. April 1934, in: DBW, Bd. 13, 129.
[28] Bonhoeffer an Reinhold Niebuhr, 13. Juli 1934, in: DBW, Bd. 13, 171.
[29] Bonhoeffer an Bruder Karl-Friedrich, 14. Jan. 1935, in: DBW, Bd. 13, 273.
[30] Bonhoeffer an Rat der Evgl. Kirche der Altpr. Union, 6. Sept. 1935, in: Bd. 14/I, 77.
[31] Dietrich BONHOEFFER: Gemeinsames Leben, in: DBW, Bd. 5, 15.

In Bezug zur Frage nach der Relevanz der Friedensethik heute wird ein praktischer Ansatz aufgenommen: Was kann oder könnte Dietrich Bonhoeffer heute bedeuten? Diese Frage soll mit aller Vorsicht eine natürlich hypothetische Erörterung erfahren; nur ein Versuch – geradezu ein Anstoß allein zum Weiterdenken, anderes kann es nicht sein. Darum soll es hier gehen. Dieses Wagnis bezieht sich auf zwei Bereiche der Friedensethik weit unterhalb der Schwelle, ob militärische Unterstützung für die Ukraine zu leisten sei. Ein Beispiel betrifft die Kirche, das andere die Bundeswehr.

Der Aspekt der Kirchen-Wirklichkeit handelt von der Militärseelsorge heute. Ein aktuelles Beispiel ist eine Veröffentlichung durch einen Pfarrer. Es geht um die Traditionswürdigkeit eines Admirals der Bundeswehr, dessen Büste in der Aula der Marine-Schule in Mürwik auf einen Ehrensockel gestellt wurde. Er hatte als Admiral im April 1945, zwei Wochen vor Kriegsende, die Todesurteile für fünf junge Menschen von Helgoland abgezeichnet, weil sie die große Bombardierung der Insel mit Hunderten von Opfern verhindern wollten. Nun setzte sich der Militärdekan, der persönliche Referent des Militärbischofs in Berlin, für eine positive Würdigung dieses Admirals ein. Jeder solle sich vor einer „schnellen Aburteilung… hüten"; vielmehr sei „Versöhnungsfähigkeit" denen gegenüber gefragt, „die als Täter in ihrer Zeit schuldig wurden."[32]

Dieser Admiral war zugleich zuständig für endlose Kolonnen von Zwangsarbeitern, also für Tausende von Zivilisten aus Polen und Frankreich, für Kriegsgefangene aus der Sowjetunion und Italien sowie für Tausende Häftlinge aus dem KZ Neuengamme, die in Bremen, bewacht von Marinesoldaten und SS, in Lagern bis Mitte April 1945 für Bauten der Marine schufteten.[33] Historisches Geschehen kann auf der Waage der Werte christlicher Ethik unterschiedlich Gewicht erfahren; aber rechtfertigt diese Geschichte das Vorbild heute? Diese Traditionswürdigkeit verneinen, kann nicht, wie es beim Dekan anklingt, als „Tugendterror" klassifiziert werden.[34] Das Beispiel gibt zu bedenken, ob die Kirche die Grenzen ethischer Werte beachtet – dem Maße der Friedensethik von

---

[32] BECKMANN: Dienstweg – kein Durchgang? 243.
[33] Vgl. Knab (Hg.): Das Elend der Traditionspflege.
[34] BECKMANN: Dienstweg, 244.

Bonhoeffer folgend ist das Handeln des Admirals kein Vorbild in der Gegenwart!

Der zweite Themenbereich zum gegenwärtigen Militär wird knapp vorgestellt, ob er zum Frieden beiträgt. Seit Gründung der Bundeswehr ist in allen Gesetzen zum „Staatsbürger in Uniform" die Norm von der Integration in Staat und Gesellschaft gültig. Doch in der Geschichte besteht eine bestimmte Kontinuität. Früh forderte ein Minister, den „Geist der Wehrmacht" zu erhalten Weitere Fälle: Am Ende der 60er Jahre spitzten Generale ihre antidemokratische Haltung zu, wie „keine übertriebene parlamentarische Kontrolle" mehr oder „Freiheit und Demokratie" seien keine „letzten Werte", daher könne man nun endliche „die Maske" der Inneren Führung „ablegen"; es mündete in der radikalen „Umformung der zivilen Gesellschaft an Haupt und Gliedern" nach dem Vorbild des Militärs.

Oder, Anfang der 80er Jahre wurde der Kämpfermythos der Wehrmacht als „verpflichtender Bestand" der Tradition für die „Kriegsbundeswehr" gefordert; der Minister verlangte, den „Ehrenschild der Wehrmacht" zu bewahren.[35] Seit den 90er Jahren geht es um den „archaischen Krieger"; bei „freiheitlichen" Werten in der Gesellschaft, „dagegen" bei einer eigenen Wertewelt im Militär.[36] Das Heeresamt legte nach, lobte „Geist und Haltung der SS-Standarte Adolf Hitler" und erklärte „die gesamte Tradition des preußischdeutschen Generalstabs… als verbindlich". Eine neue Kampagne erfolgte nach 2006, als die „kleine Kampfgemeinschaft" mit dem Ziel des „feldverwendungsfähigen Soldaten" der Wehrmacht Lernziel für die Ausbildung wurde; zur Unterstützung dienten „Ausbildungshilfen" mit Hunderten von Seiten voll mit originalen Wehrmachts-Vorschriften aus den 40er Jahren.[37] Dazu passt, dass der MAD 962 Verdachtsfälle für Rechtsextremismus im Jahr 2022 notierte.[38]

Ein Fazit. Für alle die Menschen heute in der Bundesrepublik, die eine Verteidigungsfähigkeit für notwendig und wünschbar halten, wird eine wehrmachtsbezogene Ausrichtung der Bundeswehr kaum

---

[35] Vgl. BALD: Die Bundeswehr, passim; hier Minister M. Wörner.

[36] (Anweisung von) Hartmut BAGGER: Anforderungen an den Offizier des Heeres, Bonn 29. Juli 1994.

[37] HEERESAMT: Anweisung für die Truppenausbildung Nr. 1. Die Allgemeine Grundausbildung in den Streitkräften – Ausplanung im Heer, Köln 25. Jan. 2006, 11; weitere Anweisungen folgten.

[38] Bericht des MAD, Stichtag 31.Dez. 2022; viele mit „fehlender Verfassungstreue".

mit Friedensfähigkeit zu verbinden sein. Diese rechten Tendenzen bündeln das Vorbild vom expansiven, rassistischen Angriffskrieg, gemäß dem Typ Vernichtungskrieg: Keine Tradition zur defensiven Verteidigung dieser Republik; unvereinbar mit der Friedensethik Bonhoeffers. Soweit zwei Beispiele, um zu prüfen, welche Relevanz eine Friedensethik in unserer Zeit hat, haben kann oder haben soll.

DAS FRIEDENSKONZEPT VON BONHOEFFER

Die Friedensethik von Dietrich Bonhoeffer ragt aus der Geschichte des deutschen Protestantismus weit heraus; sie ist ein einzigartiger Beitrag zum Pazifismus. HANS CHRISTIAN VON HASE sah schon in dem Ende 1930 erkennbaren Konzept den ersten Schritt Bonhoeffers hin „zum Sprecher der deutschen Friedensbewegung", für die er danach „leidenschaftlich" geworben hatte.[39] Diese Orientierung wurde auch als Bonhoeffers „Reise zur Wirklichkeit" mit dem „geschichtlichen Zwang" erklärt, wie CARL-FRIEDRICH WEIZSÄCKER feststellte.[40] Die Wende 1930 weg vom Luther-Protestantismus hatte dem Universitätstheologen des bürgerlichen Protestantismus Bahn gebrochen hin zu einem eigenständigen Reformtheologen gegenüber der NS-lastigen Kirche und der aufkommenden NS-Zeit. Sein Leben bezeugt die Verantwortung des seiner Selbst bewussten Christen.

Es ist nicht übertrieben, wenn über die Fanö-Friedensethik das Urteil gefällt wird, dass der „Ruhm dieser Predigt" die Zeiten „weit überdauert": ein großartiges Dokument des Pazifismus, gegründet auf christlicher Basis.[41] Bonhoeffer reihte sich ein in die berühmte Friedens*bewegung* der zwanziger und frühen dreißiger Jahre, wie sie prominent von den Religiösen Sozialisten, vor allem von Friedrich Siegmund-Schultze seit der Vorkriegszeit, seit 1914 verkörpert wird. Auch Bonhoeffer trug zu dem „bleibenden Verdienst" des Pazifismus bei, nämlich früh die „Konsequenzen der nationalsozialistischen Ideologie" aufgedeckt sowie vor der „Gefährdung des inneren wie

---

[39] Hans Christoph VON HAASE: „Abkehr von der Phraseologie zum Wirklichen". Persönliche Erinnerungen, in: DBW, Bd. 10, 596.
[40] WEIZSÄCKER: Gedanken eines Nicht-Theologen über Dietrich Bonhoeffers Entwicklung, 39.
[41] SIFTON / STERN: Keine gewöhnlichen Männer, 70.

äußeren Friedens" gewarnt zu haben.[42] Er stand in der Tradition des frühen Pazifismus, die politisch bis zu BERTHA VON SUTTNER reicht; sie alle klagten über die „Schrecken der Kriege im Zeichen der Nationalismen und Ideologien".[43] Insofern legte er die militaristische Aufrüstung des NS-Regimes offen; er erkannte die „Schrecken der Kriege" des Vernichtungskrieges – am Ende der Weimarer Republik in der Dämmerstunde des NS-Regimes.

Bonhoeffer entwickelte für die Friedenspolitik ein Konzept des Handelns; um der Umsetzung dieser Ziele realistisch Chancen zu geben, setzte er auf eine Politik der militärischen Abrüstung als Voraussetzung einer internationalen Entspannung durch die Begrenzung staatlicher und finanzieller Macht; zugleich forderte er den Einsatz für eine sozial gerechte Gesellschaft im Innern als Bedingung für den Frieden zwischen den Staaten.

Bonhoeffer hat die Grundlagen einer umfassend begriffenen, einzigartigen Ethik einer christlich-ökumenisch verantworteten Friedenskultur vorgelegt. Er vertraute einem Friedensbegriff,

1. der universell, für die ganze Menschheit, global Geltung hatte und sich gegen jeglichen Nationalismus wandte;
2. der überkonfessionell und kulturübergreifend war, ohne Gedanken an vermeintliche Rassengrenzen;
3. der die religiöse Haltung des Einzelnen mit dem Frieden in der Gesellschaft verband.

Dietrich Bonhoeffers Friedensethik war grundlegend – sein Erbe ist noch heute zugleich Auftrag, wie er 1943 im Gefängnis formulierte: „Die letzte verantwortliche Frage ist nicht, wie ich mich heroisch aus der Affäre ziehe, sondern wie eine kommende Generation weiterleben soll".[44]

---

[42] LIPP / LÜTGEMEIER-DAVIN / NEHRING (Hg.): Frieden und Friedensbewegung in Deutschland 1892–1992, 30.

[43] HOLL: Pazifismus in Deutschland, 11 f.

[44] Dietrich BONHOEFFER: Rechenschaft an der Wende zum Jahr 1943, in: DBW, Bd. 8, 25.

LITERATUR

BALD, Detlef: Dietrich Bonhoeffer 1906 – 1945. Der Weg in den Widerstand. „Ich bete für die Niederlage meines Landes", Darmstadt 2021.

BALD, Detlef: Das „Liebeswerk des Krieges" – ein „traditionell-dogmatischer Starrsinn". Bonhoeffer und sein Lehrer Seeberg, in: Verantwortung, Nr. 56, 2015.

BALD, Detlef: Die Bundeswehr 1955 – 2005. Eine kritische Geschichte, München 2005.

BECKMANN, Klaus: Dienstweg – kein Durchgang? Als Pfarrer und Staatsbürger in der Bundeswehr, Berlin 2022.

BETHGE, Eberhard u.a. (Hg.): Dietrich Bonhoeffer Werke, Bd. 1 – Bd. 17, Gütersloh 1985 ff. (zitiert als DBW).

GAEDE, Reinhard: Kirche – Christen – Krieg – Frieden. Zur Diskussion des deutschen Protestantismus in der Weimarer Republik, Bremen 2018 .

HAMMER, Karl: Deutsche Kriegstheologie 1870 – 1918, München 1974.

HARNACK, Adolf von: Das Wesen des Christentums, München 1964.

HOLL, Karl: Pazifismus in Deutschland, Frankfurt/M. 1988.

HOLL, Karl / WETTE, Wolfram (Hg.): Pazifismus in der Weimarer Republik, Paderborn 1980.

KINDERMANN, Gottfried-Karl: Einleitung, in: Hans J. Morgenthau: Macht und Frieden. Grundlegung einer Theorie der internationalen Politik, Gütersloh 1963.

KLEE, Ernst: „Die SA Jesu Christi". Die Kirche im Banne Hitlers, Frankfurt/M. 1989.

KNAB, Jakob (Hg.): Das Elend der Traditionspflege. Johannesson, Hindenburg, Rommel, Bremen 2023.

KRANICH, Sebastian: Evangelisch im Ersten Weltkrieg. Theologen, Politiker und „deutsche Jugend", in: Peter Bürger, Ulrich Hentschel (Hg.): Protestantismus und Erster Weltkrieg, Norderstedt 2020.

LIPP, Karl-Heinz / LÜTGEMEIER-DAVIN, Reinhold / NEHRING, Holger (Hg.): Frieden und Friedensbewegung in Deutschland 1892 – 1992. Ein Lesebuch, Essen 2010.

MAIER, Hans: Wege in der Gewalt. Die modernen politischen Religionen, Frankfurt/M. 2000.

NIEBUHR, Reinhold: Jenseits der Tragödie, München 1947.

PANGRITZ, Andreas: Dietrich Bonhoeffers ökumenische Friedensethik damals – und heute?, in: Verantwortung, Nr. 69, 2022.

RIESENBERGER, Dieter: Die katholische Friedensbewegung in der Weimarer Republik, Düsseldorf 1976.

SCHOLDER, Klaus: Die Kirchen und das Dritte Reich, (Bd. I) Frankfurt/M. 1977.

SIFTON, Elisabeth / STERN, Fritz: Keine gewöhnlichen Männer. Dietrich Bonhoeffer und Hans von Dohnanyi im Widerstand gegen Hitler, München 2013.

WEIZSÄCKER, Karl-Friedrich von: Gedanken eines Nicht-Theologen über Dietrich Bonhoeffers Entwicklung, in: Hans Pfeiffer (Hg.):Genf ´76. Ein Bonhoeffer-Symposium, München 1976.

Das Kreuz von Gorleben und Lützerath vor dem
Atomwaffenlager Büchel – Foto: Thomas Nauerth

Gewaltfreiheit in der Ilias?

Eine Studie[1]

Matthias-W. Engelke

Meine Ausgangsfrage: Kommt in Homers Ilias Gewaltfreiheit vor? Wenn in einem der mörderischsten Werke der Weltliteratur Gewaltfreiheit Thema wäre, könnte sie auch anderswo nicht ausgeschlossen sein.

Aber ist die Fragestellung nicht anachronistisch? Das Konzept der Gewaltfreiheit kam mit der in der Gegenwart bekannten Zuspitzung[2] erst im 19. Jahrhundert auf. Zu ihren Vätern gehören LEO TOLSTOI, HENRY DAVID THOREAU und MOHANDAS KARAMCHAND GHANDI. Zu ihren Müttern BERTHA VON SUTTNER, EMMA GOLDMAN und DOROTHY DAY. Im Wissen um diese historische und methodische Distanz beschränke ich mich auf folgende Fragen:

– Erzählt die Ilias, dass Menschen auf Gewalt verzichten?
– In welchem Zusammenhang wird dies berichtet? Werden Motive dafür genannt? Geschieht es freiwillig?
– Gibt es Erzählteile, in denen Barmherzigkeit, Mitleid, Nachsicht, Gnade und Güte eine Rolle spielen?

Methodisch geht es bei diesen Fragen um Verschiedenes: Der Verzicht auf Gewalt kann auf verschiedene Weise ausgedrückt werden. Anders die Suche danach, ob im Werk von Barmherzigkeit, Milde, Nachsicht, Gnade und Güte die Rede ist. Um diese Stellen aufzufinden helfen die Begriffe selbst mit ihren Wortfamilien weiter. Als Begriffe haben sie für mich als evangelischen Pfarrer eine biblische

---

[1] Besonderen Dank schulde ich dem Werk von und der Korrespondenz mit Thomas A. SZLEZÁK „Homer: Oder die Geburt der abendländischen Dichtung", München 2012, sowie WOLFGANG KRAUß.

[2] Vgl. Walter WINK, Verwandlung. S. jedoch: LIGT, Barthélmy de: La Paix Créatrice. Histoire des Principes et des Tactiques de L'Action Directe Contre La Guerre. Paris 1934. Hierin geht er dem Gedanken der Gewaltfreiheit von den ältesten bezeugen Kulturen an nach.

Prägung. Im griechisch-antiken Kontext haben sie jedoch eine andere Bedeutung, das gilt es zu beachten.

FRAUENRAUB UND ZORN

Ja, Homer erzählt, dass Menschen auf Gewalt verzichten. Schon am Anfang der Ilias gleich mehrfach, das überrascht! Aber aus welchem Motiv?

Die Truppen der Fürsten vom Festland und von den Inseln, von Homer „Achaier", „Danaer" oder „Argeier" genannt, liegen schon im zehnten Jahr vor Troja, ihr König ist Agamemnon. Ihm überlegen ist der Fürst Achilleus. Jeder Fürst ist dort mit seiner Truppe mitsamt Verwaltung und Verpflegung vor Ort, geraubte Frauen nicht zu vergessen. Zu den Heldentaten gehört, das wird als selbstverständlich erzählt, dass Städte erobert und ausgeraubt, Frauen verschleppt und vergewaltigt werden. Doch der Frauenraub zerstört das friedlich-schiedliche Gefüge der Fürsten untereinander: Paris, Sohn des Königs von Troja, genoss bei Fürst Menelaos Gastrecht. Paris entführte dessen Frau Helena und verschleppte sie nach Troja. Um den Missbrauch des heilig geachteten Gastrechts zu ahnden, ziehen die Menelaos befreundeten Fürsten gegen Troja, bis die Stadt zerstört, die Schätze geraubt und als Kriegslohn die Frauen der Stadt vergewaltigt worden sind. Es „sollte doch keiner zur Fahrt nach Hause sich drängen, ehe er nicht mit einer der troischen Frauen geschlafen"[3].

Die Ilias beginnt damit, dass ein Priester einer zuvor eroberten und ausgeraubten Stadt auftaucht. Er bringt zahlreiche Geschenke mit und bittet um Freigabe seiner von den Fürsten damals vor Troja geraubten Tochter. Anders als im 19. und 20. Jahrhundert endet die Feindschaft also mit dem Ende des Krieges. Der Priester der gebrandschatzten Stadt kann ohne Angst um sein Leben bei den vormaligen Feinden um Nachsicht bitten. Die Tochter des Priesters hatte König Agamemnon selbst in seiner Gewalt. Doch statt, sie dem Vater herauszugeben, verflucht und beleidigt er ihn. Dieser fleht bei Gott Apollon um Rache. Die Gottheit lässt sich nicht lange bitten: eine

---

[3] HOMER: Ilias, 4614, vgl. Homer-W Bd. 1, 32.

Seuche, lässt zahlreiche Menschen im Heer sterben. Die Frage, warum dies geschieht, ruft die Erinnerung an die Beleidigung des Priesters und seiner Gottheit wach. Agamemnon lenkt ein, verlangt aber zum Ausgleich für die Tochter des Priesters die Herausgabe der Frau, die Achill seinerseits als Kriegsbeute bei sich hatte.

Homer erzählt in wenigen Zeilen schon im ersten Gesang: Vierfach werden Frauen entwürdigt und zu Opfern gemacht. Durch den Frauenraub des Paris, die Taten von Agamemnon, Achill und erneut Agamemnon. Agamemnon raubt Achill die Frau, dessen Kriegsbeute. Achill ist über seinen König Agamemnon und dessen Ansinnen, zum Ausgleich für die Rückgabe seiner Beute-Frau dessen Kriegsbeute-Frau zu verlangen, so erbost, dass er den König auf der Stelle erschlagen will, verzichtet aber darauf. Homer lässt ihn von Kriegsgöttin Athene im Bund mit Zeusgattin Hera dazu überreden. Beide Göttinnen betreiben die Zerstörung Trojas. Doch stattdessen beleidigt und schmäht Achilleus den König in kaum zu überbietende Weise. Sein Zorn – so die erste Zeile in der Voßschen Übersetzung: „Singe den Zorn, o Göttin, des Peleiaden Achilleus" – ist Thema der ganzen Ilias. Hätte Achill Agamemnon erschlagen, wäre die Ilias schon nach 200 Zeilen beendet. Aus Zorn zieht sich Achill mit seinen Heer komplett aus dem Krieg zurück und überlässt die restlichen Fürsten mit ihren Soldaten ihrem Schicksal. Das ist Kriegsdienstverweigerung der antiken Art: Ein Fürst weigert sich, mit den anderen Fürsten in den Krieg zu ziehen. Er enthält seinen Mitstreitern sich und seine Soldaten vor. Er verweigert Mitfürsten und König Kamerad- und Gefolgschaft – offenbar alles möglich und ohne Sanktionen.

Dieser doppelte Gewaltverzicht – den König in der Ratsversammlung nicht sofort zu erschlagen und die Weigerung am Krieg gegen Troja weiter teilzunehmen – geschieht jedoch nicht aus Güte oder grundsätzlicher Abkehr von Gewalt. Dieser Zorn eröffnet – so die Ankündigung in der zweiten Zeile, „den Achaiern tausendfältige Leiden" – zahllose Verwundungen und Kriegstote: Die letzten furchtbaren Tage des Krieges vor Troja.

DAS MÖGLICHE KRIEGSENDE

Im zweiten Gesang erwähnt Homer einen Propheten, der seinen Söhnen die Kriegsteilnahme verbieten will, diese setzen sich jedoch darüber hinweg; Homer kommentiert sarkastisch: Sie dienten den Totengöttern:

... „die Leute der Stadt Adresteia, des Gaus von Apaisos,
Pityeias und der steilen Höhen Tereies
führte Adrestos und, in leinemem Panzer, Amphios,
Söhne des Merops aus Perkote, des besten Propheten,
der den Zug auf das männermordende Schlachtfeld den Söhnen
nicht erlaubte. Sie aber weigerten ihm den Gehorsam;
ihre Gebieter waren die Keren des düsteren Todes."[4]

Die Trojaner und ihre Gegner waren keineswegs ganz und gar kriegsversessen. Homer erwähnt im Dritten Gesang:

„Es freuten sich Griechen und Troer, voll Hoffnung,
freizukommen vom elenden Kriege."[5]

In mehreren Szenen erscheint dies möglich; durch Zweikampf, stellvertretend für das Massengemetzel. Durch das Eingreifen der Götter wird der Ausgang des Zweikampfs undeutlich. Sie ziehen den unterlegenen Gegner aus der Kampfzone, sichern sein Überleben. Zudem wird ein Trojaner von Gottheit Athene angestachelt, gegen die Vereinbarung, um eigenen Ruhmes willen, einen griechischen Fürsten mit Pfeil und Bogen zu töten. Der Versuch misslingt. Auch hier waltet eine Gottheit und lenkt den Pfeil ab – aber dieser eine Schuss ist das Startzeichen für den nun folgenden Krieg.

Auch in einer anderen Szene scheint das augenblickliche Ende des Krieges für möglich gehalten zu werden. Zu Beginn des Vierten Gesanges beraten die Götter unter ihrem Vorsitzenden Zeus:

„Lasst uns beraten, wie die Lage sich nunmehr entwickle:
ob wir wieder furchtbaren Krieg und bittres Getümmel
stiften oder die beiden Gegner in Freundschaft versöhnen."[6]

Es sind die Göttinen Hera – Frau des Zeus, von diesem mehrfach hintergangen – und Kriegsgöttin Athene – die ihren Zorn gegen Paris,

---

[4] HOMER: Ilias, 4636, vgl. Homer-W Bd. 1, 46.
[5] HOMER: Ilias, 4645, vgl. Homer-W Bd. 1, 51.
[6] HOMER: Ilias, 4663, vgl. Homer-W Bd. 1, 62.

Sohn des trojanischen Königs Priamos, nicht bändigen können und verlangen, Troja zu vernichten. Beide hatten zuvor erleben müssen, von Paris gegenüber einer dritten Frau – Aphrodite - hintangestellt zu werden. Paris wurde die Wahl zugestanden – ein unverhohlener Hinweis, wie das Patriarchat Frauen in ihrer Männerwahl einschränkte, Männer in der Wahl der Frauen jedoch nicht.

Freundschaft statt Kampf

Mitten in den Zweikämpfen beenden zwei Gegner den Kampf: Auf die Bitte des einen, sich vor dem Waffengang mit Namen und Herkunft erkennen zu geben, berichtet der Gegner von seinen Vorfahren und es stellt sich heraus, dass die Eltern beider verbündet waren. Diomedes und Glaukos tauschen sogar ihre Rüstungen – was Homer für völlig widersinnig hält:

> „Derart sprachen die beiden und sprangen herab von den Wagen,
> fassten sich bei der Hand und gelobten Treue einander.
> Da umnebelte Zeus, der Kronide, dem Glaukos die Sinne:
> gab er doch eine Rüstung aus Gold für eine von Bronze –
> hundert Rinder kostete seine und neun bloß die andre."[7]

Die Götter können es offenbar nicht fassen, dass einem der Freundschaftsbund wertvoller ist, als die kostbare Rüstung!

Ein trojanischer Friedensratschlag

Mitten in einer Ratsversammlung der Trojaner ist folgender Ratschlag zu hören:

> „Höret auf mich, Trojaner, Dardaner, Bundesgenossen!
> Aussprechen muss ich, wozu Verlangen und Willen mich spornen.
> Auf, lasst uns die Argeierin Helena, mit ihr die Schätze,
> ausliefern an die Atriden! Jetzt führen wir Krieg als Verletzer
> fest beschworner Eide! Nicht besser, glaube ich, können
> wir das unsere tun, um dieses Verbrechen zu meiden!"[8]

---

[7] HOMER: Ilias, 4747, vgl. Homer-W Bd. 1, 111-112.
[8] HOMER: Ilias, 4779f, vgl. Homer-W Bd. 1, 131.

Das Verbrechen – die Missachtung des Gastrechts – ist keine geeignete Grundlage für einen erfolgreichen Krieg. Das sofortige Kriegsende kann mit der Herausgabe der geraubten Helena bewirkt werden. Folglich widerspricht der Frauenräuber und Königssohn Paris, von Homer auch Alexandros genannt.

> „Was du vorschlägst, Antenor, ist kein Beweis mehr von Freundschaft.
> Du bist verständig genug, etwas Bessres zu raten als dieses.
> Solltest aber tatsächlich im Ernste den Vorschlag du machen,
> haben unstreitig die Götter selbst dich beraubt des Verstandes.
> Meinerseits will ich den rossezähmenden Troern erklären,
> offen bekennen: Niemals gebe heraus ich die Gattin!"[9]

Die Gegenargumente: Hier wird Freundschaft gebrochen und es äußert sich ein umnebelter Verstand. Verbunden mit Trotz garantiert dies die Fortdauer des Krieges. Der zweite Vorwurf kommt uns noch heute bekannt vor Der Friedensrat gilt als unvernünftig; das mörderische Sich-Messen im Krieg als Ausgeburt höchster Vernunft. Schließlich steht Kriegsgöttin Athene für höchste Wissenschaft und Einsicht. Ist eine Befreiung der Vernunft aus der Verquickung mit Krieg und Streit möglich? Ist darum im biblischen Denken von „Glauben" und „Segen" die Rede? Spricht darum Paulus im Brief an die Gemeinde in Philippi – benannt nach dem Vater Alexanders des „Großen" – vom „Frieden Gottes, der höher ist alle Vernunft"? Die Versöhnung von Glaube und Vernunft – ein Thema der Theologen spätestens seit der Aufklärung – scheint mir ohne eine Aufarbeitung der Kriegsgeschichte und ihres Gewaltglaubens (vgl. WALTER WINK[10]) nicht möglich.

Immerhin bietet Paris an, die geraubten Schätze auszuliefern. Dies wird in der Ratsversammlung der Achaier von einem der Anführer jedoch abgewiesen:

> „Keiner sollte doch jetzt die Schätze von Paris empfangen,
> auch nicht die Helena! Selbst ein Dummkopf müsste erkennen,
> dass die Trojaner bereits vom Netz des Verderbens umstrickt sind!"[11]

---

[9] HOMER: Ilias, 4780, vgl. Homer-W Bd. 1, 131.
[10] WINK, Verwandlung. Zur Vorgeschichte des Begriffs "Gewaltglaube", s.: ENGELKE, Zelt, 71ff
[11] HOMER: Ilias, 4782, vgl. Homer-W Bd. 1, 132.

Das Kriegsende scheint greifbar nahe. Der in zahlreichen Zweikämpfen erfolgreiche Fürst Diomedes hält die Gegner für bereits überwunden – obwohl die Rückgabe Helenas gerade nicht in Aussicht gestellt wurde. Er will auf die Erbeutung der trojanischen Schätze und Frauen nicht verzichten. Die Versammlung zollt ihm Beifall. Der anfängliche Kriegsgrund – die Rückgabe Helenas zu erzwingen – hat sich verselbständigt. Krieg heißt kriegen wollen, organisierter Raub.

Kriegsmüdigkeit

Auch die Angreifer Trojas sinnen darüber nach, die Segel zu hissen und abzureisen – den Krieg zu beenden. So wird es erzählt, als die Trojaner in die Nähe der Schiffe vorgedrungen sind, nur noch getrennt durch einen Graben und eine Mauer. Sie drohen die Schiffe in Brand zu setzen. König Agamemnon rät:

> „Freunde, die ihr die Männer von Argos führt und beratet,
> Zeus, der Kronide, verstrickte mich tief in schwere Verblendung,
> er, der Schreckliche! Einst versprach und gelobte er mir die Heimkehr nach der Zerstörung des wohlbefestigten Troja.
> Jetzt ergibt sich, dass er mich bitter betrog: Er befiehlt mir,
> ruhmlos nach Argos zu fahren – mit solchen schweren Verlusten!
> So geruht nun wohl der gewaltige Zeus zu verfahren,
> der schon die Burgen zahlreicher Städte zerschmetterte und noch
> ferner zerschmettern wird; denn seine Kraft ist die stärkste.
> Auf denn, wie ich es sage, wollen wir alle uns fügen,
> abziehen mit den Schiffen zum teuren Lande der Väter!
> Troja, die Stadt mit den breiten Straßen, erobern wir nie mehr!"[12]

Hier wird viel aufgeboten: Der höchste Gott wird in Anspruch genommen, den Rückzug einzuläuten. Zu Beginn der Ilias sprach der König ähnlich, angeblich um die Kriegsbereitschaft seiner Völker zu testen. Die Griechen sind kriegsmüde. Der Krieg hätte jetzt und hier

---

[12] Homer: Ilias, 4818, vgl. Homer-W Bd. 1, 153.

beendet werden können. Für den Soldaten wäre dies keine Schmach. Vormals warf sich Odysseus in den Weg und hielt den bereits begonnenen Abzug auf. Auch jetzt widerspricht Odysseus:

> „Deiner Torheit, Atride, will ich zuerst widersprechen,
> wie es im Rate erlaubt ist, König. Du sei mir nicht böse!"[13]

Odysseus eröffnet dem König und allen die sich ihm anschließen wollen, die Abfahrt. Odysseus und seine Streitgenossen verpflichten sich jedoch den Krieg bis zur Zerstörung Trojas weiter zu führen, „und Beifall spendeten ihm die Achaier, freudig bewegt von den Worten des rossezähmenden Helden."[14]

Selbst Achilleus ist in der Mitte des Epos eher geneigt ins Heimatland abzusegeln als sich dem Kampf anzuschließen, jedenfalls solange sein Zorn nicht gestillt ist (Neunter Gesang). Einer seiner Gründe:

> „Gleiches gewinnt, wer daheim bleibt und wer im Kampfe sich tummelt.
> Einerlei Wertung erfährt der Tapfere wie auch der Feigling.
> Rafft doch der Tod auch den rastlos Tätigen hin wie den Faulpelz."[15]

Eine Einsicht, die auch aus Prediger 9,3 bekannt ist:

> „Das ist das Unglück bei allem, was unter der Sonne geschieht,
> dass es dem einen geht wie dem andern. Und dazu ist das Herz
> der Menschen voll Bosheit, und Torheit ist in ihrem Herzen,
> solange sie leben; danach müssen sie sterben."[16]

Achilleus will seine Entscheidung noch eine Nacht überschlafen. Am Folgetag brennen jedoch die Schiffe und Achilleus schickt seinen besten Freund, Pratoklos, mit Achills eigener Waffenrüstung in den Krieg.

Kurz vor dem letzten Angriff auf die Schiffe erfolgt ein für die Trojaner unheilvolles Vogelzeichen. Gegenüber dem trojanischen Hauptkrieger Hektor warnt Polydamas und rät:

---

[13] HOMER: Ilias, 4818, vgl. Homer-W Bd. 1, 154.

[14] HOMER: Ilias, 4819, vgl. Homer-W Bd. 1, 154. Ist mit dieser Bezeichnung Diomedes gemeint, weil bei Homer Odysseus diesen Titel sonst nicht trägt, so ein schriftlicher Hinweis von Thomas A. Szlezák?

[15] HOMER: Ilias, 4833, vgl. Homer-W Bd. 1, 162.

[16] LUTHER 2017.

„Meiden wir es, mit den Danaern um die Schiffe zu kämpfen!"[17]

Hektor hält dem das bereits Bekannte entgegen:

„Was du sagst, Polydamas, ist kein Beweis mehr von Freundschaft.

Du bist verständig genug, etwas Bessres zu raten als dieses.

Solltest du aber tatsächlich im Ernste den Vorschlag erheben, haben unstreitig die Götter selbst dich beraubt des Verstandes."[18]

Den Krieg sofort zu beenden, erscheint also nur unter großer Bedrohung möglich. Es wird als Feigheit und Unvernunft geächtet – ohne weitere Begründung! Im Gegenteil, Polydamas wird angedroht:

„Willst du jedoch vor der Schlacht dich drücken oder durch Schwatzen

einen der andern dem Werke des Krieges abspenstig machen,

soll dich mein Speer durchbohren sogleich und das Leben dir rauben!"[19]

Dem „Werk des Krieges abspenstig machen" durch „Schwatzen" ist demnach eine echte Gefahr und wird mit Todesdrohung bekämpft. Andere Handlungsmöglichkeiten stehen dem Gewaltglauben nicht mehr zur Verfügung. Um den Krieg weiter zu führen muss das offene, freie und ungehinderte Gespräch unterbunden werden!

Sobald in der Auseinandersetzung um Krieg oder Frieden das Argument Unvernunft auftaucht, scheint höchste Vorsicht angebracht.

Die Mauer, die vor den Trojanern schützen sollte, wird von diesen überwunden – womit das bisherige Verhältnis von Angreifer (Griechen) und Verteidiger (Trojaner) umgekehrt wird und damit auch die Legitimationslogik von Angriff respektive Verteidigung. Nestor, als ältester griechischer Ratgeber, holt Rat bei seinem König Agamemnon. Angesichts des Mauereinsturzes und dessen möglicher Billigung oder gar Mitverursachung durch Zeus gibt Agamemnon zu bedenken:

„Schleifen zum Wasser wir, was an Schiffen zuvorderst am Strande

---

[17] HOMER: Ilias, 4940, vgl. Homer-W Bd. 1, 223.

[18] HOMER: Ilias, 4940f, vgl. Homer-W Bd. 1, 223.

[19] HOMER: Ilias, 4942, vgl. Homer-W Bd. 1, 224.

liegt, und ziehen sie sämtlich hinein in die heiligen Fluten,
legen sie dann, wenn sie schwimmen, vor Anker fest, bis zum
Eintritt
der unsterblichen Nacht – falls die Troer vielleicht noch vom
Kampfe
rasten; dann ziehen die Flotte wir insgesamt in das Wasser.
Nicht zu verargen ist Flucht vor dem Unglück, auch nicht in
der Nachtzeit.
Besser, dem Unheil durch Flucht zu entkommen, als ihm zu
erliegen!"[20]

Erneut widerspricht Odysseus:

„Sohn des Atreus, was für ein Wort entwich dir den Lippen!
Elender, einem Heer von Feiglingen gib doch Befehle,
aber gebiete nicht uns! Denn uns hat Zeus es beschieden,
seit der Jugend, hinein bis ins Alter, leidige Kämpfe
auszufechten, bis auch der letzte dem Tode anheimfiel."[21]

Der Kriegsgrund ist damit völlig unerheblich. So unangenehm es
auch sei angesichts „leidige[r] Kämpfe", seien Krieger dazu
ausgebildet, im Krieg andere und sich zu verderben. Aber auch
Odysseus kommt nicht ohne Berufung auf Zeus aus. Wer beruft sich
zu Recht auf ihn? Befindet „Kriegstheologie" darüber? Liegen die
Kriterien außerhalb der Theologie? Etwa in der Dichtung? Der
auktoriale Erzähler weiß mehr als die beiden, die sich auf Zeus
berufen. Er berichtet vom Handeln der Götter, kennt ihre Motive.
Jedenfalls ist die Möglichkeit, sich durch Flucht dem Grauen zu
entziehen gegenwärtig. Kriegerische „Tapferkeit" jedoch leugnet und
verdrängt die Möglichkeit dieses Ausweges! Zur Tapferkeit(!) der
Friedensstifter gehört das beharrliche Bestehen darauf, dass diese –
und zahlreiche andere Möglichkeiten – immer gegenwärtig sind.
Allerdings mit dem Risiko, als „Spinner" und „Dummköpfe"
verschrien zu werden.

---

[20] HOMER: Ilias, 5002, vgl. Homer-W Bd. 1, 258.
[21] HOMER: Ilias, 5002, vgl. Homer-W Bd. 1, 258.

Zwei Zweikämpfe

Als Achilleus wieder in die Kämpfe eingreift erinnert er die Gefährten daran, wie sie ihm während der Zeit seines Grollens vorwarfen:

> „›Schrecklicher Sohn des Peleus, dich nährte die Mutter mit Galle,
>
> Grausamer, der du gewaltsam die Freunde im Lager zurückhältst!
>
> Segeln wir doch mit den meerebefahrenden Schiffen nach Hause
>
> wieder, nachdem ein derart furchtbarer Zorn dich ergriffen!‹"[22]

Jetzt befeuert diese Erinnerung, sich mit noch mehr Macht in den Krieg zu werfen.

Der trojanische Vorzeigekrieger Hektor wird von Achilleus in die Ecke getrieben. Vor den bereits verschlossenen Toren seiner Heimatstadt verzweifelt Hektor:

> „Wehe mir, schlüpfte ich durch das Tor und hinter die Mauer, würde mich Held Polydamas vor allen vorwurfsvoll tadeln".[23]

Die Angst, als Feigling verachtet zu werden, ist größer als die Angst vor dem Tod. So in der Enge, kommt ihm doch eine weitere Möglichkeit in den Sinn:

> „Legte ich nieder jedoch den gebuckelten Schild und den schweren
>
> Schutzhelm und lehnte dazu den Speer an die Mauer und träte waffenlos dem untadligen Helden Achilleus entgegen".[24]

Überrascht von dieser Möglichkeit, schlägt er jeden Gedanken daran aus dem Sinn:

> „aber was schlage ich mich herum mit solchen Gedanken?
>
> Nahen darf ich ihm nicht; denn weder Erbarmen noch Rücksicht
>
> würde er mir bezeigen, mich Wehrlosen morden, als wäre ich ein Weib, nachdem ich mich meiner Waffen entledigt."[25]

---

[22] Homer: Ilias, 5076, vgl. Homer-W Bd. 1, 301.
[23] Homer: Ilias, 5277, vgl. Homer-W Bd. 1, 413.
[24] Homer: Ilias, 5278, vgl. Homer-W Bd. 1, 413.
[25] Homer: Ilias, 5278, vgl. Homer-W Bd. 1, 413.

Was ist das eigentlich Erschreckende daran? Die mit Frauenraub und Krieg aufgerichtete und teuer erkaufte Geschlechter-Differenzierung wieder aufzugeben, weil gerade das aus dem furchtbaren Kampf herausführen könnte. Achilleus, der sich doch bis dahin mehrfach als unbarmherziger Krieger gezeigt hatte, wird sogleich verteufelt, obwohl kurz zuvor noch als untadelig bezeichnet. Es darf diese alles bisherige umstürzende Möglichkeit schlicht nicht geben: *tertium non datur*. Außer Sieg und Niederlage darf es keine Alternative geben. Die Waffen sind die Garantie, im Kampf zu sterben. Sich ihrer zu entledigen, eröffnet angstmachende Perspektiven. Lieber wird der eigene Tod in Kauf genommen. Während des Kampfes die Waffen abzulegen, wäre eine Niederlage. Könnte das Ablegen der Waffen auch anders verstanden werden? Schimmert hier die Möglichkeit durch, gar nicht erst nach ihnen zu greifen?

Achilleus schändet Hektors Leiche

Achilleus tötet Hektor und misshandelt dessen Leiche, schleift sie hinter seinem Wagen zurück zu den Schiffen und lässt sie unbestattet liegen. Nachdem sein bester Freund, Pratroklos, bestattet ist, schleift Achilleus Hektors Leiche täglich um das Grabmal, als wolle er den Freund damit zum Leben erwecken. Nach der Leichenverbrennung – neben zwei Hunden werden zwölf trojanische junge Männer zu Brandopfern – gibt es Leichenspiele für Pratroklos. Hin und wieder kommt es zum Streit zwischen den Konkurrenten im Pferderennen, Ringen, Boxen, Laufen und Diskuswerfen. Doch diesmal gelingt es wohlwollenden Reden aufkeimenden Zorn zu besänftigen. Vorspiel, Einstimmung für das Kommende?

Achilleus fährt fort, Hektors Leiche zu schänden. Die Ratsversammlung der Götter tagt und und beauftragt Boten, den Zorn der Götter und des Zeus selbst zu übermitteln:

> „Sage, ihm zürnten die Götter, vor allen Unsterblichen aber grollte ich selbst, weil er rasend vor Wut den Leichnam des Hektor
> bei den geschweiften Schiffen zurückhält und nimmermehr freigibt.

Furcht wird vielleicht er empfinden vor mir und ihn loskaufen lassen."[26]

Wer wie Zeus stolz ist auf seine unübertroffene Stärke, kann wohl nicht anders. Aber es kommt anders.

Ein Vater-Weg

Priamos, Hektors Vater und König von Troja, entschließt sich, allein zu Achilleus zu gehen. Natürlich wird dieser Akt von den Göttern vorbereitet, Götterbote Hermes ist behilflich. Um ihre Meinung gebeten, schilt Priamos Frau ihn, den Verstand verloren zu haben und ein Herz aus Eisen zu besitzen:

> „Weh mir, wohin entwich dein Verstand, den einstmals die Menschen
> rühmten, Fremde wie Bürger deines Herrschaftsbereiches?
> Kannst du es wagen, allein zu den Schiffen der Griechen zu gehen,
> unter die Augen des Mannes, der dir zahlreiche tapfre
> Söhne erschlug? Dein Herz ist wohl so gefühllos wie Eisen!"[27]

Priamos weiß um die Gefahr und ist auf seinen Tod gefasst. Er führt einen Wagen mit Gastgeschenken mit sich. Pferde für eine eventuell nötige Flucht sind hinten angebunden. Doch vermeidet er ein martialisches Bild, nicht Streitrosse ziehen den Wagen, sondern Maultiere.

Alleine steht er vor Achilleus Zelt. Ohne sich anzumelden, dringt er zu Achilleus vor und umarmt dessen Knie – eine antike Geste, um Barmherzigkeit zu wecken.

> „Ohne bemerkt zu werden, trat ein der stattliche König,
> kam zu Achilleus, umschlang ihm die Knie und küßte die harten,
> mordenden Hände, die ihm so zahlreiche Söhne erschlagen.
> Wie sich ein Mann mit Blutschuld belastet, wenn er in der Heimat
> einen Totschlag verübt und ins Ausland entkam, zu dem Hause
> eines begüterten Mannes, und Staunen die Zuschauer fesselt:
> ebenso staunte Achilleus beim Anblick des göttlichen Königs,

[26] HOMER: Ilias, 5353, vgl. Homer-W Bd. 1, 456.
[27] HOMER: Ilias, 5357, vgl. Homer-W Bd. 1, 459.

staunten auch seine Gefährten und blickten gespannt aufeinander."[28]

Homer vergleicht dies Ereignis mit dem antiken Asylrecht. Aber ohne Vergleich ist, was Priamos tut: Er „küßte die harten mordenden Hände".

Priamos will den Mörder seines Lieblingssohnes ansprechen. Aber wie? Wie das Herz dessen erreichen, der mehrfach wehrlose Menschen ermordet hatte? Wurde er um Gnade gebeten, verhöhnte er die Bittenden nur. Von ihm heißt es in der Götterversammlung:

„Derart verschmähte Achilleus das Mitleid, die Scham auch verwirft er".[29]

Wie findet er einen Weg zur Gefühlswelt dieses kaltblütigen Mörders?

„Denke an deinen Vater, du göttergleicher Achilleus!

Er auch steht, wie ich, an der Schwelle des leidigen Alters,

ihn auch bedrängen vielleicht die benachbarten Völker, und keiner

zeigt sich bereit, ihm Schutz vor Fluch und Verderben zu bieten.

Freilich, er kann sich über die Nachricht, du seiest am Leben,

wenigstens freuen von Herzen, kann täglich noch hoffen, er werde

seinen geliebten Sohn von Ilion heimkehren sehen!"[30]

Priamos erinnert Achill an dessen Vater, in ähnlichem Alter wie er. Achills Vater entbehrt zwar derzeit Schutz und Begleitung seines Sohnes, darf sich aber freuen, dass der lebt., Priamos hat beides verloren. Beide beginnen zu weinen, Achill um seinen verlassenen Vater, Priamos um seinen toten Sohn. Priamos sagt:

„'doch ich bin bemitleidenswerter,

wage die Tat, zu der noch niemals ein Mensch sich entschlossen:

recke zum Antlitz des Mannes die Hand, der den Sohn mir getötet!'

Derart sprach er und weckte den Schmerz um den eigenen Vater

---

[28] HOMER: Ilias, 5372, vgl. Homer-W Bd. 1, 467.
[29] HOMER: Ilias, 5349, vgl. Homer-W Bd. 1, 454.
[30] HOMER: Ilias, 5372f, vgl. Homer-W Bd. 1, 467.

in dem Peliden. Der griff bei der Hand den Alten und wehrte
sachte ihn ab. Die Erinnerung überwältigte beide.
Jener weinte um Hektor, niedergeduckt vor Achilleus,
dieser beklagte den Vater, dann wieder den Helden
Patroklos."[31]

Die unerwartete Tat des Priamos bleibt nicht unbeantwortet. Nachdem sich beide ausgeweint haben, nimmt Achill die Geschenke an
und übergibt Hektors Leichnam dessen Vater. Er lädt ihn zum
gemeinsamen Mahl ein. Ein einmaliges Geschehen zwischen Angehörigen fremder Völker, miteinander verfeindet durch einen langjäh-
rigen Krieg![32] Sie vereinbaren Waffenstillstand für die Zeit der
Trauerfeiern für Hektor. Achilleus bereitet seinem Gast ein Nacht-
lager. Vor dem Ruhen verabschiedet er sich und

„drückte die Rechte des Greises
fest an der Wurzel, ihm damit jegliche Furcht zu benehmen".[33]

Priamos hatte getan, was wohl noch nie von einem Menschen berichtet wurde: Waffenlos und ohne Rüstung ging er zu seinem Feind,
dem Mörder seiner Kinder, küsste seine Hand und erschloss ihm den
Zugang zu dessen eigenen Gefühlen. Schließlich schläft er im Zelt des
Feindes und setzt sich ihm schutzlos aus.

Damit ist der Krieg nicht vorbei. Wie es mit Troja zu Ende geht,
wird nicht mehr erzählt. Auch nicht wie Achilleus dabei ums Leben
kommt. Aber der Zorn des Achilleus wurde überwunden. Die Götter
waren dazu nicht in der Lage. Das vermochte der Vater des Achill
verhasstesten Feindes.

Krieg zu überwinden, bedarf es wohl vieler weiterer Wege. Der
Weg des Priamos, eines waffenlosen Trojaners ohne Rüstung, gehört
dazu.

STREIT UND EIGENTUM – AUCH ÜBER FRAUEN?

Homer verniedlicht den Krieg mit keinem Wort. Im Gegenteil, von
Anfang an nennt er ihn ein mörderisches Geschehen, den Kriegsgott
Ares „männermordend". Von ihm heißt es:

---

[31] HOMER: Ilias, 5373f, vgl. Homer-W Bd. 1, 468.
[32] Vgl. Gen 26,30 – Hier dient das Mahl der Beendigung der Feindschaft.
[33] HOMER: Ilias, 5382, vgl. Homer-W Bd. 1, 472.

„Ares, Ares, du Mörder, du Blutsauger, Stürmer der Mauern."[34]

Die Kriegswütigen gelten als Diener der Totengötter und die Fürsten mit ihren Soldaten werden als „Diener des Ares"[35] angesprochen. Im Krieg erscheint Ares in Gestalt von Kämpfern, die sich hervortun: „Hektor, des Priamos Sohn, vergleichbar dem mordenden Ares, führte sie an"[36] Im Krieg wird Ares erst erweckt: „Erwecken wir doch in geschlossenem Ansturm gegen die rossetummelnden Troer den hitzigen Ares!"[37] Dem entspricht, dass es in der griechischen Antike – abgesehen von der berühmtesten Ausnahme des nach ihm benannten Areopag in Athen – kaum Kultstätten für Ares gab, anders als in Rom für Mars. Das Schlachtfeld war sein Tempel, die getöteten Menschen, die Opfer. Von Ares heißt es, dass ihm „Recht und Gerechtigkeit fremd sind"[38] Ist Homer damit – am Beginn der abendländischen Kultur – aufgeklärter etwa als die Evangelische Kirche in Deutschland im Jahr 2013, die nicht nur behauptet, kriegerisch tötende Gewalt könne das Recht erhalten, sondern gar ermöglichen?[39]

Worum es im Krieg geht, wird dort am deutlichsten, wo die Schwester des Ares, Eris – auf Deutsch „Streit" – vorgestellt wird:

...„die rastlos wirkende Eris,

leibliche Schwester und Freundin des männermordenden Ares,

die, ganz winzig, allmählich nur wächst, aber schließlich zum Himmel

reicht mit dem Haupt, doch trotzdem weiterschreitet auf Erden.

Sie warf zwischen die Heere den Hader für beide, hinschreitend

---

[34] HOMER: Ilias, 4691, vgl. Homer-W Bd. 1, 78.

[35] HOMER: Ilias, 4602, vgl. Homer-W Bd. 1, 25.

[36] HOMER: Ilias, 4995, vgl. Homer-W Bd. 1, 254.

[37] HOMER: Ilias, 5201, vgl. Homer-W Bd. 1, 370.

[38] HOMER: Ilias, 4727, vgl. Homer-W Bd. 1, 100.

[39] EKD-Denkschrift: Aus Gottes Frieden leben – für gerechten Frieden sorgen, Gütersloh 2007; EKD-Texte 116: „Selig sind die Friedfertigen". Der Einsatz in Afghanistan: Aufgaben evangelischer Friedensethik, Hannover 2013, S. 12: „Friedenskompatible Rechtsinstitutionen sind eine wesentliche Voraussetzung für nachhaltigen Frieden. Um sie zu schaffen, kann es nötig sein, rechtsermöglichende Gewalt anzuwenden."

durch die Menge, bedacht, zu verstärken das Stöhnen der Männer."[40]

Eris war es, die den Streit zwischen Hera, Athene und Aphrodite stiftete: Sie warf einen goldenen Apfel – den Zankapfel – in eine Feiergesellschaft der drei Frauen. Dessen Aufschrift „die Schönste"; entsprach dem gesellschaftlichen Prinzip „immer der erste zu sein, die anderen zu übertreffen".[41] Der so entstandene Hader sollte durch eine Entscheidung des Paris beendet werden. Er entscheidet sich für die Aussicht glücklicher geschlechtlicher Gemeinschaft mit einer Frau, die er liebt. Doch die ihm von Aphrodite versprochene „schönste Frau der Welt" ist bereits verheiratet und wird hernach von Paris entführt und geehelicht: Helena, die Frau des Melenaos. Wenn der „Zorn des Achilleus" das Thema an der Oberfläche der Ilias ist, dann ist die „Geschichte des Streits", vorzüglich zwischen Männern und Frauen, das verborgene Thema dieses Epos. Die Kämpfe vor Troja nehmen solch schreckliche Gestalt an, dass sogar Kriegsgott Ares das Weite sucht, bzw. sein Chefgott ihm verbietet, sich zwischen den Menschen einzumischen; von seiner Schwester Eris wird solches nicht berichtet, im Gegenteil:

„Denn als einzige Gottheit weilte sie unter den Kämpfern."[42]

Der Elfte Gesang schildert – die dritte Kriegsschlacht einleitend – ihr Wirken:

„Eos[43] erhob sich vom Bett, von der Seite des edlen Tithonos,
um ihr Licht den Göttern zu bringen wie auch den Menschen.
Da entsandte Zeus zu den schnellen Schiffen der Griechen
Eris, die schlimme, sie hielt in den Händen das Schreckbild des Krieges.
Sie trat vor das geräumige, dunkle Schiff des Odysseus;
dort, in der Mitte, war sie nach rechts und nach links zu verstehen,
bis zu den Zelten des Telamoniers Aias wie denen
des Achilleus, die an den äußersten Flügeln die Schiffe
aufgestellt hatten, vertrauend dem Mut und den mächtigen Fäusten.

---

[40] HOMER: Ilias, 4684, vgl. Homer-W Bd. 1, 74.
[41] HOMER: Ilias, 4745, vgl. Homer-W Bd. 1, 111. Vgl. JAEGER, Paidaeia.
[42] HOMER: Ilias, 4888, vgl. Homer-W Bd. 1, 194.
[43] Eos ist die Göttin des Morgenrotes.

Dorthin trat die Göttin, brach in ihr furchtbares, wildes
Kriegsgeschrei aus und flößte jedem Achaier die Kraft ein,
die ihn beschwingte, sich unaufhörlich im Kampfe zu tummeln.

Ihnen gefiel sogleich der Krieg weit mehr als die Heimfahrt
auf den gewölbten Schiffen zum teuren Lande der Väter."[44]

Der Krieg ist die Erscheinung der Göttin Eris. Sie hält den Krieg am
Leben: Sie „flößte...die Kraft ein...sich unaufhörlich im Kampfe zu
tummeln".

Wo es Streit gibt, ist die Lunte für Krieg gelegt. Streit zu schlichten
und Konflikte so auszutragen, dass die Betroffenen einander in Wohl-
wollen, zumindest nicht im Argwohn, verbunden bleiben, gehört zu
den Künsten, dem Krieg ein Ende zu bereiten. Wenn Streit den Krieg
am Leben erhält, dann ist nur, wer dem Streit gestorben ist, für den
Krieg tot. Franz von Assisi beobachtete: Eigentum ist die Quelle für
allen Streit. Franz zog daraus die Konsequenz, auf alles Eigentum zu
verzichten. So wollte er streitfrei sein und bleiben und den Streit auf
diese Weise austrocknen.[45] Freiwillige Armut – Armut in den Augen
der Besitzenden – ermöglicht also Reichtum, den Reichtum eines Lebens ohne Krieg und Streit.

JESAJAS HOMERVERWANDLUNG?

Milde und Nachsicht gilt den jeweiligen Lieblingen der einzelnen
Gottheiten, die sie aus Gefahr retten. Schützend und rettend greifen
sie in die Geschichte ein, ob zuvor darum gebetet worden ist oder
nicht. Die Versöhnung zwischen Agamemnon und Achilleus treibt
Poseidon im 13. Gesang an – nicht um der Versöhnung willen, sondern damit der Krieg besser voran geht:

„Aber auch wenn der Atride, der weithin gebietende
Herrscher,

---

[44] HOMER: Ilias, 4885, vgl. Homer-W Bd. 1, 192.

[45] „Als der Bischof von Assisi Franziskus fragt, warum er keinen Besitz zulassen will
und das Annehmen von Geld kategorisch ablehnt, antwortet der: ‚Herr, wollten wir
besitzen, so müssen wir auch Waffen zu unserer Verteidigung haben. Daher kommen
ja Streitereien und Kämpfe, die die Liebe zu Gott und zum Mitmenschen hindern.
Darum wollen wir in dieser Welt nichts Irdisches besitzen.'" In: KEUL,: Auferstehung
76; vgl. FRANZ VON ASSISI, Geliebte Armut, 56f.

> Held Agamemnon, wirklich und klar die alleinige Schuld
> trägt,
> weil er den schnellen Sprößling des Peleus so schmachvoll
> mißachtet,
> dürfen wir trotzdem durchaus nicht auf weiteres Kämpfen
> verzichten.
> Stiften Versöhnung wir, schnell! Versöhnlich sind wackere
> Männer."[46]

Im Griechischen ist von „Versöhnung" auch keine Rede, Voß übersetzt näher am Original: „Auf denn, und lasst euch heilen; der Edelen Herzen sind heilbar."[47] (Il 13,115).

Kurz vor dem letzten Kampf zwischen Hektor und Achilleus versucht Hektor mit Achilleus noch einen Vertrag zu schließen, dass der Sieger den Unterlegenen ehrenvoll begräbt. Achilleus kontert:

> „Wie sich die Löwen und Menschen niemals durch Eidschwur
> verbünden,
> niemals auch Wölfe und Schafe sich friedlich einigen können,
> sondern fortwährend darauf bedacht sind, einander zu scha-
> den,
> ebenso können auch wir uns nichts Gutes erweisen, sind Eide
> streng uns verwehrt, bevor nicht einer im Tode mit seinem
> Blute den schildgewappneten Krieger Ares gesättigt!"[48]

Obwohl es doch ein Streit zwischen Mensch und Mensch ist, wird die angeblich ewige Feindschaft zwischen Mensch und Löwe sowie zwischen zwei Tierarten angeführt. Dem Feind wird abgesprochen, ein Mensch zu sein. Dass Wolf und Schaf *einander* schaden, ist wohl der Kriegsideologie geschuldet, denn wie Schafe Wölfen schaden könnten, ist mir nicht bekannt. Der Kampf zwischen Achill und Hektor wird überhöht, in Feindschaft zwischen Mensch und Tier, Tierart und Tierart. Ziel ist, Kriegsgott Ares zu sättigen. Das scheint unabänderlich. Jegliche Alternative unvorstellbar. Kannte der Autor des späten, dritten Jesajabuches die Zeilen Homers? Vgl. Jes 65,25 (L17):

---

[46] Homer: Ilias, 4959f, vgl. Homer-W Bd. 1, 234.

[47] Voß, Ilias 13,115.

[48] Homer: Ilias, 5285f, vgl. Homer-W Bd. 1, 418.

„Wolf und Schaf sollen beieinander weiden; der Löwe wird Stroh fressen wie das Rind, aber die Schlange muß Erde fressen. Sie werden weder Bosheit noch Schaden tun auf meinem ganzen heiligen Berge, spricht der HERR."
Auch im ältesten Teil des Jesajabuches finden sich schon Verse, Jes 11,6-9 (L17), die sich wie ein Kommentar lesen[49]?

„Da werden die Wölfe bei den Lämmern wohnen und die Panther bei den Böcken lagern. Ein kleiner Knabe wird Kälber und junge Löwen und Mastvieh miteinander treiben. Kühe und Bären werden zusammen weiden, daß ihre Jungen beieinander liegen, und Löwen werden Stroh fressen wie die Rinder. Und ein Säugling wird spielen am Loch der Otter, und ein entwöhntes Kind wird seine Hand stecken in die Höhle der Natter. Man wird nirgends Sünde tun noch freveln auf meinem ganzen heiligen Berge; denn das Land wird voll Erkenntnis des HERRN sein, wie Wasser das Meer bedeckt."

---

[49] Zu der Frage, ob es im Neuen Testament Spuren einer Homer-Rezeption gibt, entbrannte zu Beginn des 21. Jahrhunderts ein heftiger Streit in der vornehmlich englischsprachigen Theologie. Die Frage klingt so einfach wie verblüffend, vor allem, wenn man sich vor Augen führt, dass es Bestandteil des Unterrichtsplanes beim Erlernen der griechischen Sprache war, Homerparaphrasen zu schreiben. Belege dafür und zur Diskussion s.: MACDONALD, Dennis R.: The Homeric Epic and the Gospel of Mark. London 2000; NIEHOFF, Maren, R.: Jewish Exegesis and Homeric Scholarship in Alexandria. Cambridge 2011; Homer and the Bible in the Eyes of Ancient Interpreters. Hgg.: NIEHOFF, Maren R.: Jerusalem 2012; Macdonalds Auffassung blieb nicht unwidersprochen: SANDNES, Karl Olav: Imitatio Homeri? An Appraisal of Dennis R. MacDonald's "Mimesis Criticism", in: Journal of Biblical Literature 124, 2005,4, 715–732. Zum Thema vergleichender Studien zwischen Homer und dem Alten Testament vgl. GERHARDS, Meik: Homer und die Bibel. Studien zur Interpretation der Ilias und ausgewählter alttestamentlicher Texte. Neukirchen-Vluyn 2015.

LITERATUR

ENGELKE, MATTHIAS-W.: Zelt der Friedensmacher. Die christliche Gemeinde in Friedenstheologie und Friedensethik. Norderstedt 2019.

EVANGELISCHE KIRCHE IN DEUTSCHLAND: Aus Gottes Frieden leben – für gerechten Frieden sorgen. Gütersloh 2007.

EVANGELISCHE KIRCHE IN DEUTSCHLAND: EKD-Texte 116: „Selig sind die Friedfertigen". Der Einsatz in Afghanistan: Aufgaben evangelischer Friedensethik. Hannover 2013.

FRANZ VON ASSISI: Geliebte Armut. Ausgewählt u. Einleitung von Gertrude und Thomas Sartory. Freiburg, 1999.

GERHARDS, MEIK: Homer und die Bibel. Studien zur Interpretation der Ilias und ausgewählter alttestamentlicher Texte. Neukirchen-Vluyn 2015.

HOMER: Ilias. Homer-W: Werke in zwei Bänden. Aus dem Griechischen übersetzt von Dietrich Ebner. Berlin, Weimar 1976. In: Dichtung der Antike von Homer bis Nonnos. Ausgewählt von Mark Lehmstadt. Berlin 2000.

HOMER: Ilias. In der Übersetzung von Johann Heinrich Voß. In: Projekt Gutenberg, online zugänglich unter: https://www.projekt-gutenberg.org/homer/ilias/ilias011.html (zuletzt eingesehen am 28.03.2023).

JAEGER, WERNER: Paideia. Die Formung des griechischen Menschen. Berlin, New York 1973.

KEUL, HILDEGARD: Auferstehung als Lebenskunst: Was das Christentum auszeichnet. Freiburg 2014.

LIGT, BARTHELMY DE: La Paix Créatrice. Histoire des Principes et des Tactiqoues de L'Action Directe Contre La Guerre. Paris 1934.

LUTHER, MARTIN: Die Bibel nach Martin Luthers Übersetzung, revidiert 2017. Stuttgart 2016. (L17).

MACDONALD, DENNIS R.: The Homeric Epic and the Gospel of Mark. London 2000.

NIEHOFF, MAREN, R.: Jewish Exegesis and Homeric Scholarship in Alexandria. Cambridge 2011.

NIEHOFF, MAREN R., (Hrsg.): Homer and the Bible in the Eyes of Ancient Interpreters.Jerusalem 2012

SANDNES, KARL OLAV: Imitatio Homeri? An Appraisal of Dennis R. MacDonald's "Mimesis Criticism". In: Journal of Biblical Literature 124, 2005, 4, 715–732.

SZLEZÁK, THOMAS A.: Homer: Oder die Geburt der abendländischen Dichtung", München 2012.

WINK, WALTER: Verwandlung der Mächte. Eine Theologie der Gewaltfreiheit. Regensburg 2014.

Kreuzweg für die Schöpfung: Von Lützerath nach Büchel. Andacht an „Terra Nova"
am Tagebau Hambach. Foto: Thomas Nauerth

„Steck das Schwert an seinen Ort!" (Mt 26,52)

Jesus von Nazareth – ein gewaltfreier Friedenskönig? Nachdenken über Jesu Leben und Passion

Gudula Frieling

Zu seiner Geburt kündeten die Engel den Frieden auf Erden, als Auferstandener begrüßte er seine Freundinnen und Freunde mit dem Friedensgruß – aber Frieden hat die Religion, die sich auf ihn beruft, der Welt nicht gebracht. Wie ist dieser Widerspruch zu erklären?

In diesem Beitrag werde ich die erzählten Ereignisse der Leidensgeschichte nach Matthäus und die Gleichnisse zur Königsherrschaft, die Jesu nach dem Matthäusevangelium in Jerusalem im Tempel kurz vor seiner Festnahme erzählte, aufeinander beziehen und Fragen nachgehen wie: Inwiefern und von wem wird Jesus als Messias und König wahrgenommen? Mit welchen Erwartungen sieht er sich konfrontiert? Was ist nach Matthäus sein eigenes Verständnis seiner Messianität und seiner Macht? Wo stößt letztere an Grenzen? Versteht Matthäus ihn als Friedenskönig? Welche Konsequenzen ergeben sich daraus für uns heute?

Vor dem Synhedrium, der Versammlung der Toragelehrten und Ältesten, bekannte sich Jesus dazu, der Messias zu sein (Mt 26,63ff). Vor Pilatus bejahte er dessen Frage, ob er König der Juden sei (Mt 27,11). Mit diesen Aussagen forderte Jesus die Ordnung des römischen Imperiums heraus wie die Eliten seines eigenen Volkes, die sich zur Kollaboration mit den Besatzern entschieden hatten. Denn für Letztere gab es nur einen Herrscher, den Kaiser von Rom. Regionale Könige konnten sich daher nur an der Macht halten, wenn sie dessen Herrschaft anerkannten und bereit waren, für ihn exorbitant hohe Steuern und Abgaben einzutreiben, weshalb sich

Hass und Rachegelüste der Unterworfenen immer wieder gegen sie richteten.[1]

Der König der Juden, der aus dem verarmten Galiläa kommend auf einem Esel in die traditionsreiche Königsstadt Jerusalem einritt, fiel da völlig aus dem Rahmen. Welche Erwartungen bediente Jesus, wenn er in diesem sozialgeschichtlichen Kontext beanspruchte, der Messias zu sein, er, der Sohn eines Tischlers? Die Erwartungen an den von den Prophet:innen Israels angekündigten Messias waren im damaligen Judentum hoch und zugleich sehr verschieden: Manche hofften auf einen endzeitlichen Erlöser, andere auf einen politischen König und Kriegsherrn vom Format Davids, der endlich die Herrschaft der Römer mit Waffengewalt abschütteln würde (vgl. Ps 2,9). Welch ein König aber wollte Jesus sein? Und was fangen wir als moderne Demokrat:innen mit diesem Begriff heute an?

Ich konzentriere mich auf das Evangelium nach Matthäus, das „so etwas wie das Portal zum Neuen Testament"[2] darstellt. Wie kein anderes der vier Evangelien lebt es aus der Verwobenheit mit den Texten der hebräischen Bibel, was sich vor allem in Jesu Bekenntnis zur Tora (Mt 5,17-20) und dem klaren Auftrag Jesu widerspiegelt, der Lehre der Schriftgelehrten und Pharisäer zu folgen – selbst dann, wenn deren Taten nicht mit ihrer Lehre übereinstimmt (Mt 23,2).[3] Beginnen wir mit dem Einzug Jesu nach Jerusalem (Mt 21,1- 11).

Matthäus erzählt ihn so: Jesus zieht gemeinsam mit vielen Menschen aus Galiläa und anderen Teilen des Landes hinauf nach Jerusalem: Drei Mal im Jahr, zu Pessach, zum Fest der Erstlingsfrüchte und zum Fest der Weinlese zog alles, was Beine hatte, hinauf nach Jerusalem, um dort die großen Wallfahrtsfeste feierlich zu begehen. So auch Jesus mit seinen Jüngern. Warnungen, auf dieses Fest wegen der angespannten Sicherheitslage lieber zu verzichten, hatte Jesu nicht nur in den Wind geschlagen, sondern als widergöttliche Versuchung von sich gewiesen (vgl. Mt 16,21-23).

Und nun, kurz vor Jerusalem, organisiert er mit Hilfe von zwei Freunden eine junge Eselin, um seinen Einzug in Jerusalem mit einer prophetischen Zeichenhandlung zu verbinden: Mit dem Ritt auf

---

[1] DAHLHEIM, Werner: Die Welt zur Zeit Jesu, München 2017, 43f., 144-148.
[2] CRÜSEMANN, Frank: Das Alte Testament als Wahrheitsraum des Neuen. Die Neue Sicht der christlichen Bibel, München 2011, 215.
[3] CRÜSEMANN: Wahrheitsraum, 216.

einem Esel, dem Tier der Armen, das zwar ein gutmütiges Lasttier war, zum kriegerischen Ausritt jedoch völlig ungeeignet. „Und als er nach Jerusalem hineinkam, geriet die ganze Stadt in Aufregung und sagte: ‚Wer ist er?' Die Menschenmenge sagte: ‚Er ist Jesus, der Prophet, aus Nazareth in Galiläa'" (Mt 19-11).

Die ganze Szenerie spricht dafür, dass Jesus mit dieser Inszenierung seines Einzugs in Jerusalem sein eigenes Verständnis seiner Messianität zum Ausdruck bringen wollte, das sich aus den Friedensverheißungen der Propheten Jesaja (Jes 9,1-6; 11,1-9), Sacharia (Sach 9,9f) und Micha (Mi 4,1-5) speiste. Offenbar war er von der Gewissheit durchdrungen, dass das Reich Gottes weder mit dem Schwert noch mit Pfeil und Bogen, Ross und Streitwagen, mit Steinschleudern oder anderen Waffen zu gewinnen sei – ganz unabhängig davon, wer der Gegner sein würde. Vielmehr wählte er „den Esel als Gegenbild zum stolzen Ross" und als Symbol und Programm von „Genügsamkeit und Friedfertigkeit".[4]

Andererseits war in allen prophetischen Schriften auch davon die Rede, dass der Messias Nachkomme des Königs Davids sein werde, und gerade die Kindheitsgeschichten nach Matthäus und Lukas legen Wert darauf, ihn trotz seines Heimatortes Nazareth als Nachkommen Davids darzustellen, indem sie von der Geburt Jesu in der alten Davidstadt Bethlehem berichten.[5] Jesus stellt diese Zuschreibung im Gespräch mit den Pharisäern in Frage, indem er daran erinnert, dass David selbst den Messias „vom Geist erleuchtet *Herr* nennt" – wie könne der Messias dann dessen Sohn sein (Mt 22,43ff)? Jesus baute damit eine Distanz zu David auf, dem legendären König und Heerführer der großen Glanzphase der jüdischen Geschichte.

Das von den Römern unterdrückte jüdische Volk hoffte jedoch in weiten Teilen darauf, dass der ersehnte Messias die Römer schlagen und das Reich Davids in seiner Größe und Pracht wieder herstellen würde (Ps 6,6-9). Wenn Jesus aber *nicht* die Aufrichtung des davidischen Großreiches im Sinn hatte, was dann? Und war es dann nicht riskant, ja geradezu ein Himmelfahrtskommando, durch einen spektakulären Einzug in die Heilige Stadt doch an messianische

---

[4] SCHROER, Silvia: Die Tiere in der Bibel. Eine kulturgeschichtliche Reise, Freiburg im Breisgau 2010, 60

[5] THEIßEN, Gerd / MERZ, Anette: Der historische Jesus. Ein Lehrbuch, Göttingen 2001, 158.

Großmachtpolitik anzuknüpfen, die zelotischen Hoffnungen auf einen bewaffneten Aufstand auf sich zu lenken und dadurch die römischen Besatzer in Alarmbereitschaft zu versetzen? Wurde Jesus nur aufgrund eines Missverständnisses gekreuzigt, nämlich wegen der von der römischen Besatzungsmacht fälschlicherweise konstatierten Gefahr eines Aufstandes?[6] Oder wollte Jesus genau das: *einen Aufstand, allerdings einen gewaltlosen und gerade deshalb mächtigen Aufstand für den Frieden?*

JESUS – PROPHET UND MESSIANISCHER FRIEDENSKÖNIG – EINE GEFAHR FÜR DEN RÖMISCHEN KAISER?

Meine These ist, dass Jesus – nach Matthäus – diese Zeichenhandlung des feierlichen Einritts mit Bedacht so erzählt, um so ein möglichst weites Bedeutungsfeld aufzurufen und damit drei Aspekte nicht zu lehren, sondern für die Menschen erlebbar zu machen:

1. Er, Jesus von Nazareth ist *der* Messias, der in der Tora und bei den Propheten immer mit König David in Verbindung gebracht wird. Deshalb zieht er festlich in Jerusalem, in die alte Davidstadt, ein. Und er tut dies pünktlich zum größten jüdischen Fest, dem Pessach (vgl. Mt 16,16).

2. Gleichzeitig charakterisiert Jesus dieses Fest, das den Kern jüdischen Selbstverständnisses ausmacht, durch das Wachrufen der Friedensvisionen der Propheten Jesaja und Micha als Fest eines umfassenden Friedens und stellt es damit

3. in einen transnationalen Kontext: Nicht nur Israel und Jerusalem sollen aus der Bedrückung durch die römische Weltmacht befreit werden, sondern *alle* Völker! Jerusalem steht im Zentrum dieses gewaltfreien und befreienden Kampfes und wird zum strahlenden (Real)symbol dafür, dass alle Völker mitgehen sollen, dass alle Völker in das befreiende Handeln Gottes einbezogen werden!

Aber wie handelt Gott, wie befreit er, wenn er nicht wie die „Herren dieser Welt" (Mt 20,25b) mit Schwert und Wagen daherkommt?

---

[6] So KOCH, Karl und ROLOFF, Jürgen: Art. Messias, in: KOCH, Karl und ROLOFF, Jürgen (Hrsg.): Das große Lexikon zur Bibel, Wien 2004, S. 337.

Festmahl in Zion –
Jesus aktualisiert die messianische Friedensvisionen des Jesaja

Mit seinen Einzug auf der jungen Eselin lässt Jesus Schilderungen des Jesajabuchs anklingen, die im kulturellen Gedächtnis des damaligen Judentums einen festen Platz hatten. Von einem glanzvollen Einzug in die Stadt Davids ist dort in präsentischer Ich-Form die Rede. Darin wird die innige Verbindung der Stadt Jerusalems mit Jahwe besungen. Worin besteht sie? Ob der Prophet spricht, der Messias selbst oder ein kollektives Ich, etwa die Einwohner:innen Jerusalems, muss offen bleiben.

> „Um Zions willen will ich nicht schweigen und um Jerusalems willen nicht ruhig sein, bis ihre Gerechtigkeit wie ein Leuchten hervorgeht und ihre Hilfe brennt wie eine Fackel. [….] Auf deine Mauern, Jerusalem, habe ich Wachen gestellt, sie sollen nicht schweigen den ganzen Tag und die ganze Nacht. Die ihr Gott erinnert, gönnt euch keine Ruhe! Gönnt Gott keine Ruhe, bis sie gegründet wird, bis Gott Jerusalem zum Lobpreis auf der Erde macht" (Jes 62,1.6-7, BiGS).

Aufgabe der Gläubigen ist es, an Gott und seine Taten zu erinnern und *nicht Ruhe zu geben*, bis Gerechtigkeit hergestellt ist. Erst dann wird Jerusalem zum Lobpreis Gottes auf der Erde, erst dann können die fremden Völker ihre „Gerechtigkeit sehen", erst dann wird Gott ihr „einen neuen Namen" geben (vgl. Jes 62,2). Alles läuft auf diesen großartigen Höhepunkt zu, in dem Gerechtigkeit hergestellt und Jerusalem zum Inbegriff des Lobpreises Gottes wird. Was jedoch zeichnet diese Gerechtigkeit aus, die es erst ermöglicht, dass aus Jerusalem der Lobpreis Gottes erschallt? Die Antwort folgt unmittelbar, Gott selbst legt (in Form der Gottesrede) ein großartiges Versprechen ab:

> „Ich will dein Getreide nicht mehr denen zu essen geben, die dir feind sind, und die Kinder der Fremden sollen deinen Wein nicht trinken, mit dem du so viel Arbeit hast. Sondern die, die Ernte einbringen, sollen sie essen und Gott loben, die den Wein lesen, sollen ihn trinken in den heiligen Höfen meines Tempels. Zieht ein, zieht ein durch die Tore, macht den Weg

frei für das Volk [am]! Schüttet auf, schüttet die Straße auf, räumt die Steine weg, richtet ein Zeichen über den Völkern [[am]] auf! (…) Und sie werden genannt werden: ›Heiliges [kadosch] Volk, Befreite Gottes.‹ Du aber wirst genannt werden: ›Vielbesuchte‹, ›Stadt, die nicht verlassen wird‹". (Jes 62,8b-10.12, BiGS).

Was für eine großartige Vision! Das Volk, die einfachen Leute, die wissen, was Hunger ist, die Menschen, die von Landwirtschaft leben, die unter der hohen Steuer- und Abgabenlast ächzen – immer davon bedroht, in Schuldknechtschaft zu geraten –, sie sollen das, was sie unter der Mühe ihrer Hände angebaut bzw. gefangen haben, *selbst* verspeisen dürfen! Schluss mit Steuern und Abgaben! Schluss mit Zittern und Bangen, die eigenen Kinder in Schuldknechtschaft verkaufen zu müssen! Und: Hier, bei Jesaja, ist es nicht der Messias, der in die heilige Stadt einzieht, sondern das Volk selbst und zwar als „heiliges" Volk, als Befreite Gottes. Die christliche Rezeption sieht Jesus in die Heilige Stadt einziehen, das Volk ist nur Beiwerk, bestenfalls Anhängerschaft. War es anders? Verstanden die ihm Nachfolgenden sich als kollektives Subjekt, das endlich Gerechtigkeit forderte?

Bietet Jesaja seinen Zuhörenden hier lediglich eine religiöse Verheißung, die helfen soll, die irdische Not, die Ungerechtigkeit der Welt, „wie sie nun mal ist", besser zu ertragen? Vermag sie Trost zu spenden, indem sie die Leute auf einen Ausgleich im Jenseits hoffen lässt, wie es später die Kirche über viele Jahrhunderte hinweg bis in die Gegenwart deuten wird?

Betrachten wir das Ganze mit etwas Distanz, so zeigt sich, dass hier in euphorischer Sprache die politischen Themenbereiche Ökonomie, Außen- und Sicherheitspolitik sowie Fragen des religiösen Kults zusammengebracht werden – Themenfelder, die in unserem modernen Weltverständnis strikt getrennt sind. Hier ist davon die Rede, dass nicht mehr die Feinde, die allzu oft das Land besetzt halten, Getreide und Wein, die Erzeugnisse mühseliger landwirtschaftlicher Arbeit, verkonsumieren und in ihre Heimat exportieren, sondern das Volk selbst. Das Volk selbst verspeist seine eigenen Erzeugnisse, allerdings begegnen wir einer erstaunlichen Ortsangabe. In den heiligen Höfen des Tempels findet dieses Festmahl statt.

Was steckt dahinter? Den Teil des Erwirtschafteten selbst zu verspeisen, der übrig bleibt, wenn die dringendsten Bedürfnisse gedeckt sind - das heißt in dem Kontext der bäuerlichen Gesellschaft, dass es *keine* Instanz gibt, die Tribut abführt oder Steuern erhebt, um mit diesen Abgaben ihre Eroberungsfeldzüge und das Leben der imperialen Oberschicht zu finanzieren.[7] Die Vision des Jesaja verweist also auf eine Zukunft, in der das Volk nicht mehr von Abgabe- und Steuerlasten bedrückt wird. Diese Vision scheint zunächst mit der Realität Israels zur Zeit Jesu nichts zu tun zu haben – und *doch hat sie* in frappierender Detailtreue Eingang in die historische *Realität Israels gefunden – lange vor der Eroberung des Landes durch die Römer. Davon zeugt das* jüdische Gesetz, die Tora, und zwar in ihrer jüngsten Ausführung:

> „Du sollst den zehnten Teil dessen abgeben, was deine Saat auf dem Feld Jahr um Jahr hervorbringt. Du sollst dazu ein Essen vor Adonaj, deiner Gottheit, an dem Ort veranstalten, den sie auswählt, um ihren Namen dort wohnen zu lassen. Verzehre dort den zehnten Teil deines Korns, deines Mostes und deines Öls und die Erstgeburt deiner Rinder, Schafe und Ziegen. Auf diese Weise lernst du Adonai, Gott für dich, ein Leben lang zu achten".(Dtn 14,22-29, BiGS).

Was wir hier hören, klingt zunächst widersprüchlich: Die Leute sollen den Zehnten abgeben und doch selbst verspeisen? Auch hier lesen wir eine Ortsangabe: Nicht zuhause, nicht direkt auf dem Feld, im Palast des Königs oder sonstwo sollen sie den zehnten Teil der Ernte zu sich nehmen, sondern dort, wo Jhwh es will: in der heiligen Stadt Jerusalem, dort, wo die drei großen Wallfahrtsfeste gefeiert werden, von denen Pessach das größte ist, soll der Zehnte des Korns und des Mosts usw. verzehrt werden und zwar im Tempel! Hier sollen die Leute sich freuen – festlich speisen *und* Gott loben. Geht alles nach der Tora, wie es in ihrer jüngsten Fassung, im Buch Deuteronomium dargelegt ist, geschieht also exakt das, was in der Vision des Jesajabuches ausgemalt wird! (Jesaja 62,8b-10;12)[8]

---

[7] Wie die Tributforderungen eines Großkönigs das Gesellschaftsgefüge des unterworfenen Landes verändern, beschreibt Ton Veerkamp in: VEERKAMP, Ton: Autonomie und Egalität – Ökonomie, Politik und Ideologie in der Schrift, Berlin 1993, 25-28.

[8] Komplexe Fragen der Datierung können hier nicht weiter behandelt werden. vgl. dazu: WERLITZ, Jürgen: Jesaja. Jesajabuch, in: KASPER, Walter u.a.: Lexikon für Theologie und

Wie haben die Leute das organisiert, dass sie all die Nahrungsmittel nach Jerusalem transportiert haben? Falls dieser Transport nicht möglich war, konnte man die Dinge zu Hause verkaufen und sich mit dem Geld in Jerusalem eindecken, um das Fest dort zu begehen![9]

Wie aber kam es zu dieser sonderbaren Festlichkeit? Der Zehnte ist schließlich keine Erfindung Israels, sondern steht für die Verpflichtung des Volkes an den eigenen König und/oder an imperiale Großmächte, die ihr Land besetzt halten, d.h. an „die Völker", Tribut zu entrichten. Wie kommt es zu dieser Besonderheit im jüdischen Gesetz, den Zehnten nicht abzuliefern, sondern an dem zentralen Heiligtum in der Hauptstadt zu verzehren?

Was ist der sozialgeschichtliche Hintergrund zu diesem Festmahl in Jerusalem?

Nach FRANK CRÜSEMANN fand sich nach dem Zusammenbruch des Nordreiches Samaria (722 v. Chr.) im Süden in Judäa eine Koalition von judäischen Bauern, Priestern, Prophet:innen zusammen, die ein schmales Zeitfenster politischer Autonomie nutzten, um eine weitreichende Rechts- und Kultreform durchzuführen, die gegen die

---

Kirche, [3]Freiburg i. Br., Bd. 5, Sp. 787-791. Wichtig erscheint es mir, auf die Konvergenz von prophetischer Botschaft und alttestamentlicher Tora hinzuweisen wie auf deren Rezeption in den Evangelien. Crüsemann: Wahrheitsraum, 152-161.

[9] „Für den Fall, dass dir der Weg zu viel wird und du all das nicht tragen kannst, weil der Ort zu weit entfernt ist, den Adonaj, deine Gottheit, erwählt, um ihren Namen dort einzusetzen, und weil dich Adonaj, deine Gottheit, so sehr gesegnet hat, dann verkaufe all das für Geld, nimm es in deine Hand und gehe zu dem Ort, den Adonaj, deine Gottheit, für sich auswählen wird. Gib das Geld für alles aus, was dein Gaumen (nefesch) begehrt: für Rinder, Schafe und Ziegen, für Wein und Bier (…) Veranstalte vor Adonaj, deiner Gottheit, ein Essen und freue dich, du und die deinen. Lass die levitische Familie, die in deiner Stadt lebt, nicht leer ausgehen, denn sie hat weder Anteil noch Erbbesitz so wie du. Jedes dritte Jahr aber sollst du den zehnten Teil deines Ertrages herausgeben und ihn noch im gleichen Jahr in deiner Stadt hinterlegen. Dann können die levitischen Familien, die weder Anteil noch Erbbesitz haben wie du, und die fremden Personen, die Waisen, die Witwen, die in deiner Stadt leben, kommen und sich satt essen, auf dass Adonaj, deine Gottheit, dich segnet in allem, was du auch anfasst." (Dtn 14, 24-29, BiGS)

Interessen der städtischen Elite Jerusalems gerichtet war.[10] Der Thron war damals zwar nicht vakant, aber von einem Kind von acht Jahren, dem König Josia besetzt. Von ihm heißt es im zweiten Buch der Könige: „Er tat, was in den Augen der Ewigen recht war und verhielt sich wie sein Vorfahre David" (2 Kön 22,2). Sein Vater Amon war im Rahmen eines Komplotts aus seiner nächsten Umgebung am Hof ermordet worden. Judäische Bauern hatten den infolge dieses Komplotts inthronisierten illegitimen Usurpator eigenhändig aus dem Weg geräumt und den achtjährigen Sohn des ermordeten Königs und der Königin Jedida als legitimen Nachfolger zum König gemacht.[11] In den dreißig Jahren seiner Herrschaft hat König Josia „keine Politik gegen den Willen und gegen die Interessen der Gruppe betrieben, die ihn an die Macht gebracht und erzogen hat", stellt Crüsemann fest.[12] Zur gleichen Zeit war keine der Israel umgebenden Großmächte Assur, Babylon und Ägypten in der Lage den Zehnten einzutreiben, da sie durch innere Instabilität geschwächt waren.

Es war eine Zeit großer politischer und gesellschaftlicher De-stabilität. Der Prophet Hosea hatte den im Nordreich betriebenen Stierkult sowie die Ausbeutung des Volkes durch König und Oberschicht scharf kritisiert und als Betrügerei entlarvt.[13] Dass das Nordreich durch die Assyrer erobert wurde, deuteten Jesaja und Micha, die in Judäa auftraten, konsequent als Strafe für diese Sünden der Oberschicht am eigenen Volk. Viele Menschen aus dem Nordreich waren inzwischen nach Süden, nach Judäa, geflohen. Dort gab es infolgedessen große soziale Probleme, die denen zur Zeit Jesu und der Jahre und Jahrzehnte nach dem römisch-jüdischen Krieg (67-70), in denen die Evangelien verfasst wurden, auffallend ähnlich waren: Große Armut, Entwurzelung infolge des Krieges und viele Menschen, die ihr Land durch Verschuldung verloren hatten, und in die Sklaverei verkauft worden waren oder sich als Pächter oder Tagelöhner durchschlagen mussten.[14]

---

[10] CRÜSEMANN, Frank: Die Tora. Theologie und Sozialgeschichte des alttestamentlichen Gesetzes, ³2005, 248-251; 315-218.

[11] CRÜSEMANN: Tora, 249.

[12] Ebd.

[13] „Verworfen ist dein Stierbild Samaria, entbrannt ist mein Zorn über sie. […] Hand-werker und Handwerkerinnen haben es gemacht! Kein Gott ist da! Ja, in Stücke geht das Stierbild Samarias" (Hos 8,6). Siehe dazu CRÜSEMANN, Tora, 27f.

[14] SCHOTTROFF, Luise: Die Gleichnisse Jesu, 28.

Man kann sich gut vorstellen, dass viele Bauern in Judäa, die während der Regentschaft des Josia Abgabenfreiheit genossen, zwar heilfroh waren, dass niemand von ihnen Abgaben wie „den Zehnten" verlangte, dass sie sich aber zugleich vor dem drohenden Verlust dieser gerade erst gewonnen Autonomie fürchteten. Denn schließlich standen auch sie in Juda in Gefahr, das gleiche Schicksal zu erleiden wie das vor Kurzem von Assur eroberte Nordreich, zumal viele von ihnen die gleichen Götter, die Baale und Astarten, verehrt hatten und noch verehrten, jene, die die Prophet:innen in Nord und Süd so hassten! Der Alttestamentler Frank Crüsemann hält es daher für sehr wahrscheinlich, dass in der Regentschaft des Kindskönigs Josia (639-609 v.Chr.), jene Neufassung des Bundesbuchs entstand, die im heutigen Deuteronomium zu finden ist und die – sozialpolitisch betrachtet – geradezu revolutionäre Neuerungen enthält.[15]

Die wichtigste davon ist das Gesetz vom Zehnten, das auf eine faktische Abschaffung des Zehnten und damit der traditionellen Staatssteuer hinausläuft – nach Crüsemann stellt diese Abschaffung der Staatssteuer und die mit ihr organisierte Umleitung der Abgaben und Gelder an Bedürftige „die erste bekannte Sozialsteuer der Geschichte" dar.[16] Die Regentschaft Josias ist also nicht nur durch die große Kultreform gekennzeichnet, wofür Josia allgemein bekannt ist, sondern sie trägt „Züge einer Bauernbefreiungsbewegung, was sich vor allem in den entsprechenden Sozialgesetzen des Deuteronomiums spiegelt."[17] Die „fortschrittliche Koalition" von Bauern (Frank

---

[15] Crüsemann geht davon aus, dass das Konzept der Kanonisierung hier seinen Ursprung hat.

[16] „Das Deuteronomium schafft die (zu vermutende) traditionelle Staatssteuer ab, verwandelt sie teilweise in eine direkte Sozialabgabe und bestimmt den Rest zur Finanzierung der – für viele wohl neuen – Bindung an das zentrale Heiligtum." CRÜSEMANN: Die Tora, 255.

[17] Ebd. 315. Aber nicht nur die weltweit erste Sozialgesetzgebung ist hier historisch verbürgt, sondern mit der Einführung des Erlassjahrs (vgl. Dtn 15,1-6) und dem Verbot der Zinsnahme brachte das Deuteronomium noch weitreichendere Verbesserungen für die von Verarmung und Verschuldung bedrohte Landbevölkerung, z.B. beim Sklavenrecht: Der Herr musste seine Sklaven – Männer wie Frauen – nicht nur nach sieben Jahren frei lassen, sondern sie auch mit Tieren und Saatgut ausstatten, um ihnen so einen ökonomischen Neuanfang zu ermöglichen (vgl. Dtn 15, 12-14). Und ein entlaufener Sklave durfte keineswegs zu seinen Herren zurückgebracht werden, sondern verdiente Schutz und Aufenthaltsrecht überall, wo er hinkam! (Dtn 23,16) Siehe dazu CRÜSEMANN, Tora, 271.

Crüsemann), Priestern und Prophet:innen war die treibende gesellschaftliche Kraft hinter den Ereignissen, von denen die folgende Erzählung berichtet (2 Könige 22,1-11): Sie markiert den Start der oben bereits erwähnten Kultreform unter König Josia. *Die Erzählung* selbst kann auch jüngeren Datums sein und das Geschehen rückblickend in Form „einer Legende, einer *ideologisch produktiven Fiktion"* beleuchten, wie Ton Veerkamp in seinem grandiosen Buch „Die Welt anders" erläutert.[18] Demnach wurde bei Reparaturarbeiten im Tempel, die der junge König veranlasst hatte, eine Buchrolle gefunden, deren Inhalt die Tora (2 Kön 22,27) war, das heißt die Tora des Mose.[19] Der Großpriester überreicht die Rolle dem Staatssekretär, dieser reicht sie an den König weiter, der seinerseits nun vom Priester verlangt, er möge ihm daraus vorlesen – und angesichts dessen, was er hört, absolut betroffen ist: Er zerreißt sein Gewand und demonstriert „damit, dass er die Buchrolle als göttliche Anordnung für die Staatspolitik auffasste, eine Anordnung, die im totalen Gegensatz zur Politik stand, die er bis dahin und die seine Väter vor ihm gemacht hatten."[20] Zunächst schickt der König die Priester zur Prophetin Hulda – offenbar um ihre Einschätzung zu der neu gefundenen Tora zu hören. Als die Prophetin die Rechtmäßigkeit der Torarolle bestätigt, ordnet der junge König die Zerstörung aller Götterdarstellungen, Kultstätten und Kultgeräte an: „Ausgeschaltet werden alle Götter, die – egal unter welchem Etikett – nicht befreien, sondern die Klassengesellschaft repräsentieren", kommentiert Ton Veerkamp dieses Geschehen.

Was in dieser Geschichte als rechtmäßiges Regierungshandeln des rechtmäßigen Königs auf gesetzlicher Basis, nämlich auf der der gerade „wieder"-gefundenen Tora[21] erscheint, bedeutete in Wirklichkeit, also im historischen Kern eine Revolution, da es sich um eine

---

[18] VEERKAMP, Ton: Die Welt anders. Politische Geschichte einer großen Erzählung, Berlin 2013, 2. Auflage 2016, 34-46, bes. 36.

[19] Ebd. 34-46.

[20] Ebd. 36.

[21] Auch für Crüsemann ist offen, ob dieser Text dem historischen Selbstverständnis der Beteiligten entspricht oder deutlich jüngeren Datums ist und ausschließlich ätiologischen Charakter hat, also lediglich verfasst wurde, um die historische Realität zur Zeit seiner Entstehung zu erklären. Wichtig dabei: Nicht die Erklärung, sondern das Faktum, das erklärt werden soll, sei bei Ätiologien als historisch anzusehen. „Das aber ist die Geltung des Gesetzes, die Tatsache, dass König wie Volk ihm unterstanden und an es gebunden waren." (CRÜSEMANN, Tora, 318).

kurzfristig durchgesetzte Umkehrung der Machtverhältnisse handelt. Dem König wird im neuen, als alt deklarierten Gesetz das Recht entzogen, Steuern zu erheben, mit denen er seit Jahrhunderten seine königliche Macht inkl. der Streitmacht hatte sichern können. Zwar wird der Zehnte verbal nicht abgeschafft, aber er darf und soll nicht dem König und auch niemand anders abgeliefert werden, sondern soll in der Heiligen Stadt, also vor Jhwh, dem einzigen König, von den Familien und all ihren Abhängigen, d.h. Sklav:innen und Bediensteten etc. gemeinsam *zum Ruhm Jhwhs* verzehrt werden. Warum? Damit alle ihn, Jhwh, achten. Diese und viele anderen Bestimmungen wurden eindeutig gegen die Interessen der Oberschicht, in der man auch die Sklavenhalter vermuten muss, durchgesetzt. „Das neue Gesetz gewann also seine Gestalt auf dem Hintergrund einer Situation, in der" (…) [die judäische Landbevölkerung] selbst die Macht ergriffen hatte"[22] und über mehrere Jahrzehnte in den Händen hielt. Das Deuteronomium gab damit „dieser faktischen Volkssouveränität Gestalt und Legitimation."

Die radikale und gewalttätige Zerstörung der Götterbilder und Kultstätten der Baale und Astarte, für die König Josia bekannt ist, geht also einher mit der Inkraftsetzung einer insofern *neuen* Tora, als in ihr der *befreiende Wille Jhwhs* stärker als in der früheren Version wie dem Bundesbuch seinen Ausdruck gefunden hat. Die wichtigste Neuerung bestand in der oben dargestellten Umwidmung des Zehnten, durch die Jhwh selbst als *einzig legaler Lehnsherr* in Erscheinung tritt, der jedoch die ihm zustehenden Gaben großzügig an alle (zurück)verteilt. Die Abschaffung des Zehnten bedeutet nach Frank Crüsemann „die Abschaffung der traditionellen Staatssteuer"[23] und entfaltete sich in zwei Bestimmungen: Die erste bestand darin, dass der Zehnte alle drei Jahre vor den Toren der Stadt an die Armen, Witwen, Leviten (die als Priester über keinen eigenen Landbesitz verfügten) abgegeben werden musste. Sie stellt die *erste direkte Sozialabgabe* dar. Die zweite Bestimmung, derzufolge die Überschüsse am zentralen Heiligtum verprasst werden sollten, förderte die Bindung an das Heiligtum ebenso wie den sozialen Zusammenhalt in der Familie sowie das Gefühl von Egalität: Vor Adonai waren alle vom Patriarchen bis zur Sklavin gleich, vor Adonai sollten sich alle

---

[22] Dieses und das folgende Zitat: ebd., 251.
[23] Ebd. 255. Vgl. dazu Dtn 12, 17-19.

satt essen und freuen! Und es ist klar: Der Ort, an dem die Familien die schönsten Feste feiern, wird zukünftig für alle der Ort ihrer Kindheit sein, an dem sie „schon immer" glücklich waren und alles hatten, was sie brauchten. Der Tempel wird so im doppelten Sinn zum heiligen Ort! Einen Gott, vor dessen Angesicht alle fröhlich sind, sich satt essen und sich des Lebens freuen dürfen – ihn wird man ein Leben lang lieben und jenen Göttern vorziehen, die Menschen knechten und um der eigenen Macht willen ausbeuten![24] Aber an dieser Festlichkeit sollen „alle partizipieren, gerade auch die, die daran als Land- und Rechtlose aus eigener Kraft nicht teilhaben können."[25] Die hier verspeisten Güter fehlten fortan an anderer Stelle und reduzierten damit die ohnehin geringen Möglichkeiten des kleinen Königtums Judäa, sich im Kreise seiner Nachbarn als militärische Macht zu etablieren.

Aber König Josia lässt es nicht nur bei diesen kultischen und rechtlichen Reformen bewenden, sondern besiegelt das Geschehen mit der Einführung eines neuen Festes im jüdischen Kalender: Noch im gleichen Jahr, in dem die neue Torarolle „gefunden" und die Götterbilder auf seinen Befehl hin zerstört wurden, ließ er, wie im zweiten Buch der König nachzulesen, das *erste* Pessach „für die Ewige in Jerusalem" feiern (2 Kön 23,23).

Pessach erinnert damit nicht nur an den Exodus, den Auszug des Volkes Israel aus ägyptischer Sklaverei, sondern auch an die Befreiung von den in die Sklaverei führenden staatlichen Abgaben, die es immer wieder neu zu verteidigen gilt! Pessach, das Fest der Befreiung, ersetzte das traditionelle Frühlingsfest. „Die Wurzel von Pessach *pasach* bedeutet *überspringen*" und bezieht sich auf die Erzählung von jener letzten Nacht in Ägypten, in der Gott „die Türen und Häuser der Hebräer, [die mit Blut bestrichen waren], *übersprungen*" und „*dem Vernichter nicht erlaubt*" hat, in deren Häuser *einzudringen* (vgl. Ex 12,23). Die erstgeborenen Söhne der Ägypter hingegen starben in dieser Nacht. Das bedeutet: Das Volk, das Jhwh, dem befreienden Gott, dient, *dessen* Söhne und Töchter bleiben verschont, *sie* müssen nicht geopfert werden, sie brauchen für keinen Kriegsgott in den Krieg zu ziehen, sie werden nicht in die Sklaverei

---

[24] Ebd. 261. Mit der Abschaffung des Zehnten ging die Abschaffung des Frondienstes einher. Ebd. 262.
[25] Ebd. 261.

verkauft. Pessach jedes Jahr zu feiern bedeutet: Jedes Jahr geschieht Pessach neu, „weil die Befreiung gesellschaftliche Aufgabe bleibt" (Pessachfest in der Mischna).[26]

An dieses Verständnis einer konkret und kollektiv erfahrenen Befreiung, die als befreiendes Handeln Gottes interpretiert und geglaubt wird und das sich Jahrhunderte vor Jesus in einem kollektiv erinnerten geschichtlichen Prozess ereignete, knüpfte Jesus an. Mit Trauer und Wut hatte er feststellen müssen, dass die römischen Besatzer und die mit ihr kooperierende jüdische Oberschicht verhinderten, dass die zu einem bedeutsamen Teil unter dem noch minderjährigen König Josia[27] errungenen und im jüdischen Gesetz fest verankerten sozialpolitischen Maßnahmen wie Schuldenerlass, zinsfreies Leihen etc. realisiert wurden. Die damals vorherrschende pharisäische Lehre, die beim Volk viel Anerkennung fand, lehrte zwar Gesetzestreue, hatte jedoch viele sozialpolitisch wirksame Gebote wie das Verteilen des Zehnten an die Armen, das zinsfreie Leihen oder die Verpflichtung der Kinder, für ihre alt gewordenen Eltern zu sorgen, durch symbolische Ersatzleistungen ersetzt (vgl. Mt 15, 13-9). Die ganze religiöse Inbrunst ging in die genaue Befolgung kultischer Riten anstatt in die Einhaltung der Sozialgesetzgebung, die dem Volk Linderung ihres Leides gebracht hätte.[28]

Diese auf den religiösen Kult konzentrierte Toraauslegung griff Jesus scharf an und warf den Pharisäer:innen, zu denen er als Wanderrabbi selbst zählte, Heuchelei bzw. Scheinheiligkeit vor, wie die BigS übersetzt (vgl. Mt 23,13-34). Stattdessen zeigte er Wege auf, die Tora inmitten der Bedrückung durch die römischen Besatzer wieder lebendig werden zu lassen. Sein Aufruf einander zu vergeben *und* Schulden zu erlassen (Mt 6,12.14) und zinsfrei Geld zu verleihen (Lk 6,24), richtete sich besonders an jeden Einzelnen, der oder die Geld hatten und die er daher in der Lage sah, dem messianischen Friedensreich durch Beachtung der Tora den Weg zu bahnen. Angesichts der großen Not des Volkes rief er damit die Reichen trotz

---

[26] Zitate in diesem Absatz: VEERKAMP: Die Welt anders, 43.

[27] „Wie ihn gab es keinen König vor ihm, der zur Ewigen mit seiner ganzen Herzensvernunft, mit seiner ganzen Lebenskraft und mit aller Kraft umgekehrt ist – ganz nach der Weisung des Mose" (2 Kön 23,25).

[28] YODER, Jon Howard: Die Politik Jesu. Vicit agnus noster (Unser Lamm hat gesiegt), Neufeld 2012, 72-78, zum Prosboul (gerichtlich bestätigte Handlung), mit dem man ein Gericht beauftragen konnte, die Schulden vom Gläubiger einzutreiben 75 f.

finanzieller Nachteile zum Einhalten des Erlassjahr- und des Zinsgebots auf, zum Teilen oder gar zum Verschenken ihres gesamten Reichtums. Kein Wunder, dass die Armen angesichts dessen Hoffnung schöpften und ihm zujubelten, manche Reiche dagegen sich empört abwandten!

Das Vertrauen in seinen fürsorglichen Vater im Himmel und die Bereitschaft, seinem Willen zu folgen, war für ihn dabei der Schlüssel, aus der verfahrenen und hoffnungslosen Situation heraus zu kommen (Mt 6,27). Der Wille Gottes findet seinen Ausdruck jedoch nicht nur in den Worten der ProphetInnen, sondern auch im schriftlich niedergelegten Recht, für dessen Etablierung judäische Bauernfamilien, Priester und Prophet:innen gemeinsam hatten kämpfen müssen!

Ausrufung Jesu zum Messias durch die Kinder im Tempel und Entfaltung des Regierungsprogramms in den Gleichnissen: Jesus, der Messias aller Völker

Vor diesem Hintergrund wundert es nicht, dass der Tempel, der Ort der kultischen Verehrung des einen Gottes, *die* zentrale Anlaufstelle Jesu war, obwohl Händler und Geldwechsler dort ganz selbstverständlich ihren Geschäften nachgingen. Damit aber hatten sie den Tempel, wie Jesus mit dem Propheten Jesaja kritisierte, „zu einer Räuberhöhle gemacht" (vgl. Mt 21,13b; Jesaja 56,7). Bevor Jesus dort zu lehren begann, warf er in einem Akt gewaltlosen Widerstandes die Geldwechsler und Viehhändler hinaus und entließ die Tiere in die Freiheit (Mt 21,12-13). Erst nachdem die Anhänger dieser „anderen Ordnungen", die andere Götter als Jhwh verehrten, und nur so imstande waren, im Heiligtum Handel zu betreiben, draußen waren, rufen ihn die Kinder, den Hosanna-Ruf der Masse vom festlichen Einzug in Jerusalem aufgreifend, zum Messias aus: „Hilf doch, Sohn Davids!" (Mt 21,14-15) – zum großen Ärger der Hohenpriester und Toragelehrten (vgl. Mt 26,3-5). Hier, im von den Geldwechslern und Händlern befreiten Tempel, verorte ich den unscheinbaren, aber machtvollen Beginn der messianischen Friedensherrschaft Jesu. Die Blinden und Gelähmten (21,14) empfangen Heilung durch ihn. Die

Kinder (21,15) – verletzbar und zugleich fähig zu vertrauen und so reif für das Himmelreich (Mt 19,14) – singen sein Lob und rufen ihn zum Messias aus – ein unscheinbares und heilsames, Zukunft und Leben stiftendes Ereignis, das die auf Gewalt und Größe starrende Theologie bislang übersehen hat. Die Kinder *tun* damit genau das, wozu Jesaja einst aufrief: fröhlich zu sein vor Gott in seinem Heiligtum und ihn zu verehren und zu lieben.

Die Gleichnisse, die Jesus in den folgenden Tagen bis zu seiner Verhaftung am Vorabend von Pessach den Menschen erzählt, erzählt er nicht als erbauliche Geschichten, sondern weil er die mit Rom kollaborierende Jerusalemer Elite, vor allem die Pharisäer unter ihnen, damit zu einem neuen Verständnis der aktuellen politischen Situation führen will (Mt 21,2f). Diese Gleichnisse sind hochpolitisch. Sie thematisieren teils in verschlüsselter Form die Legitimität von Steuern, Gewalt und Aufstand. Überzeugen kann Jesus seine Zuhörerschaft jedoch nicht, im Gegenteil: Die Pharisäer und Sadduzäer wenden sich umso entschiedener von ihm und damit von seinem Verständnis der Herrschaft Gottes ab (vgl. 21,45-46).

So verstehe ich die Gleichnisse als eine Art messianisches Regierungsprogramm, das einen dritten Weg aufzeigt zwischen Kollaboration mit der Besatzungsmacht auf der einen und bewaffnetem Aufstand auf der anderen Seite. Sie knüpfen an Fragen an wie: ökonomische Macht durch Ausbeutung und physische Gewalt und deren Delegitimierung durch die Herrschaft Gottes (Gleichnis von den Weinbauern) und die Frage nach der Rechtmäßigkeit von Steuern. Da dies nun nicht der Zehnte ist, der vor den Augen Jhwhs verfeiert wird, sondern der, den sich der Kaiser von Rom aneignet, sagt Jesus nicht, dass man ihm Steuern zahlen soll, sondern nur, dass man dem Kaiser geben solle, was ihm ohnehin gehört. Wenn Jesus sich nicht zuvor kritisch zum Zahlen von Steuern geäußert hätte, wäre es völlig unplausibel, warum diese ihm als Fangfrage gestellte Frage überhaupt an ihn gerichtet und die ganze Geschichte tradiert wurde.

Hören wir unter diesen Vorzeichen das Gleichnis vom königlichen Hochzeitsmahl (Mt 22,1-14), so wird leicht erkennbar, dass hier ein imperialer Herrscher zu einem Mahl ruft, das weder seine Freundschaft noch Barmherzigkeit widerspiegelt, sondern mittels dessen er nichts als Unterwerfung fordert[29]: Auf die, die ihm diese Unterwerfung verweigern, reagiert er mit Wut und Willkür. Als einer, der als Ersatz für die Abtrünnigen eingeladen worden war, wegen unangemessener Kleidung auffällt, ist für ihn das allein schon Grund genug, diesen Menschen ins Verlies zu sperren! Gott, so verstehe ich mit Luise Schottroff die Botschaft dieses Gleichnisses, ist gerade nicht wie dieser imperiale Herrscher, der die, die sich unterwerfen und anpassen, bewirtet, diejenigen aber, die – warum auch immer – aus der Reihe tanzen, brutal bestraft. Vielmehr spricht *dieses* Gleichnis „von Gott nicht per analogiam, sondern e contrario".[30] Es sagt uns: Jhwh ist anders! Sie fordert keine Unterwerfung! Vielmehr „ruft er *alle* Völker, aber das schwächste liebt er besonders!" (Mt 22,14)[31] Jesus öffnet also die befreiende Botschaft von Gott als demjenigen, der aus unterdrückerischen, ausbeutenden Herrschafts-verhältnissen herausruft, auf alle Völker. Er löst alle aus ihrer jeweiligen nationalen Begrenzung heraus – ohne damit die besondere Rolle Israels für die Heilsgeschichte aufzuheben. „Gott ruft alle Völker" (Mt 22,14), dem Volk Israel, seiner „ersten Liebe" bleibt er aber trotzdem treu![32]

Mit der Zeichenhandlung, als friedfertiger und unbewaffneter König auf einem jungen Esel in die Davidstadt einzuziehen, knüpfte Jesus an das Bild des messianischen Königtums an, ja er schlüpft selbst in die Rolle des Königs – warf dabei jedoch alle traditionell königlichen Attribute, Machtinsignien sowie die Machtmittel des Militärs (Streitross) und Steuern (ausbeutender Zugriff auf die ökonomischen Ressourcen der unterworfenen Völker) von sich. Verbal bleibt er König, jedoch nur, um so zum Inbegriff für eine andere, herrschaftsfreie politische Ordnung werden zu können – so

---

[29] Luise Schottroff erinnert in ihrer sozialgeschichtlichen Gleichnisauslegung an die herrscherlichen Gastmähler als Mittel imperialer Macht. Wer die Einladung annahm, bestätigte die Herrschaft des Gastgebers, wer sie ausschlug, machte sich zumindest des Aufruhrs verdächtig. SCHOTTROFF, Die Gleichnisse Jesu, 3. Aufl. 2010, 56f. Matthäus berichtet von einem solchen Gastmahl, das Herodes Antipas ausrichtete und bei dem Johannes der Täufer hingerichtet wird (Mt 14,3-12parr).

[30] SCHOTTROFF: Die Gleichnisse Jesu, 67.

[31] Ebd. 55.

[32] „Gottes erste Liebe. Die Juden im Spannungsfeld der Geschichte", so der sprechende Titel des immer noch äußerst lesenswerten Buches von FRIEDRICH HERR.

wie damals unter König Josia das Gesetz des Zehnten verbal fort-
bestand, jedoch ohne dass der König und sein Etat noch davon hätte
profitieren können. Der Gott, den Jesus vertraut mit „Abba", Vater
anspricht und dessen Herrschaft nahe gekommen ist, zwingt weder
mit Waffen noch mit anderen Mitteln wie die „Herren dieser Welt"
(Mt 20,25), sondern lädt durch sein friedfertiges Beispiel zur
Nachahmung ein.

Statthalter Pilatus hatte karrierebedingt ein persönliches Interesse,
beim Kaiser durch gute Amtsführung, d.h. durch eine ruhige Pro-
vinz, aufzufallen. Er sah in Jesus und seiner Anhängerschaft aufgrund dessen Behauptung, König zu sein, nur lästige Aufständische,
die ihm angesichts seines Repressionsapparats nicht gefährlich werden konnten.[33] Allerdings musste er bei deren Verfolgung Vorsicht
walten lassen, da er „wie seine Vorgänger auf ein gewisses Maß an
Zusammenarbeit mit dem jüdischen Synhedrion angewiesen war,
dem Hohen Rat, in dem sich die Hohepriester, die Ältesten und
Schriftgelehrten versammelten."[34] Wie auch immer der Prozess im
Einzelnen verlief[35], Jesus starb als jüdischer Aufständischer, seine
„Anmaßung, ein König zu sein, erfüllte den Tatbestand des
Hochverrats (crimen laesae maiestatis)".[36]

Dass das Ganze trotz seiner demonstrativen Friedfertigkeit einen
blutigen Ausgang nehmen würde, war angesichts der Übermacht der
Römer und des Risikos, das ein Einlenken der Jerusalemer Elite für
diese bedeutet hätte, von Anfang an der wahrscheinlichere Ausgang.
Aber Jesus gab sein Anliegen, so berichten die Evangelien je auf ihre
Weise, auch angesichts seines persönlichen Scheiterns keineswegs für
verloren.

---

[33] DAHLHEIM: Zeit Jesu, 67; 69f.
[34] DAHLHEIM: Zeit Jesu, 67; 69f,
[35] Zur Forschung zum Prozess vgl. die Übersicht bei DAHLHEIM, Zeit Jesu, 440, Fußnote
37.
[36] Ebd. 72.

FAZIT UND KONSEQUENZEN FÜR UNS HEUTE:
GEWALTFREIER WIDERSTAND GEGENÜBER FALSCHEN GÖTTERN

Jesus hat trotz der damit verbundenen Gefahren einen Aufstand für den Frieden riskiert. Es wurde gezeigt, dass die Prophet:innen nicht nur vor der Verehrung der falschen Götter warnten und die anklagten, die sich auf deren Anerkennung und Verehrung einließen, sondern dass sie sich auch aktiv in gesellschaftliche Konflikte einmischten, um die Macht dieser falschen Götter zu brechen und ihr Wiedererstarken zu verhindern. Das Bündnis der Landbevölkerung mit einem Teil der Priesterschaft und mit einigen Prophet:innen erreichte, dass eine bereits bestehende schriftliche Fassung der Tora verändert wurde und zwar so, dass die Gefahr für die bäuerliche Bevölkerung, in Schuldknechtschaft zu geraten, dadurch deutlich reduziert wurde. Die Befreiung, der Auszug aus dem Ägypten der Schuldknechtschaft, sollte für Bäuerinnen und Bauern, für Sklaven und Sklavinnen, für Groß und Klein erfahrbar bleiben und Bestand haben! Daher wurde befreiendes Handeln institutionell verankert – und zwar nicht nur rechtlich, sondern auch liturgisch-kulturell – um es so durch die lebendige Beziehung des Volkes zu Jhwh dynamisch zu halten – immer darauf ausgerichtet, den Befreiungsprozess gegen Rückfall in versklavende Strukturen zu sichern, ja ihn voranzutreiben.

Die Evangelisten sagten – von der Jesusüberlieferung bewegt – infolge der niederschmetternden Niederlage am Ende des römisch-judäischen Krieg (70 n. Chr.) dem durch Unterdrückung und Krieg traumatiertem Volk: Jesus von Nazareth ist der Messias, auf den ihr wartet – seiner Niederlage, seiner Hinrichtung zum Trotz! Seine Gewaltfreiheit siegt, sie ist stärker als ökonomische Ausbeutung und Waffengewalt! Sein messianisches Reich ist ein Friedensreich, das nicht mit Waffengewalt errungen werden kann! Wehrt euch nicht mit Gewalt, sondern wehrt euch mit den „Waffen des Lichts" (Röm 13,12) gegen eure Feinde und Unterdrücker![37]

---

[37] Bedenbender deutet in seinem Buch „Der gescheiterte Messias" die starke Präsenz von Heilungen im Markusevangelium, die besonders in der Region am See von Galiläa bei Tarichea, wo im Jüdisch-Römischem Krieg ein schlimmes Massaker stattgefunden hatte, lokalisiert werden, als *die* zentrale Antwort Jesu an die kriegstraumatisierten Menschen: er heilt, zeigt Wege zurück ins Leben bis hin zur Auferstehung. Gewalt, auch Gegengewalt lehnt er kategorisch ab. Das zu zeigen ist seine Mission. Dabei riskiert er

Um diesen Frieden zu schmecken, um dieses Freudenmahl vor Gott zu feiern, braucht ihr nicht mehr den Tempel aus Stein. „Wisst ihr denn nicht, dass euer Körper Tempel des heiligen Geistkraft ist?" (1 Kor 6,19) Wo immer ihr miteinander Brot und Wein teilt, wo immer ihr einander als Schwestern und Brüder liebt, einander vergebt (Mt 6,11-14) und gegenseitig friedlich dient, wo immer es unter euch weder oben noch unten, weder reich noch arm, weder Herren noch Sklaven gibt, bin ich und ist mein Vater mitten unter euch.

In dem Maße, in dem die Kirche mit den Götzen, die Steuern erheben und daraus eine Militärmacht aufbauen, bricht, wird sie in den Strudel machtpolitischer Auseinandersetzungen hineingerissen, in den Jesus infolge seiner prophetischen Zeichenhandlung geriet: sein demonstrativ gewaltfreier Einzug als König der Juden in Jerusalem auf dem Eselsfohlen war eine Kampfansage an die bis an die Zähne bewaffneten römischen Besatzer, ein mutiger Akt gewaltfreier Nicht-Unterwerfung unter das Regime des römischen Kaisers. Während Vasallenkönige wie Herodes ihr eigenes Volk zugunsten der Besatzungsmacht ausbeuteten, knüpft der Friedenskönig Jesus symbolisch-assoziativ an das Königtum unter König Josia, als einem Herrscher in der Nachfolge Davids an, der aber gerade nicht durch Machtausbau, sondern durch Begrenzung der königlichen Macht und seine Unterwerfung unter Jhwh und sein Recht, seine Tora, zum vorbildlichen Herrscher wurde. Im Gegensatz zum jungen König Josia, der das neue Verständnis der Tora, das durch die revolutionäre Verbindung von judäischen Bauern, Prophet:innen und einigen Priestern errungen und in eine Rechtsform gegossen worden war, gegen die widerstrebenden Kräfte in der Jerusalemer Priesterelite und anderen lokalen Heiligtümern mit königlicher Gewalt durchsetzte (vgl. 2 Chr 34,1-7), verbindet Jesus sein Königtum mit der symbolischen und verbal eindeutigen Ablehnung von gewalttätiger Gegenwehr (Mt 26,52). König Josia ist zwar vorbildlich in seiner Bereitschaft zur Umkehr zu Jhwh, dem Einen, die gleichbedeutend ist mit der Abkehr von den falschen Göttern, z.B. von den Göttern der Fruchtbarkeit, die Kinderopfer

sein eigenes Leben. Petrus dagegen versteht offenbar unter „Messias" einen mächtigen König (Mk 8,27). „Mit einem Messias, der ins Leiden geht, kann er nichts anfangen. Die Vorstellung entsetzt ihn (vgl. 8,32-33)." BEDENBENDER, Andreas: Der gescheiterte Messias, Leipzig 2019, 242.

verlangten, nicht vorbildlich sind jedoch die Akte der Gewalt, mit denen er die Alleinverehrung Jhwh's durchsetzte.

Jesus dagegen setzt voll und ganz auf die Friedensvisionen Jesajas und Sacharias und sieht darin den rettenden Ausweg für alle: Gerade jetzt, wo nicht nur Israel, sondern alle Völker unter der römischen Gewaltherrschaft ächzen, ruft er Jüd:innen dazu auf, sich auf den Weg zu machen und durch ihre Einhaltung der Tora ein einladendes Vorbild zu sein und „alle Völker" mitlernen zu lassen: „Taucht sie ein in den Namen Gottes (…) und lehrt sie alles, was ich euch aufgetragen habe, zu tun. Und seht: Ich bin bei euch alle Tage, bis Zeit und Welt vollendet sind". (Mt 28,19-20, BiGS)

In dem Maß, in dem sich Christ:innen und Kirchen in die Nachfolge dieses gewaltfreien Friedenskönigs begeben, wird sich die Sozialgestalt der Kirchen verändern. Sie werden sich den Fragen, die Jesus mit den Gleichnissen an seine Zuhörerschaft richtete, aussetzen und nach dem Charakter der Herrschaft fragen, unter der sie leben. Kann eine mit Gewalt gewonnene und verteidigte Herrschaft für jene legitim sein, die sich als Nachfolgende dieses Friedenskönigs verstehen? Damals wie heute geht es darum, die Rechtmäßigkeit eines Herrschaftssystems in Frage zu stellen, das auf kulturelle, strukturelle und physische Gewalt gründet, und seine Widersprüche offen zu legen, Zusammenarbeit zu verweigern, kollektiv friedliche Alternativen zu leben und es so von innen her auszuhöhlen – so dass es schließlich zusammenbricht, weil sich herausstellt, dass es auf tönernen Füßen steht (Dan 2; Mt 22,42).

In Konsequenz daraus ist die kritische Selbstreflexion von Christ:innen und den Kirchen, ob und inwiefern sie auf der Seite ausbeutender und gewalttätiger Mächte stehen und deren Handeln möglicherweise ideologisch rechtfertigen oder auf der Seite des Friedenskönigs Jesu, ein wichtiger Schritt auf dem Weg in dessen Nachfolge. Diese Reflexion wird jedoch ins Leere laufen, wenn Christ:innen sich nicht an die Konfrontation und an die Bloßstellung der falschen Götter heranwagen, die da heißen Wachstumsglaube, (nationale) Sicherheit, Militarismus, Reichtum u.a. und sich so weigern, an dem Befreiungsprozess, der tief in die jüdische Geschichte zurückreicht, konstruktiv mitzuwirken.

LITERATUR

BIBEL IN GERECHTER SPRACHE, (BiGS) https://www.bibel-in-gerechter-sprache.de – zuletzt eingesehen am 31.05.2024.

BEDENBENDER, Andreas: Der gescheiterte Messias, Leipzig 2019.

DAHLHEIM, Werner: Die Welt zur Zeit Jesu, München 2017.

CRÜSEMANN, Frank: Das Alte Testament als Wahrheitsraum des Neuen. Die Neue Sicht der christlichen Bibel, München 2011.

CRÜSEMANN, Frank: Die Tora. Theologie und Sozialgeschichte des alttestamentlichen Gesetzes, ³2005.

HEER, Friedrich: Gottes erste Liebe. Die Juden im Spannungsfeld der Geschichte, Frankfurt a.M. 1986.

KOCH, Karl / ROLOFF, Jürgen: Messias, in: KOCH, Karl / ROLOFF, Jürgen (Hg): Das große Lexikon zur Bibel, Wien 2004.

SCHROER, Silvia: Die Tiere in der Bibel, Eine kulturgeschichtliche Reise, Freiburg im Breisgau 2010.

SCHOTTROFF, Luise: Die Gleichnisse Jesu, Gütersloh ³2010.

THEIßEN, Gerd / MERZ, Annette: Der historische Jesus. Ein Lehrbuch, Göttingen 2001.

VEERKAMP, Ton: Autonomie und Egalität – Ökonomie, Politik und Ideologie in der Schrift, Berlin 1993.

VEERKAMP, Ton: Die Welt anders. Politische Geschichte einer großen Erzählung, Berlin 2013, 2. Auflage 2016.

WERLITZ, Jürgen: Jesaja. Jesajabuch, in: Kasper, Walter u.a.: Lexikon für Theologie und Kirche, 3Freiburg i. Br., Bd. 5, Sp. 787-791.

YODER, Jon Howard: Die Politik Jesu. Vičit agnus noster (Unser Lamm hat gesiegt), Neufeld 2012.

ZENGER, Erich (u.a.): Einleitung in das Alte Testament, Stuttgart ⁵2004.

Die Frauenfriedenskirche in Frankfurt / Main

Ein Gedenk- und Friedens-Ort

Ursula Silber

Mitten in einer der quirligsten Großstädte Deutschlands steht in Frankfurt / Main die Frauenfriedenskirche. Das imposante Bauwerk aus den 1920er Jahren prägt den Stadtteil Bockenheim und erinnert bis heute an das Engagement katholischer Frauen während des Ersten Weltkriegs und in der Zwischenkriegszeit. Bis heute sind Kirche und Kreuzgang ein wichtiger Ort für Wallfahrten, Gebete und Begegnungen; spirituelle, kulturelle und friedenspolitische Impulse gehen von diesem besonderen Friedens-Ort aus. Im Folgenden werde ich kurz die Geschichte der katholischen Frauenbewegung im frühen 20. Jahrhundert nachzeichnen und von dem unermüdlichen Einsatz der Frauen für ein schier unmöglich erscheinendes Projekt erzählen. Die Frauenfriedenskirche ist ihr Vermächtnis auch für unsere Zeit, für unser heutiges Friedens-Engagement.

DER KATHOLISCHE DEUTSCHE FRAUENBUND UND SEINE VORSITZENDE HEDWIG DRANSFELD

Das 19. Jahrhundert war für Katholik:innen in Deutschland keine gute Zeit. Durch die Enteignungen der Säkularisation, den Kulturkampf im protestantischen Preußen, aber auch durch die eigene ablehnende Haltung gegenüber der Moderne und die starke Orientierung am Papst in Rom (Antimodernismus und Ultramontanismus) fanden sich Katholik:innen gesellschaftlich isoliert, sie galten als rückständig und national unzuverlässig. Seit der Mitte des 19.

Jahrhunderts begann in Deutschland die Frauenbewegung. Herausgefordert durch die gesellschaftlichen und wirtschaftlichen
Revolutionen, organisierten sich Frauen in eigenen Verbänden. Oft
waren diese Verbände an den Lebensstand gebunden, an den Beruf
oder auch an die Konfession. So entstand 1903 schließlich der
Katholische Frauenbund, der sich als Dachverband aller katholischen
Frauenverbände verstand.

Foto: commons.wikimedia.org[1]

Die Gründerinnen des Katholischen Frauenbunds waren
gebildete, bürgerliche Frauen. Sie wollten voll und ganz katholisch
sein und sich gleichzeitig für Frauenrechte (auch das Wahlrecht!)
einsetzen – immer wieder ein fast unlösbarer Balanceakt.

Erste Vorsitzende des neuen Verbands war EMILY HOPMANN. Sie
wurde 1912 von HEDWIG DRANSFELD abgelöst, die durch eine schwie-

---

[1] Weitere Bilder unter https://strasse-der-moderne.de/kirchen/frankfurt-am-main-
bockenheim-frauenfrieden/ bzw. https://www.frauenfrieden.de – zuletzt eingesehen
am 06.06.2024

rige Kindheit und durch eine Körperbehinderung aufgrund von Knochentuberkulose geprägt war. Mit eisernem Willen wurde sie Lehrerin, Schulleiterin, Journalistin und Autorin von Mädchenbüchern. Persönlich eher konservativ und kaisertreu, sah sie die Frauenbewegung nicht als Emanzipation (das war für sie ein Schimpfwort!), sondern als Chance, spezifisch weibliche Stärken der Frauen in die Gesellschaft einzubringen: „anders, aber gleichwertig" war der Leitgedanke.

Hedwig Dransfeld – Foto: Archiv des kdfb, Köln

Unter der Leitung von Hedwig Dransfeld (1912-1924) wuchs der junge Katholische Frauenbund (1916 hatte er bereits 90.000 Mitglieder) und wurde professionell strukturiert. Durch ihre Vorträge und Veröffentlichungen wurde der Frauenbund zu einer Stimme, die gehört wurde. Sie schreckte vor keiner Aufgabe und Belastung zurück und hatte vor gar nichts Angst. Hedwig Dransfeld zog sich 1924 aus gesundheitlichen Gründen von ihren Ämtern zurück und starb am 13. März 1925. Nach ihr übernahm GERTA KRABBEL die Leitung des Frauenbundes und damit auch das Projekt Frauenfriedenskirche.

DER ERSTE WELTKRIEG ALS HISTORISCHER KONTEXT
FÜR DIE IDEE DER FRAUENFRIEDENSKIRCHE

Aus den genannten Gründen sahen sich Katholik:innen unter Druck, ihre vaterländische Gesinnung unter Beweis zu stellen. Der Erste Weltkrieg ab August 1914 wurde so von fast allen katholischen Stimmen als rechtmäßig, sogar notwendig empfunden, auch von Hedwig Dransfeld. Nicht in Vergessenheit geraten sollte jedoch, dass es auch Frauen wie die Pazifistin MARIA ZEHETMAIER gab, die der Kriegsbegeisterung ablehnend gegenüberstanden. Zehetmaier bat 1917 in einem Rundschreiben verschiedene Frauenverbände, sich an einer Unterschriftensammlung "gegen den Krieg vom Standpunkt der Menschlichkeit" zu beteiligen. Aus einem Briefwechsel mit Hedwig Dransfeld ist belegt, dass diese entrüstet ablehnte: Die Idee sei "weder politisch klug noch vaterländisch treu gedacht"[2]. Pazifistisch bewegte Frauen (und Männer) hatten allgemein damit zu kämpfen, dass sie mindestens als Feiglinge, oft genug aber auch als gefährlich angesehen und gesellschaftlich isoliert wurden[3].

Im Jahr 1916 tobte der Krieg schon im dritten Jahr, die Kämpfe vor allem an der Front in Frankreich erreichten ein nie gekanntes, grauenvolles Ausmaß. Insgesamt sollten in diesem „Großen Krieg" 17 Millionen Menschen in Europa sterben. Die meisten davon wurden – aus der Sicht ihrer Angehörigen – „in fremder Erde" bestattet. Der Katholische Frauenbund hielt in diesem Jahr eine „Kriegstagung" ab, bei der der Name des Verbands zu „Katholischer Frauenbund *Deutschlands*" erweitert wurde. Die Tagung selbst war ein öffentliches Statement der katholischen Frauen für Frauenrechte, für politische Partizipation – und das sehr öffentlichkeitswirksam im Plenarsaal des Berliner Reichstags! Im Rahmen dieser besonderen „Kriegstagung" äußerte Hedwig Dransfeld nun auch zum ersten Mal in kleinem Kreis die Idee zum Bau einer Kirche als Gedenkort und Friedensmahnmal[4]. In ihrer programmatischen Rede als Verbandspräsidentin sprach

---

[2] Dransfeld an Zehetmaier, 6.3.1917, AKDFB, Bestand Dransfeld, hier zitiert nach SACK: Zwischen religiöser Bindung und moderner Gesellschaft, 203f.

[3] Maria Zehetmaier wurde für ihre Überzeugung aus dem Schuldienst entfernt, mehrfach in Schutzhaft genommen und sowohl während des ersten wie auch während des zweiten Weltkrieges als „unheilbare Pazifistin" in Irren- bzw. Heilanstalten eingewiesen.

[4] Vgl. PRÉGARDIER / MOHR: Politik als Aufgabe, 268.

Hedwig Dransfeld metaphorisch von der Zukunft als einem Bauwerk, an dem Frauen nicht nur als Handlangerinnen, sondern als Mitgestalterinnen mit-bauen. Dem Bau dieses neuen Deutschland, das wie ein monumentaler gotischer Dom in die Wolken ragen sollte, entsprach die Idee eines ebenso monumentalen Kirchen-Bauwerks.

DIE IDEE UND DAS ZIEL EINER FRAUENFRIEDENSKIRCHE

„Die katholischen deutschen Frauen müssten eine Kirche bauen, ein großes, monumentales Bauwerk, das unserm Schicksal entspricht. Ein immerwährendes Anbetungs-, Dank- und Bittgebet müsste zum Himmel aufsteigen, zum Gedächtnis der toten Helden und zur stillen Gebetssammlung für alle, die den Frieden erflehen wollen. Eine Wallfahrtskirche müssten alle katholischen Frauen zum Segen unseres Vaterlandes bauen."[5]

In diesem Zitat aus einem Brief vom Hedwig Dransfeld aus dem Jahr 1916 werden drei unterschiedliche Intentionen für die neue Kirche deutlich:

1. ein Gedächtnisort für die Gefallenen des Krieges;
2. ein Monument des Dankes, dass Deutschland (bis dahin) von den Verheerungen des Weltkriegs verschont geblieben war;
3. in „Stein gewordenes Friedensgebet" und zugleich ein „feierliches Gelöbnis" der katholischen Frauen, am Frieden in Europa mitzuwirken[6].

Dabei ist der letzte Punkt unterscheidend und wegweisend bis heute: Diese Kirche sollte von Anfang an ein Mahnmal und eine Selbstverpflichtung für den Frieden sein! Öffentlich wirbt Hedwig Dransfeld dann 1917 aus Anlass der Friedensinitiative von Papst BENEDIKT XV. für ihre Idee und ruft zu Spenden auf.

Ein Kirchenbau-Projekt dieser Dimension ist allerdings nicht denkbar ohne den Segen der Bischöfe. Diese unterstützen bereits 1917 die Idee und sichern dem „Arbeitsausschuss" der Frauen weitestgehende Autonomie zu – fügen aber ein weiteres Ziel des Kirchen-Neubaus hinzu: Er solle der Seelsorgsnot in der Diaspora abhelfen. So wurde als Standort Bockenheim ausgewählt[7]. Dort war aufgrund

---

[5] Zitiert nach PRÉGARDIER / MOHR: Politik als Aufgabe, 269.
[6] Vgl. HEYDER: Gedächtnisort, 24.
[7] Hedwig Dransfeld schreibt darüber 1918 in einem Brief; sie hatte ursprünglich an

der Industrialisierung die Zahl der Katholiken sprunghaft angestiegen – eine Kirche wurde benötigt, und groß musste sie sein!

Zwischen der Idee einer Frauenfriedenskirche und der Einweihung 1929 lagen in Deutschland dreizehn Jahre, die die Welt auf den Kopf stellten: der verlorene Krieg, der Friedensvertrag von Versailles, Revolution und Ende des Kaiserreiches, Gründung der Weimarer Republik, Einführung des Frauenwahlrechts, Inflation und Weltwirtschaftskrise. Im Arbeitsausschuss, der ab 1918 zunächst die Spendensammlung, später dann die Bauplanung und -ausführung leitete, waren insgesamt zwanzig[8] katholische Frauenorganisationen vertreten, so verzeichnet es die Urkunde bei der Grundsteinlegung. Vorsitzende war zunächst LEONIE RUST, ab 1921 MARIA HESSBERGER.

Bis 1919 wurden bereits über 860.000 Mark gesammelt. Damit konnte ein Grundstück in Bockenheim gekauft werden[9]. 1923 ging allerdings der Rest des bis dahin gesammelte Spendengeld durch die Inflation verloren. Die Frauen gaben jedoch nicht auf, erneut wurden Spenden gesammelt, bis nach Nordamerika führte sie das Projekt[10]!

Hedwig Dransfeld legte 1924 aus gesundheitlichen Gründen ihre Ämter nieder und starb 1925. Sie sollte die Realisierung ihrer Idee und den Bau der Kirche nicht mehr erleben. Denn erst 1926 war wieder eine ausreichende finanzielle Basis für die Weiterarbeit geschaffen, so dass ein Architektenwettbewerb ausgeschrieben werden konnte. Insgesamt 157[11] Entwürfe wurden eingereicht.

Marburg als Stätte der Hl. Elisabeth gedacht - vgl. dazu PRÉGARDIER / MOHR: Politik als Aufgabe, 269-270.

[8] So HEYDER: Gedächtnisort, 24; andere Autorinnen sprechen von achtzehn Organisationen.

[9] Vgl. PRÉGARDIER / MOHR: Politik als Aufgabe, 273.

[10] Vgl. PRÉGARDIER / MOHR: Politik als Aufgabe, 253-266. 271.

[11] So HEYDER: Gedächtnisort, 28; Prégardier schreibt von „über 250" Entwürfen.

Maria Heßberger – Foto: Archiv des kdfb

Rückblickend ist dieser Wettbewerb für die Frauenfriedenskirche einer der wichtigsten Kirchenbau-Wettbewerbe der Zwischen-kriegszeit. Das Bauprogramm sah 750 Sitzplätze vor, Chor, Taufkapelle, Sakristei, eine Krypta als Gedächtniskapelle für die Gefallenen, außerdem ein Pfarrhaus mit Wohnungen für vier Priester und ein Gemeindehaus mit zwei Sälen, Sitzungszimmern, Büros und einer weiteren Wohnung.

Ausgewählt wurde zunächst ein Entwurf des Architekten DOMINIKUS BÖHM mit dem Titel „Opfergang"; von der Kirchenge-meinde und dem Bistum wurde dieser Entwurf allerdings abgelehnt, in der Stellungnahme dazu heißt es: "Man darf diese Kirche nicht einem nur kleinen Kreis radikal gesinnter Frauen anpassen."[12]

Pfarrer und Bistum vertraten den Standpunkt, dass die Kirche zuallererst und vor allem für die Gemeinde gebaut werde und der Entwurf daher den Wünschen und Bedürfnissen der Gemeinde und des Pfarrers entsprechen solle, die Frauenverbände sollten dagegen

---

[12] Zitiert nach HEYDER: Gedächtnisort, 29.

freiwillig und gern "von ihrer innersten Überzeugung zurücktreten"[13].

So wird schließlich ein anderer Entwurf verwirklicht: die "Hallenkirche" des Architekten HANS HERKOMMER[14]. Der Entwurf stand für die grundlegende Neuorientierung des Kirchenbaus nach dem Ersten Weltkrieg, für die beginnende Moderne auch im Kirchenbau. Eine der Wegbereiterinnen dafür war die Liturgische Bewegung, die die tätige Teilnahme der Gläubigen (*participatio actuosa*) am Gottesdienst fördern wollte. Die Liturgie wurde stark christozentrisch und mystisch aufgefasst, daraufhin sollte auch die Gestaltung des Kirchenraumes und vor allem des Altares ausgerichtet sein. Wichtig wurde auch die Lichtführung.

Am 16. November 1927 erfolgte die Grundsteinlegung der Kirche. Nach 17-monatiger Bauzeit wurde die Kirche fertiggestellt und am 5. Mai 1929 eingeweiht. Die finanziellen Verpflichtungen waren jedoch enorm und zogen sich bis in die 1970er Jahre hin!

Einweihungsfeier 1927 – Foto: Archiv Pfarrei St. Marien Frankfurt

---

[13] Ebd.
[14] 1887-1956, Atelier in Stuttgart.

Ein Rundgang durch die Frauenfriedenskirche

Schon von weitem grüßt über dem Eingangsportal in leuchtenden Farben und Goldglanz die *Statue der Friedenskönigin* („Regina Pacis") von Emil Sutor [15]. Maria hält die Friedenspalme in ihrer rechten Hand, die Mosaikfelder im Hintergrund stellen Krieg (links) und Frieden (rechts) dar. Hedwig Dransfeld sah schon in ihren frühesten Ideen für eine Frauenfriedenskirche diese Figur als Pendant zur Statue der Gottesmutter an der berühmten Marienkirche (in der Nähe von Danzig): „...und die Regina Pacis soll wie an der Marienburg segnend ins Land schauen" [16].

Wer dann in die Kirche eintritt, wird buchstäblich „vom Dunkel ins Licht" geführt. Alle Helligkeit im Kirchenraum kommt von hoch oben und vor allem von vorn, vom *Hochchor* her. In Erinnerung an die vierzehn Stationen des Kreuzwegs führen eben so viele Stufen zum Altar empor. Die Decke des Chorraums zieren drei große, konzentrische Ringe in rot, blau und grün; sie stehen für das Geheimnis der Dreifaltigkeit. Die Chorwand selbst zeigt ein großformatiges Mosaik, das von Frankfurter Frauen gestiftet und von Josef Eberz [17] entworfen wurde. Es zeigt den Gekreuzigten, der von heiligen Frauen unterschiedlicher Zeiten, Regionen und Stände umgeben ist. Der Auftrag an den Künstler lautete: „Heilige Frauen aller Stände gewinnen Kraft aus dem Kreuzestod Jesu" [18]. Unter dem Kreuz Christi, dessen große Augen sich auf die Betrachter:innen richten, steht Maria als Schmerzensmutter (*mater dolorosa*), stellvertretend für alle trauernden Mütter damals und heute. In sechs Gruppen sind achtzehn weitere Frauen angeordnet, die in ihrem Leben und in ihrer Zeit die Botschaft Jesu

---

[15] 1888-1974, Atelier in Karlsruhe und zunächst Schwerpunkt auf Kirchen-Aufträgen. Die Regina Pacis der Frauenfriedenskirche war damals mit 12 Metern die größte Marienstatue Europas! Nach einer Hinwendung zu nationalsozialistischer Auftragskunst kehrte Sutor nach dem Krieg zur Kirchenkunst zurück.

[16] zitiert nach Prégardier / Mohr: Politik als Aufgabe, 272, vgl. auch 268 und die Fotos der beiden Marienstatuen 282-283.

[17] 1880-1942, Münchner Künstler, durch die frühchristliche Kunst in Italien zu großformatigen Fresken und Mosaiken inspiriert; ab 1937 werden seine Werke als „entartet" beschlagnahmt.

[18] Zitiert nach Vollmer: Altarwand, 80.

auf ganz unterschiedliche Weise verwirklicht haben: Mütter und un-
verheiratete Frauen, Herrscherinnen und Dienstmägde, um ihres
Glaubens willen Verfolgte und Kirchenlehrerinnen...

Regina Pacis – Foto: Oliver Laux, www.eyelens-photo.com

Besonders hervorzuheben ist die Gestalt der hl. Hedwig von Schlesien. In ihren Zügen lässt sich unschwer Hedwig Dransfeld wiedererkennen. Sie hält ein Modell der Frauenfriedenskirche in ihren Händen.

Die *Krypta* ist als Raum der persönlichen Trauer gestaltet. Im Zentrum steht in einer dunkelroten[19] Nische eine Pietà der Künstlerin RUTH SCHAUMANN: Maria als Mutter, die ihren toten Sohn auf dem Schoß hält. Sie steht als Identifikationsfigur für viele der Frauen hier, die an dieser Stelle um ihre gewaltsam getöteten Söhne trauern wie Maria damals. Eigentlich ist eine Pietà ein Bild, das zum Mitleiden und Mitweinen auffordert: "Ihr alle, die ihr des Weges zieht, schaut doch und seht, ob ein Schmerz ist wie mein Schmerz" (Klgl 1,12, EÜ 2016). Das Besondere hier: Maria kniet, sehr aufrecht, ungebeugt. Die vertikale Linie ihrer aufrechten Haltung und die horizontale Linie des Leichnams Jesu, ihr Körper und der Körper ihres Sohnes bilden ein Kreuz. Maria bietet noch einmal die Hingabe ihres Sohnes an – sehr ernst, voller Schmerz, aber sie hält diesem Schmerz auch stand. Eine starke Frau!

Die Steinfigur wurde von der Künstlerin Ruth Schaumann (1899-1975) geschaffen, die selbst von Kindheit an gegen schwere Schicksalsschläge kämpfen musste[20]. Mit sechs Jahren verlor sie durch eine Infektion ihr Gehör und wurde von der Familie verstoßen; mit einer Betreuerin zusammen lebte sie in einer anderen Stadt, lernte das Lippenlesen, schrieb Gedichte. Später wurde ihr künstlerisches Talent entdeckt, und sie studierte in München. Mit ihrem Mann bekam sie fünf Kinder. Dann begann die Zeit des Nationalsozialismus: Ruth Schaumanss Werke galten als "entartet", ihr Mann verlor seine Stelle, das Haus wurde im Krieg durch Bomben zerstört, 1948 starb schließlich ihr Mann. Als sie 1928 die Pietà für die Frauenfriedenskirche schuf, wusste sie noch nicht, was auf sie zukommen würde. Aber schon damals widmete sie diese Skulptur allen, die ihre liebsten Menschen im Krieg verloren hatten und damit leben mussten: stark, ungebeugt und ungebrochen, aber auch sehr direkt in ihrem Schmerz.

---

[19] Passenderweise wird diese spezielle Farbe "caput mortuum" (Totenschädel) genannt!

[20] Dazu vgl. VOLLMER: Ruth Schaumann Pietà, 107-110.

Pietà – Foto: Jochen Reichwein

Eine Besonderheit der Frauenfriedenskirche ist der *Rosenhof*[21].
Zwischen Kirche und Gemeindezentrum ist eine Art Kreuzgang
angelegt, der an die Gefallenen des Krieges erinnert: Auf den Pfeilern
der Arkaden sind Namen und Sterbedaten von über 600 getöteten

---

[21] Dazu vgl. Kleinwächter: Die Rosen, 111-115.

Rosenhof – Foto: Ursula Silber

Brüdern, Vätern, Söhnen eingemeißelt. Oftmals gibt es keine Gräber, oder diese waren nicht bekannt oder nicht zugänglich. Deshalb wurden bereits zur Einweihung der Kirche im Innenhof mehr als 1200 Rosen gepflanzt, die diesen Ort als Ort der Trauer, aber auch der bleibenden Liebe und Verbindung zu den Toten kennzeichnen: "Blühende Blumen füllen den Innenhof, sie sollen uns Ersatz dafür bieten, dass wir das einsame Grab in der Fremde nicht schmücken können", heißt es in einer Quelle aus der Gründungszeit[22].

---

[22] Zitiert nach KLEINWÄCHTER: Die Rosen, 111f.

Die Frauenfriedenskirche ist ein Ort, der die Krise des Ersten Weltkriegs aus der Perspektive von Frauen repräsentiert. REGINA HEYDER hat aufgrund dieses Charakters als Gedächtnis-Ort die Frauenfriedenskirche als *"Heterotopie"*, als "Anders-Ort" beschrieben[23]. Der Begriff geht auf MICHEL FOUCAULT zurück (1966), der damit Gegen-Orte beschreibt, "in denen die realen Orte, all die anderen Orte, die man in der Kultur finden kann, zugleich repräsentiert, in Frage gestellt und in ihr Gegenteil verkehrt werden."[24] Es sind wirkliche Orte, die aber "außerhalb" aller Orte liegen, sich zugleich mit anderen Orten verknüpfen und vernetzen, sich auf sie beziehen. Gefängnisse und Sanatorien können solche Heterotopien sein. "Anders-Orte" par excellence aber sind der Friedhof – und der Garten.

So kann der Gedächtnishof von Frauenfrieden – Garten und Friedhof zugleich – als Heterotopie verstanden werden: Die Namen und Daten, die in die Säulen eingraviert sind, repräsentieren an diesem *einen* Ort all die anderen Orte, die Heimatorte der Gefallenen, die Kriegsschauplätze, die Gräber. Die Menschen, ihre Lebensgeschichten, ihr Tod und all die Schrecken des Krieges bleiben so im kollektiven Gedächtnis lebendig. Und weit über die 600 exemplarischen Namen hinaus erinnert dieser Gedenkort auch an Menschen und Orte anderswo, überall auf der Welt – er erinnert an alle Opfer von Krieg und Gewalt und mahnt zum Frieden.

WOFÜR STEHT FRAUENFRIEDEN HEUTE?

Seit 2017 ist die Frauenfriedenskirche Pfarrkirche der neuen Pfarrei Sankt Marien in Frankfurt-Bockenheim. 2018-2020 erfolgte eine Generalsanierung, bei der die ursprünglichen Farb- und Lichtkonzepte weitgehend wiederhergestellt wurden.[25] Als Gegen-Ort zur

[23] HEYDER: Gedächtnisort, 32-34; zum Folgenden vgl. auch HEYDER: Heterotopie, Heiliger Raum, Erinnerungsort, 89–112.
[24] Zitiert nach HEYDER: Gedächtnisort, 33.
[25] Vgl. dazu PFARREI ST. MARIEN: Festschrift, bes. 34-62.

bleibenden Realität von Tod und Gewalt verbindet die Frauenfriedenskirche bis heute immer wieder Friedens-Suchende, verbindet
Glaube und Politik, Kirche und Gesellschaft. Frauenfrieden war Ort

- für subversive, geheime Treffen während des Zweiten Weltkriegs;
- für das regelmäßige Gebet um die Heimkehr von
  Kriegsgefangenen;
- für die deutsch-französische Aussöhnung;
- für christlich- jüdischen Dialog,
- Ökumene,
- Ökologie-Bewegung,
- für Geflüchtete,
- für offene Kulturangebote, Konzerte und Lesungen
- und immer noch als Wallfahrtsort für katholische
  Frauenverbände und die katholische Friedensbewegung pax
  christi...[26]

Vor allem und in vielerlei Formen ist die Frauenfriedenskirche ein Ort
der Begegnung.

Bedeutsam ist, dass hinter Frauenfrieden nicht nur damals
Menschen standen, die mit hohem Engagement die Idee eines „Stein
gewordenen Gebetes für den Frieden" haben Wirklichkeit werden
lassen. Ohne die Frauen, die diese Idee hatten, sie verbreiteten, dafür
kämpften und stritten, Geld sammelten, das mühsame Kirchenbau-
Projekt vorantrieben und gestalteten, wäre es nicht gegangen. Auch
heute sind es Frauen und Männer, die sich ehrenamtlich engagieren,
als „Freundeskreis" die finanziellen Mittel akquirieren (z.B. durch
Stickereien im Stil der Original-Paramente!), die Rosen pflegen,
Kirchenführungen und Konzerte stattfinden lassen... Sie machen die
Frauenfriedenskirche zu einem besonderen Ort, zu einem Anders-
Ort, einer Heterotopie: Ein Raum, an dem auf spirituelle Weise alle
die Orte und Menschen gegenwärtig sind, die um die Opfer von
Gewalt trauern und sich nach Frieden sehnen, nicht nur hier, sondern
überall.

---

[26] Vgl. HEYDER: Gedächtnisort, 34.

SCHLUSSBEMERKUNGEN

Immer noch und immer wieder neu verknüpft die Frauen-friedenskirche Menschen, Orte, Zeiten und Anliegen und gibt ihnen Raum – nun schon fast 100 Jahre lang! Der nationale, beinahe triumphalistische Charakter der ursprünglichen Idee ist dabei in den Hintergrund getreten. Der welt-weite Auftrag und die Vision des Friedens zwischen den Völkern haben an Gewicht gewonnen und erweisen sich als das eigentliche Herzstück der Frauenfriedenskirche.

Zur Einweihung sandte Nuntius EUGENIO PACELLI (der spätere Papst PIUS XII.) ein Glückwunschtelegramm, das die ursprüngliche Idee einer deutschen nationalen Frauenfriedenskirche auf die ganze Welt hin weitete:

„Das ist unser aller Wunsch, dass die kommenden Geschlechter, die späteren Jahrhunderte von diesem Gotteshaus sprechen mögen als von der Schwelle zu einer besseren, glücklicheren, gott-näheren Zeit. Dann sind auch die Opfer des deutschen Volkes und der anderen Völker, deren Gedächtnis die Frauenfriedenskirche geweiht ist, nicht umsonst in den bitteren Tod gegangen."[27]

Im gleichen Grundton schrieb die damalige Vorsitzende des Katholischen Deutschen Frauenbunds, GERTA KRABBEL, noch im Jahr der Einweihung 1929 in einer kleinen Schrift, die sich an alle Mitglieder des Frauenbundes richtete:

„Aber immer wird sie [die Frauenfriedenskirche] geistig in besonderer Weise den Frauen anvertraut sein. Friede-Werberin nannten frühere deutsche Zeiten die Frau, und die Frauen-friedenskirche mahnt immerfort, dieses Wort zu erfüllen und an Werken des Friedens zu schaffen."[28]

Und die bekannte Schriftstellerin GETRUD VON LE FORT schrieb ein Gedicht, das im Rahmen der Feierstunde am Vorabend der Kirchweihe vorgetragen wurde und in dem es heißt:

„Wir haben eine Feste erbaut, die soll heißen:
Frauendom des Friedens!
Wir haben sie aus unseren Schmerzen aufgerichtet:
Alle ihre Steine sind aus unseren Herzen gebrochen.
[…]

---

[27] Zitiert nach HEYDER: Gedächtnisort, 32.
[28] Ebd.

Denn er (Gott, Anm. US) hat die zerbrochenen Hände zu
einem Werkzeug angenommen
und das Schluchzen der Verwaisten zur Stimme.
Er hat das Leid der Machtlosen zur Liebe verwandelt
und ihre Klagen in ewiges Gebet."[29]
So möge es sein und sich immer wieder neu erfüllen!

LITERATUR

BREUER, Gisela: Frauenbewegung im Katholizismus. Der Katholische Frauenbund 1903-1918, Frankfurt 1998.

HEYDER. Regina: Ein „steingewordenes Friedensgebet". Die Frauenfriedenskirche in Frankfurt am Main, in: Muschiol, Gisela (Hg.): Katholikinnen und Moderne. Katholische Frauenbewegung zwischen Tradition und Emanzipation, Münster 2003, 121–142.

HEYDER, Regina: Gedächtnisort, Friedensgebet und Heterotopie, in: Pfarrei St. Marien (Hg.): Festschrift anlässlich der Altarweihe der Frauenfriedenskirche, Frankfurt am Main 2020, 23-34.

HEYDER, Regina: Heterotopie, Heiliger Raum, Erinnerungsort – Frauenfrieden in Frankfurt am Main, in: Kaupp, Angela (Hg.): Raumkonzepte in der Theologie. Interdisziplinäre und interkulturelle Zugänge, Ostfildern 2016, 89–112.

KLEINWÄCHTER, Ursula und Ernst: Die Rosen von Frauenfrieden, in: Pfarrei St. Marien (Hg.): Festschrift anlässlich der Altarweihe der Frauenfriedenskirche, Frankfurt am Main 2020, 111-115.

PRÉGARDIER, Elisabeth / MOHR, Anne: Politik als Aufgabe: Engagement christlicher Frauen in der Weimarer Republik. Aufsätze, Dokumente, Notizen, Bilder, Essen 1990; darin besonders: "Alle ihre Steine sind aus unseren Herzen gebrochen" (Gertrud von Le Fort): Die Botschaft der Frauenfriedenskirche, 267-285.

PFARREI ST. MARIEN (Hg.): Festschrift anlässlich der Altarweihe der Frauenfriedenskirche, Frankfurt am Main 2020.

SACK, Birgit: Zwischen religiöser Bindung und moderner Gesellschaft. Katholische Frauenbewegung und politische Kultur in der Weimarer Republik (1918/19-1933), Münster 1997.

---

[29] Zitiert nach Prégardier / Mohr: Politik als Aufgabe, 275.

VOLLMER, Elisabeth: Die Altarwand der Frauenfriedenskirche, in: Pfarrei St. Marien (Hg.): Festschrift anlässlich der Altarweihe der Frauenfriedenskirche, Frankfurt am Main 2020, 80-93.

VOLLMER, Elisabeth: Ruth Schaumann Pietà, in: Pfarrei St. Marien (Hg.): Festschrift anlässlich der Altarweihe der Frauenfriedenskirche, Frankfurt am Main 2020, 107-110.

Kommentare zum neuen Friedenswort der Deutschen Bischofskonferenz

Kreuzweg für die Schöpfung: Von Lützerath nach Büchel
Letzte Station – Foto: Thomas Nauerth

„Diese Welt braucht keine (…) Religion, die zu allem Ja und Amen sagt."

Anmerkungen zum neuen Friedenswort der Deutschen Bischöfe[1]

Thomas Nauerth

„Wenn wir das Evangelium verkünden, können wir über den Frieden und Unfrieden in unserem Haus – in Deutschland, Europa und der Welt – nicht schweigen." (2)[2] So heißt es einleitend und titelbegründend im neuen Friedenswort der deutschen Bischöfe. Es ist also ein bestimmtes Verständnis von Evangelium, das die Bischöfe bzw. ihre Autoren leitet: „Das Evangelium ist die Frohe Botschaft vom anbrechenden Reich Gottes, das sich in der Versöhnung und dem Frieden der Menschheit untereinander und mit Gott verwirklicht" (1) und insofern „nicht allein zur inneren Umkehr aufruft, sondern nach einer Änderung gewaltvoller Lebensverhältnisse verlangt" (2). Das ist gut formuliert und das ist fast schon alles, was an theologischer Grundlegung in diesem Friedenswort zu finden ist.

Auf verschiedenen Ebenen und in verschiedener Weise ist dieses neue Friedenswort ein irritierender Text. Es ist außergewöhnlich umfangreich (175 Seiten 305 Abschnitte), umfangreicher als „Gerechter Friede" (114 Seiten 208 Abschnitte), obwohl auf eine biblische Grundlegung kirchlicher Friedenslehre verzichtet wurde! Explizit wird betont, dass das Friedenswort „Gerechter Friede" (GF) aus dem Jahr 2000 nicht abgelöst werden soll (4) sondern „für uns von zentraler

---

[1] Dieser Beitrag erschien zuerst unter https://eulemagazin.de/diese-welt-braucht-keine-religion-die-zu-allem-ja-und-amen-sagt/ - zuletzt eingesehen am 23.05.2024.
[2] Die Zahlen in Klammern beziehen sich auf die durchnummerierten Abschnitte des Dokuments.

Bedeutung" bleibt (4). Es werden also 175 Seiten Ergänzung vorgelegt!

Die Zielvorstellungen des Friedenswortes variieren, die Adressaten sind nicht immer klar, sollen Gemeinden und kirchliche Friedensakteure orientiert und ermutigt werden (vgl. 287+303-305) oder soll in die medial-politische Öffentlichkeit eingewirkt, sollen gar politische Verantwortungsträger ermahnt werden? Einige Formulierungen irritieren („welchen Herausforderungen sich derzeit eine Politik der Gewaltfreiheit generell und kirchliche Friedenspolitik im Besonderen gegenübersehen" [83], wer betreibt eine Politik der Gewaltfreiheit und seit wann betreibt Kirche Friedenspolitik?); mal wird das Wort Zeitenwende unkritisch übernommen (81), mal formuliert, ob „dieser Krieg tatsächlich eine Zeitenwende darstellt, muss die weitere Geschichte erst noch zeigen" (29), mal wird kritisch angemerkt, dass Zeitenwende für den Christen doch etwas ganz anderes sei (20). Unter der Überschrift „Frieden durch Begegnung und Seelsorge (= 279-281) ist ausschließlich von Militärseelsorge und Soldatendienst die Rede; irritierend hier allein schon die Ausführlichkeit (man vergleiche die kurze Notiz 268 zum ZFD!) Das Papier wirkt insgesamt unaufgeräumt, redundant, teilweise fast als sei eine abschließende Überarbeitungsstufe ausgefallen.

Als Ziel wird zu Beginn sehr bescheiden formuliert, man möchte „einen Diskussionsbeitrag zu den friedens- und sicherheitspolitisch relevanten Debatten innerhalb der Kirche, der Gesellschaft und Politik" leisten. (4) Friedens- und sicherheitspolitische Debatten innerhalb von Gesellschaft und Politik werden in einer nachchristlichen Gesellschaft nun bekanntlich nicht vom Evangelium ausgehend geführt, sondern auf der Basis vernunftgestützter Argumentation und weltlicher Wissenschaften (Friedensforschung, Politologie etc.). Dieses Friedenswort scheint also keine kirchlich-theologische Friedenslehre sein zu wollen, die müsste weit mehr umfassen, sondern es will lediglich einen Baustein für eine solche Friedenslehre liefern, nämlich politologisch-ethische Erwägungen aktueller politischer Verhältnisse und Krisen: „Die tragenden Säulen einer Friedensordnung – vom System der internationalen Kooperation, das nach dem Zweiten Weltkrieg in seinen Grundelementen aufgebaut und in den 1990er-Jahren weiterentwickelt wurde, bis hin zum Verbot des Angriffskrieges – drohen zum Einsturz gebracht zu werden. Welche Antworten kann die Kirche angesichts dieser Krise vorschlagen? Das ist das Thema des neuen Friedenswortes." (Vorwort, vgl. auch 82) Ein Friedenswort an die, den politischen Diskurs prägenden und die Politik selbst gestaltenden Akteure. Das kann unbestritten ein wichtiger Dienst sein, den christliche Kirche innergesellschaftlich zu leisten hat. Das ist aber auf jeden Fall ein schwieriger Dienst, weil er mitten in oft heiße gesellschaftliche und politische Kontroversen hineinführt, es ist auch insofern ein schwieriger Dienst, weil er vorgängig umfassende und vor allem kritische Analysen politischer Verhältnisse verlangt. Zum ersten braucht es Mut und zum zweiten die richtigen Berater. An Mut zum politischen Streit fehlt es deutscher katholischer Friedensethik seit je (Ausnahme war der Militärbischof WALTER MIXA![3]). An markigen Worten immerhin fehlt es nicht. Im Hirtenwort „Gerechter Friede" hatte es geheißen: „Mitten in einer Welt voll Krieg und Gewalt kann die Kirche nicht als Sakrament des Friedens wirken, wenn sie sich anpasst. Diese Welt braucht keine Verdoppelung ihres Unfriedens durch eine Religion, die zu allem Ja und Amen sagt." (GF 164) Jetzt formulieren die Bischöfe: „Das Evangelium ruft alle, die es hören, jederzeit zur (…) Abkehr von den ‚Mächten und Gewalten', die ‚wahres Leben' und ‚wahres Glück' verheißen, doch in Wahrheit Verderben und Tod bringen. Sie gilt es beim Namen zu nennen, ihnen müssen wir in der Kraft des Heiligen Geistes Widerstand entgegensetzen." (20) Doch trotz dieses deutlichen Echos aus „Gerechter Friede", dass die Bischöfe im neuen Friedenswort wirkungsvoll und klar zur Abkehr von Todesmächten rufen, muss man doch sehr in Frage stellen. Gerade bezüglich kritischer Analyse politischer Verhältnisse, einer Herausarbeitung der Todesmächte, die es beim Namen zu nennen gilt, bestehen gleich zu Beginn große Zweifel:

„Wie viele Menschen, so haben auch wir gespürt: Der Angriff Russlands galt nicht allein der Ukraine. Nein, es war ein Angriff auf das völkerrechtliche Gewaltverbot, ein Angriff auf die europäische

---

[3] Vgl. zu Mixa nur NAUERTH, Thomas, Militärseelsorge als Hilfe zur gewissenhaften Prüfung der ethischen Legitimität staatlichen Handelns und militärischer Befehle? Oder: Über Militärseelsorge neu nachdenken heißt, von Walter Mixa erzählen. In: SCHMID, Rainer/NAUERTH, Thomas/ENGELKE, Matthias/ BÜRGER, Peter (Hg.), "Die Seelen rüsten". Zur Kritik der staatskirchlichen Militärseelsorge (edition pace 8) Norderstedt 2019, 323-332.

Friedensordnung und nicht zuletzt ein Angriff auf unser Ideal einer menschenrechtsbasierten Demokratie." (6, vgl. auch 81+84)

Ein bauchgesteuertes Fühlen reicht nicht als politische Analyse und eine Überhöhung eines konkreten militärischen Angriffs als grundsätzlichen Angriff auf die heiligsten politischen Grundsätze internationaler Ordnung verbaut alle Lösungswege über Verhandlung, Diplomatie und Mediation. Auch die vielen anderen Erwähnungen des Angriff Russlands auf die Ukraine (vgl. nur 81/84/87), zeichnen sich fast durchgängig durch Übernahme gängiger Narrative deutscher Leitmedien und deutscher Politik aus. Wie anders der Angriff Russlands verstanden werden kann, zeigen Analysen von JOHANNES VARWICK, HARALD KUJAT, ERICH VAD und MICHAEL VON DER SCHULENBURG. Auch der Vatikan hätte den Bischöfen zu einer differenzierteren Sicht verhelfen können[4], überhaupt ist es eigentlich das Privileg katholischer Bischöfe unschwer eine internationale Perspektive einholen zu können, einen kritischen Blick von außen zu nutzen. Sie hätten einfach Abschnitt 242 ihres Papiers selbst ernst nehmen müssen (vgl. auch 245ff)! Dann hätten die Bischöfe gespürt, dass es mit einem einfachen Anschluss an gängige Narrative des politisch-medialen Diskurses hierzulande bei weitem nicht getan ist.

Ängstlichkeit statt Mut ist auch mit Händen zu greifen im Abschnitt 7. Die Bischöfe sprechen von einer „Rüstungsdebatte, wie wir sie schon lange nicht gesehen haben." 100 Milliarden und 2% des Haushalts sind allerdings keine Debatte, sondern hochproblematische Festlegungen. Sie formulieren den geradezu ängstlichen Satz, wir „wollen uns ihr [der Debatte] nicht grundsätzlich verschließen." Und dann, mehr Tapferkeit vor dem staatlichen Freund war nicht vorhanden: „mahnen wir an, dass militärische (…) Aufrüstung (…) nicht zulasten der staatlichen Unterstützungen der zivilen Konfliktprävention und -bearbeitung, der internationalen Entwicklungs-

---

[4]Den Vatikan haben die Bischöfe auch sonst wenig im Blick, sie schreiben, den „2017 von der UN-Generalversammlung beschlossenen und 2021 in Kraft getretenen Atomwaffenverbotsvertrag haben fast ausschließlich Staaten des Globalen Südens unterzeichnet und ratifiziert." (99) Nun, der Vatikan liegt in Europa, er hat unterschrieben und hätte sich sicher gefreut, wenn die deutschen Bischöfe die deutsche Politik zur Unterschrift aufgefordert hätten! (vgl. auch https://www.katholisch.de/artikel/28454-bischoefe-aus-aller-welt-begruessen-atomwaffenverbotsvertrag)

zusammenarbeit oder von internationalen Austausch- und Dialog-
programmen gehen" darf. Das ist schlicht naiv. Natürlich hat die
massive staatliche Ausgabenverschiebung ins Militärische drastische
gesellschaftliche Auswirkungen, auch in den hier genannten Bereichen und auch in Bereichen, von denen die Caritas erzählen könnte
und die den Bischöfen besonders am Herzen liegen sollten (vgl. 26).
Hinzu kommt: Die Auswirkungen der Klimakatastrophe drohen das
menschliche Leben in Zukunft immer unmöglicher zu machen (vgl.
32!), und hierzulande diskutiert man über und investiert in
Kriegstüchtigkeit? Da sollte man sich unter friedensethischer
Perspektive doch wohl jeder Debatte verschließen!

Die Vorsicht oder auch Ängstlichkeit des Friedenswortes zeigt
sich auch darin, dass zwar manchmal ganz unerwartet deutlich Klar-
text gesprochen wird („Krieg „ist ein Totalversagen der Menschheit
und widerspricht Gottes Willen" (8)), aber solch ein Satz dann nicht
weitergeführt wird. Diese Aussage wäre doch ein idealer Ausgangspunkt für kritische politische Analyse! Wenn Krieg ein Totalversagen
der Menschheit ist, wer hat dann genau und wie versagt, sodass es
zum Angriff Russlands auf die Ukraine gekommen ist? Sollte es nicht
eine der Kernaufgaben der Außenpolitik sein, für ein friedliches Zusammenleben der Staaten Sorge zu tragen? Was genau ist in der
Außenpolitik schiefgelaufen? Das wären spannende Fragen gerade
für eine christliche Friedensethik, denn immer schon hat sie über zwei
Themenbereiche nachgedacht, einerseits über die Frage, wie Frieden
gefestigt und Krieg verhindert werden kann und zum anderen über
die Frage, was unter ethischer Perspektive zu tun ist, wenn der
Frieden zerstört ist, und Krieg begonnen hat. Friedensethik geht es
um die Außenpolitik vor dem Krieg und das gesittete (militärische)
Verhalten im Krieg. Gerade wenn, wie die Bischöfe ja betonen, das
Friedenswort „Gerechter Friede" weiterhin gültig ist, wäre es
naheliegend, die dort erhobenen Forderungen an eine konflikt-
vorbeugende (Außen)politik vor dem Hintergrund der aktuellen
Kriege kritisch auf ihre Umsetzung zu überprüfen. Im Friedenswort
„Gerechter Friede" war der zweite Teil überschrieben mit „Elemente
innerstaatlicher und internationaler Friedensfähigkeit" (vgl. in
diesem Friedenswort das Kapitel 4: „Wege der Gewaltüberwindung"). Zu diesen Elementen gehören nach „Gerechter Friede" der

„Vorrang für gewaltpräventive Konfliktbearbeitung", „Menschenrechte und nachhaltige Entwicklung", „Internationale Zusammenarbeit", „Konfliktnachsorge als Konfliktvorbeugung", „Friedensarbeit
in der Zivilgesellschaft" und ein Kapitel „Bedeutung und Grenzen
militärischer Mittel". In „Gerechter Friede" finden sich Aussagen, die
gerade vor dem Hintergrund des Ukraine Kriegs aufhorchen lassen:
    „Gemeinsam mit den Bischöfen aus den Ländern der
Europäischen Union haben wir in einem Friedenswort 1999
unterstrichen, dass jedes NATO-Konzept mit den Sicherheits-
interessen jener europäischen Staaten vereinbar sein muss, die dem
Bündnis oder den Strukturen der EU nicht angehören." (GF Nr. 139)
    Damit ist ganz vorsichtig das heikle Thema NATO-Ost-
erweiterung angesprochen. Was hätte nähergelegen, als im neuen
Papier hierauf zurückzukommen, nicht zuletzt unter der Frage, wie
denn überhaupt dieser Krieg beendet werden kann. Doch konkret
werden die Autoren des neuen Friedenswortes nur da, wo sie auf
einer Linie mit Konkretionen des Staates liegen, sie betonen nochmal,
dass sie sich „hinter die Entscheidung der Bundesregierung gestellt
haben, Waffen an die Ukraine zu liefern". (30)
    Sie betonen auch, dass mit „Blick auf die Opfer von Gewalttaten
(…) die kirchliche Friedensethik am Recht auf Selbstverteidigung"
festhält, „die unter gewissen Umständen auch zur Gegengewalt
ermächtigt". (73) Erst in Abschnitt 197 werden die „ethischen Grenzen" auch der Selbstverteidigung angesprochen, einige Prinzipien
dazu werden benannt (Verhältnismäßigkeit und Angemessenheit
wie auch das Diskriminationsprinzip). Diese Prinzipien stammen
noch aus der alten ethischen Tradition des *Bellum iustum*. Das dort
ebenfalls zu findende Prinzip schneller Wirksamkeit zugunsten der
Menschen wird bezeichnenderweise allerdings nicht erwähnt:
    „Worauf es hauptsächlich ankommt, ist dies: daß die
Verteidigung eine wirkliche Verteidigung sei: ein wahrer Schutz der
Menschen und des Landes, eine möglichst rasche und wirksame
Lahmlegung des feindlichen Angriffs. Was geschieht aber, wenn einfach Gleiches mit Gleichem erwidert wird, so daß schon nach einer
halben Stunde Verteidigung und Angriff vollständig ineinander
übergegangen sind?"

So argumentierte der Dominikaner FRANZISKUS M. STRATMANN in einem Aufsatz von 1931 mit dem Titel „Krieg gegen Rußland".[5] Im Friedenswort wird Stratmann einmal lobend erwähnt (288), diskutiert wird mit ihm leider nicht.

Noch an einer dritten Stelle finden sich im Friedenswort Ausführungen zu dem, was gerechte Verteidigung nach christlicher friedensethischer Tradition zu sein hat:

„Gerechte Verteidigung muss Wege zu Verständigung und Frieden offenhalten oder öffnen, sie darf keinen bewusst verschließen. Das Ziel jedes Militäreinsatzes, sofern er aus christlicher Sicht legitim sein soll, ist nicht der Sieg, sondern ein gerechter Friede. Waffen können keinen Frieden schaffen, Frieden muss gestiftet werden – und zwar in erster Linie durch Gerechtigkeit, die auch den Feind im Krieg einschließt. Kein Einsatz militärischer Gewalt darf deswegen die Bedingungen eines künftigen Friedens zerstören, vor allem nicht das Minimum an gegenseitigem Vertrauen, ohne das es weder aussichtsreiche Friedensverhandlungen noch einen tragfähigen Friedensschluss geben kann." (31)

Konkretisiert und kontextualisiert wird auch dies wieder nicht, obwohl Konkretionen für jeden informierten Leser, jede Leserin auf der Hand liegen: SELENSKYJ hat Verhandlungen verboten, er spricht von Sieg, er greift immer wieder tief im russischen Hinterland mit Sabotageakten an, das wäre nach diesen Friedenswort dann wohl keine gerechte Verteidigung, zumal wenn man die Auswirkungen dieser Verteidigung mitberücksichtigt (vgl. dazu 87). Daraus wiederum ergäben sich massive Konsequenzen für die ethische Legitimität jeder Waffenlieferung und materiellen Unterstützung. Noch nicht einmal als Frage wagen die Verfasser dieses Textes solche Konkretisierungen, die auch in Bezug auf die Kriegsführung Israels in Gaza auf der Hand liegen. Sie bleiben lieber auf der hohen Ebene der Prinzipien: „All die sozial- und friedensethischen Überlegungen, Prinzipien und Werte, die wir hier beschrieben haben und die wir nachdrücklich allen politisch Verantwortlichen ans Herz legen, bilden daher umso mehr das Fundament unseres eigenen Friedensengagements." (240)

---

[5] Der Aufsatz findet sich in: HÖHN, Laurentius/NAUERTH, Thomas/SPIEGEL, Egon (Hg.), Frieden als katholische Aufgabe. Leben und Werk von Franziskus M. Stratmann OP (Dominikanische Quellen und Zeugnisse 26), Freiburg 2022.

Man tritt den Bischöfen wohl nicht zu nahe, wenn man das Wort „eigenes" so versteht, dass damit das Engagement der deutschen katholischen Kirche insgesamt und nicht das Engagement der katholischen Bischöfe im Besonderen gemeint ist. Auch innerkirchlich aber vermisst man Konkretionen: „Wir dürfen uns auch durch den akuten Krieg nicht dazu verleiten lassen, die verfeindeten Parteien als geschlossene Blöcke gegeneinander zu stellen, sondern müssen alle Verbindungen nutzen und stärken, die über den Krieg hinaustragen." (293) Ist es geheim, wie die katholische Kirche in Deutschland ihre Verbindungen nutzt und stärkt?

Ein weiterer starker Satz lautet: „Die vorrangige Option für die Armen verlangt von der Kirche, dass sie als Anwältin der Schwachen und an den Rand Gedrängten auftritt. Die Verhältnisse sind nach dem Kriterium zu beurteilen, wie sich ihre Lage darstellt und wie sie verbessert werden kann." (26) Wiederum aber stellt sich die Frage, was bedeutet es auf die politische Arena unter der Perspektive einer vorrangigen Option für die Armen zu schauen? Müssten dann z.B. nicht die globalen Auswirkungen des Krieges in der Ukraine für die Armen zu einem zentralen Kriterium dafür werden, leidenschaftlich für ein Ende dieses Krieges zu streiten? Kriege enden mit Verhandlungen, auch dazu findet sich ein schöner Satz: „In einer Welt voller Krisen und Konflikte sind nicht zuvörderst neue Waffen, sondern Verhandlungen und neue Schritte erforderlich, um verloren gegangenes Vertrauen wiederzugewinnen." (196) Mit dieser Erkenntnis die gegenwärtigen Konflikte und Kriege friedensethisch zu reflektieren, dazu haben sich die Bischöfe allerdings leider nicht durchringen können. „Wir betonen aber ausdrücklich, dass Krieg niemals ein Mittel der Politik oder der Konfliktbewältigung sein kann (…) Und doch stellt er eine Realität unserer Welt dar, auf die wir in angemessener und verantwortungsvoller Weise reagieren müssen." (8) Dieses Friedenswort verwirrt seine Leserschaft, für angemessene und verantwortungsvolle Verhaltensweisen ist diese Leserschaft wohl ganz allein verantwortlich, konkrete Ideen und Anregungen diesbezüglich finden sich in diesem Friedenswort nicht. „Wir möchten aber allen versichern, dass das Engagement der jeweiligen Menschen von uns gesehen und mit großer Dankbarkeit wertgeschätzt wird." (259) Immerhin.

An der Bergpredigt und der Expertise der kritischen Friedensforschung vorbei

Egon Spiegel

Im Rahmen einer umfänglichen *Tour d'Horizon* durch die bekannten globalen und regionalen Konfliktfelder haben sich die deutschen Bischöfe in einem soeben veröffentlichten „Friedenswort" insbesondere zum Einsatz militärischer Gewalt klar positioniert.[1] Diese haben sie im Sinne der klassischen Ausnahme – einschließlich damit zusammenhängender Rüstungsaktivitäten und -transfers (als „moralisches Übel") – mit vor allem dem Argument eines Rechts auf Selbstverteidigung legitimiert.

KEINE NEUEN IMPULSE

Überraschend Neues kann man den Ausführungen nicht entnehmen, eine ethische Alternative zu den im Blätterwald vertretenen Standpunkten sucht man vergebens. Rückgriffe auf die Kerninhalte der Friedensprogrammatik Jesu – Fehlanzeige. Von der Bergpredigt mit ihren Seligpreisungen jener, die auf Gewalt verzichten, keine Spur.

In einem späteren historischen Rückblick wird man auch dieses Wort als bloße, nicht wirklich weiterführende, ebenso wortreiche wie blasse Rhetorik erinnern. Militärische Gewalt als Ausnahme – das vertreten, in Anlehnung an ein Zitat aus der Bergpredigt, „sogar die Heiden, die Gott nicht kennen".

---

[1] Dieser Beitrag erschien zuerst als Gastkommentar am 24.02.2024 hier: https://www.domradio.de/artikel/gastkommentar-zum-friedenswort-der-deutschen-bischoefe.

ABGRENZUNG VON EINEM IMAGINÄREN PAZIFISTISCHEN „LAGER"

Ins Auge sticht allerdings im Friedenswort die durchgängig defensive, implizite wie explizite, Abgrenzung von einem imaginären pazifistischen „Lager" mit den dort vorausgesetzten Positionen. Reiben sich die Bischöfe an mit dem Schlagwort „Pazifismus" gebündelten Überzeugungen an Stelle einer fundamentalen Beschäftigung mit der originären Friedensethik Jesu und ihren politischen Folgerungen?

Ebenso redundant wie lapidar und ohne – zumindest – eine sachdienliche bibeltheologische bzw. exegetische Einlassung auf die erhellenden Texte wird Jesu konsequente Ablehnung jeder Art von Gewalt mit Hinweis auf eine besondere, zeitspezifische Herausforderung und die Notwendigkeit einer moraltheologischen Fortschreibung eines urkirchlich praktizierten Gewaltverzichtspostulats zu einer Ethik bedingter Gewaltanwendung ausgehebelt.

Dabei wird völlig verkannt, dass nicht nur in der subjektiven Wahrnehmung Jesu, der Urgemeinde und der Christen/innen der ersten Jahrhunderte die Welt in Flammen stand, diese aber ungeachtet dessen der Gewalt abschworen.

EXPERTISE DER KRITISCHEN FRIEDENSFORSCHUNG FEHLT

Für die Ansicht, dass die von den Bischöfen mehrfach artikulierte Einladung an das pazifistische Lager zu einem kritischen Diskurs nicht über eine joviale Gestik, die auch als zynisch verstanden werden könnte, hinausgeht, spricht, dass dieses Lager nicht durch – wenigstens – eine einzige ihm zurechenbare Person zur Mitarbeit am Friedenswort eingeladen wurde. Hier hätte doch das Gespräch, wenn es wirklich gewollt wäre, beginnen können.

So begnügt sich das Friedenswort, einer einseitigen Beratung geschuldet, mit friedenswissenschaftlichem Halbwissen und einem durch Fachfremde vorgetragenes und dementsprechend defizitäres Gewaltfreiheitsverständnis. Die Expertise der kritischen Friedensforschung – mit ihren unzähligen Studien zur gewaltfreien Konfliktlösung – bleibt außen vor.

Gewaltfreiheit und Selbstverteidigung

Selbstverständlich geht es auch der Gewaltfreiheit – unzählige Male dokumentiert – um Selbstverteidigung. Einer exklusiven Inanspruchnahme des Rechts auf Selbstverteidigung zur Legitimierung militärischer Gewalt ist damit der Boden entzogen. Weiter: das der Lehre vom gerechten Krieg entnommene Argument, dass erst dann zu militärischen Mitteln der Konfliktlösung gegriffen werden darf, wenn alle anderen erschöpft sind, ist in der Praxis alles andere als geeignet, den Einsatz militärischer Gewalt zu rechtfertigen.

In der Regel – eigentlich immer – wurden gewaltfreie Konfliktlösungsstrategien nicht einmal ansatzweise erprobt, geschweige ihr breites Spektrum an Handlungsalternativen ausgeschöpft, bevor die Entscheidung zur militärischen Verteidigung erging. Dass gewaltfreies Handeln hinsichtlich seiner Praktikabilität ein Mindestmaß an ethischer Verantwortung im Gegenüber zur Voraussetzung hat, ist ein typisches Missverständnis der Gewaltfreien Aktion. Diese agiert unilateral und bedingungslos. Es führt zu weit, hier darüber hinaus die strukturellen Dimensionen der Gewaltfreiheit auch nur anzudeuten.

Gewaltverzicht Jesu

In an chinesischen Universitäten gehaltenen Vorlesungen erläutere ich die jesuanische Friedensprogrammatik anhand eines Fensterbildes aus der Friedenskirche in Taizé. Es zeigt Jesus auf einem Esel – eine Symbolhandlung in der Fluchtlinie der prophetischen Kritik militärischer Gewalt durch die Ablehnung des Pferdes als Kriegspferd und das Vertrauen darauf als atheistisch.

Die Bergpredigt, die Seligpreisung der Gewaltfreien, die Feindesliebe als eine ethische Konsequenz jesuanischer Reich Gottes Eschatologie sind Kernthemen theologischer Vorlesungen. Ihre professionelle Behandlung in Studienseminaren und in der schulischen Praxis verlangen den Beteiligten ein hohes Maß an Einfühlung und letztlich Zustimmung zum Gewaltverzichtspostulat

Jesu und seiner biblisch bezeugten Realisierung ab. Sollten alle diese Bemühungen durch politische Praxis und die Relativierung der Botschaft Jesu immer wieder neu konterkariert und ad absurdum geführt werden?

Vertane Chance oder Möglichkeit für mehr?

Mit ihrem Friedenswort vertreten die Bischöfe sicherlich einen Teil, einen Großteil ihrer Kirche. Ein nicht unbeträchtlicher Teil wird sich indes ratlos zurückgelassen sehen. Hier hoffen Menschen auf eine Orientierung, die über das, was ihnen in der Tagespresse begegnet, hinausgeht: auf Impulse und Perspektiven, die an ihre Erfahrungen einer gewaltfreien Lebens- und Weltgestaltung anknüpfen, sie mutig aufnehmen und einfallsreich weiterführen. Was sie mit dem Friedenswort bekommen haben, ist allerdings das nicht nur heute, sondern seit Menschengedenken Gängige.

Braucht es dafür aber die Kirche? Wieder einmal wurde eine Chance vertan. Allerdings: die auffallend angestrengte Auseinandersetzung mit einem gespenstartig gegenwärtigen „Pazifismus" könnte den Beginn einer Zeitenwende (auch) in der katholischen Friedensethik markieren und eine Entwicklung einläuten, die über das bloße Plädoyer für einen „Frieden" – mit der Legitimierung von Gewalt als Ausnahme – hinaus auf ein Plädoyer für Gewaltverzicht im Sinne Jesu zielt. Alles daran zu setzen, genau dieses zu entwerfen und kreativ umzusetzen, dafür könnte die Kirche ein berufener Ort sein.

Zur Debatte

„Terra Nova" – Foto: Matthias-W. Engelke

Die Grenzen der Gewaltlosigkeit

Muhammad Sameer Murtaza

Der Islam kennt beides: das Gebot zur Gewaltlosigkeit, veranschaulicht anhand der Erzählung von den Söhnen Adams; aber auch die Erlaubnis zur Selbstverteidigung. Einen ideologischen Pazifismus lehnen die meisten Muslime ab, was manchmal den Dialog und die Zusammenarbeit mit pazifistisch eingestellten Christen erschwert.

Aber muss man diese nicht fragen: Gewaltlosigkeit immer und zu jedem Preis? Wer solches meint, muss sich dann aber auch hinsichtlich der Effektivität von Protestmethoden Gedanken machen, andernfalls verpufft der gewaltlose Widerstand. Kritiker des Menschenrechts auf Selbstverteidigung beachten nämlich oftmals nicht, dass auch der gewaltlose Widerstand Voraussetzungen nötig hat, die über sein Gelingen entscheiden:

1. Der gewaltlose Widerstand benötigt die direkte Begegnung zwischen Unterdrückten und Unterdrücker, wenn im Aggressor eine Verwandlung ausgelöst werden soll. Die industrielle Tötungsmethode der Nazis, aber auch die moderne Tötungsmaschinerie der Militärs durch Drohnen und ferngesteuerte Raketen verhindert diese notwendige Begegnung. Man tötet heute, ohne mit der Tat und dem Opfer direkt konfrontiert zu werden. Das Töten hat Videospieldimensionen erreicht.

2. Daher benötigt der gewaltlose Widerstand eine freie Presse. Nur durch diese können lokale Gruppen die öffentliche Meinung bzw. die Meinung der Weltgemeinschaft zu ihren Gunsten verändern, die dann wiederum Druck auf den Aggressor ausüben kann.

3. Das Misslingen der gewaltlosen Kampagne von Martin Luther King von Dezember 1961 bis August 1962 in Albany verdeutlicht, dass Aggressoren sich an die gewaltlose Strategie anpassen können. Der Polizeichef von Albany gab damals die strikte Anweisung an seine Polizisten aus, sich nicht durch die Art des Protestes zu Gewalttaten provozieren zu lassen, die dann landesweit im Fernsehen übertragen worden wären. Stattdessen verhaftete die

Polizei die Demonstranten behutsam und vorschriftsgemäß. Auf diese Weise verpufften die Anstrengungen von Kings Mitstreitern, eine Veränderung herbeizuführen, denn hierzu – auch dies muss gesagt werden – wäre eine Eskalation nötig gewesen. Der Status quo veränderte sich nicht. Die Wirkungslosigkeit ihres Protestes bewirkte nun Frust in den Reihen der Afroamerikaner, sodass Jugendliche aus der Bewegung anfingen, sich Straßenschlachten mit weißen Segregationisten zu liefern. Kings gewaltlose Protestmethode war in Albany gescheitert.[1]

Daher muss stets die Wirksamkeit klassischer Protestformen hinterfragt werden. Gerade in demokratischen Staaten haben Politik und Wirtschaft gelernt, den Protest derart in die bestehenden Machtstrukturen zu integrieren, dass er seine Wirksamkeit verloren hat. Hinter weit entfernten Absperrungen, fern von den Adressaten des Protestes, den Politikern, den Wirtschafts- und Bankenchefs, dürfen gewaltlose Aktivisten heute demonstrieren und dann wieder nach Hause gehen. Aber am Status quo verändert sich nichts. Vielmehr bedienen sich die Mächtigen des Protestes, damit das Volk Druck ablassen kann. Die gewalttätigen Ausschreitungen im Verlauf der Proteste gegen die Europäische Zentralbank im März 2015 sind vor allem ein Ausdruck dafür, dass man zwar demonstrieren darf, dies aber keine materiellen Veränderungen bewirkt.

Veränderungen kann man aber in einer Demokratie an der Wahlurne bewirken. Wenn Friedensaktivisten und Religionsgemeinschaften, die sich als Friedensgemeinschaften verstehen, die Rolle des Wechselwählers annehmen würden, so könnten sie geschlossen Druck auf die Volksvertreter ausüben, sich einer Friedenspolitik zu verpflichten.

4. Wer die Sache der Gewaltlosigkeit befürwortet und propagiert, der muss sich auch dafür einsetzen, dass gewaltlosen Aktivisten in Krisengebieten, deren Widerstand gescheitert ist, und Kriegsflüchtlingen ohne Wenn und Aber Asyl gewährt wird. Andernfalls blockiert man eine letzte Ausweichmöglichkeit, Gewalttätigkeit zu verhindern.

5. Gewaltloser Widerstand ist eine Einladung und eine Chance an das jeweilige unterdrückerische Regime, auf friedliche Weise einen politischen Wandel zu vollziehen. Versperrt ein solches Regime sich

---

[1] Vgl. WALDSCHMIDT-NELSON, Britta, 2007, 88.

diesen Veränderungen, provoziert es die Entstehung gewaltbe-
fürwortender Gruppierungen, wie sich am Beispiel von Syrien gezeigt hat. Die Schuld hierfür liegt aber dann einzig und allein bei dem
jeweiligen Regime. Martin Luther King sagte einst, dass der Aufstand
der Aufschrei der Ungehörten ist. Es käme eine Zeit, in der die Unterdrückten ihre Unterdrückung einfach nicht mehr ertragen könnten.[2]
Während JOHN F. KENNEDY (gest. 1963) äußerte: „Jene, die eine friedliche Revolution unmöglich machen, werden eine gewaltsame Revolution unumgänglich machen."[3]

In der Anfangsphase bis zum Scheitelpunkt der Eskalation können Gruppierungen, die sich gewalttätig gebärden, für ein Regime
ein wichtiger Kontrastpunkt zu den gewaltlosen Gruppen sein und
schließlich zu einem Einlenken aufseiten der Politik führen. Als
Martin Luther King während eines Protestmarsches in Selma Anfang
Februar 1965 verhaftet worden war, lud das *Student Nonviolent
Coordinating Committee* MALCOLM X (gest. 21. 2. 1965) nach Selma ein,
eine Rede zu halten. X war Muslim. X befürwortete das Menschenrecht auf Selbstverteidigung und galt daher in den Augen weiter Teile
der weißen Bevölkerung als militant. Die Sorge war daher aufseiten
von Kings Mitstreitern groß. Doch sie war unberechtigt, da Malcolm
das Zusammenwirken gewaltloser und auf Selbstverteidigung po-
chender Gruppierungen bestens verstand. Und so riet er den Weißen
während seiner Rede, dass sie froh und dankbar für den friedvollen
Martin Luther King sein sollten, statt ihn ins Gefängnis zu werfen. In
ihrem eigenen Interesse sollten sie auf die Forderungen Kings eingehen, denn es gäbe ja noch die Gewalt befürwortenden schwarzen
Kräfte, die nur darauf warten würden, endlich zum Einsatz zu kommen. Mit dieser aggressiven Rede stärkte Malcolm X ganz bewusst
die Position Kings in Selma. X setzte sich anschließend neben
CORETTA KING und bat sie, ihrem Ehemann auszurichten: „Ich
möchte, dass Dr. King weiß, dass ich nicht nach Selma gekommen
bin, um seine Arbeit zu erschweren. Ich bin wirklich mit der Absicht
gekommen, ihm zu helfen. Wenn die Weißen erst mal sehen, was die
Alternative ist, werden sie vielleicht eher dazu bereit sein, auf Dr.
King zu hören."[4]

---

[2] Vgl. KUMAR, Satish, 2013, 130-131.
[3] The American Presidency Project, 1962.
[4] WALDSCHMIDT-NELSON, Britta, 2007, 123.

Möglicherweise haben wir es hier mit einem Graben insbesondere zwischen Christen auf der einen Seite und Muslimen und Juden auf der anderen Seite mit Blick auf die Grenzen der Gewaltlosigkeit zu tun. Wir können diesen Graben selber zu einem Gegenstand der Diskussion machen, der aber gemeinsames Wirken in der Friedensarbeit behindern wird, oder wir handeln pragmatisch gemäß dem Grundsatz des Reformers MUHAMMAD RASCHID RIDA (gest. 1935): „Wir sollten uns gegenseitig in dem unterstützen, worüber wir einig sind, und uns in dem tolerieren, in dem wir voneinander abweichen."[5]

Muslime bekommen in der Schrift zwei Handlungsalternativen geboten, die nebeneinander bestehen bleiben: 1. gewaltloser Widerstand bis zum Tod, was dazu führen kann, dass sich das Chaos weiter ausbreitet, oder 2. bewaffnete Verteidigung, um die eigene Auslöschung zu verhindern und die Ordnung zu bewahren. Letzteres geschieht wiederum teilweise noch im gesetzten Rahmen des Alten Orients in Form von präventiver und defensiver Selbstverteidigung, von Unterwerfung des Gegners und der sporadischen Erhebung einer Schutzabgabe (ğizya).

Malcolm X fasst die islamische Anschauung prägnant zusammen: „Sucht den Frieden und hütet euch davor, die Angreifer zu sein – doch seid ihr die Angegriffenen, so lehren wir nicht, dass ihr auch die andere Wange hinhalten sollt."[6]

Gewaltloser Widerstand bis zur Selbstaufopferung sollte nicht ideologisch motiviert als absolut gesetzt werden. Die kritische Rückfrage muss erlaubt sein, wer die Autorität besitzt, dies nicht nur von Erwachsenen, sondern auch von Jugendlichen, Kindern und Kleinkindern einfordern zu dürfen. Sie vor angefachten Hochöfen zu retten, mit allen zur Verfügung stehenden Mitteln, ist die Pflicht jeden Mannes, jeder Frau. Die Selbstverteidigung ist und bleibt für Muslime ein Menschenrecht, das zur Geltung kommt, wenn der gewaltlose Widerstand darin scheitert, 1. den Aggressor zu einem Umdenken zu bewegen, und 2. die internationale Gemeinschaft sich mit der Rolle des Zuschauers eines Genozids begnügt. Hier haben wir das realistische Moment des Islam, das aber nicht dahingehend missverstanden werden darf, dass dem Islam der Glaube an eine erlösende und friedensstiftende Gewalt zugrunde liegt.

---

[5] BADAWI, Zaki, 1976, 52.
[6] X, Malcolm; HALEY, Alex, 1998, 227.

Natürlich ist es immer gegeben, dass das Verteidigungsgebot als letztes Mittel missbraucht werden kann: Es kann pervertiert werden, um einen Präventivkrieg zu rechtfertigen. Wie auch der gewaltlose Widerstand verwässert werden kann, um opportunistisch und feige zu handeln. Es war GANDHI (gest. 1948), der schrieb: „Ich glaube, dass dann, wenn nur die Wahl zwischen Feigheit und Gewalt besteht, ich vorschlagen würde, Gewalt einzusetzen. (…) Es ist bedeutungslos, wenn jemand, der hilflos ist, auf Gewalt verzichtet. Eine Maus wird einer Katze kaum vergeben, wenn sie es zulassen muss, von ihr in Stücke zerrissen zu werden."[7] Malcolm X hat diese Aussage Gandhis aufgegriffen und in den afro-amerikanischen Kontext eingebettet: „Friedvolles Leiden und passiver Widerstand, und all dieser Kram, mag richtig für Indien gewesen sein, wo die Inder den Weißen zahlenmäßig überlegen waren, ungefähr eine Million zu eins. Aber hier in Amerika wäre es so, als würde sich eine Maus auf einen Elefanten setzen und glauben, dies würde eine Veränderung bewirken."[8]

LITERATUR

ASAD, Muhammad: Die Botschaft des Koran. Düsseldorf, 2009.

BADAWI, Zaki: The Reformers of Egypt – A Critique of Al-Afghani, 'Abduh and Ridha. Berks, 1976.

GANDHI, Mohandas Karamchand: The Doctrine of the Sword, 1920. Internet:http://www.mkgandhi.org/nonviolence/D_sword.htm (zuletzt eingesehen am 29.05.2015).

KUMAR, Satish: You are therefore I am. A Declaration of Dependence. Cambridge, 2013.

THE AMERICAN PRESIDENCY PROJECT: 86 – Address on the first Anniversary of the Alliance for Progress, 1962. Internet: http://www.presidency.ucsb.edu/ws/index.php?pid=9100&st=&st1= (zuletzt eingesehen am 06.10.2018).

WALDSCHMIDT-NELSON, Britta: Martin Luther King – Malcolm X: Gegenspieler. Frankfurt am Main, 2007.

---

[7] GANDHI, Mohandas Karamchand, 1920.
[8] WNYC News, 2015.

WNYC: Remembering Malcolm X: Rare Interviews and Audio, 2015.
Internet: https://www.wnyc.org/story/87636-remembering-malcolm-x-
rare-interviews-and-audio/ (zuletzt eingesehen am 12.11.2023).

X, Malcolm; HALEY, Alex: Malcolm X: Die Autobiographie. München, 1998.

Projekte

Foto: commons.wikimedia.org

Tolstoi-Projekt

Peter Bürger

Der Autor, Herausgeber und Theologe Peter Bürger, Düsseldorf, veröffentlicht mit bemerkenswerter Gründlichkeit und Ausdauer Tolstois Werke seit 2023 zum ersten Mal seit der umfangreichen Ausgabe in der DDR (1964-1987) wieder neu. Wir dokumentieren im Folgenden alle bisher erschienenen Bände. Es folgt ein Hinweis auf das Gründungsdokument der amerikanischen Friedensgesellschaft, die Schrift „Krieg ist mit der Religion Jesu Christi unvereinbar", 1812, von David Low Dodge, (1774-1852), zum ersten Mal in deutscher Übersetzung. Wir bitten um Beachtung der vollständigen Liste der edition pace unter den Buchhinweisen im Anhang. mE

Übersicht zu den Bänden der Tolstoi-Friedensbibliothek, Reihe A
(Einzelausgaben der sozialethischen & religiösen Schriften)

TFb_A001 | Leo N. Tolstoi: *Meine Beichte*. Das Bekenntnisbuch in den Übersetzungen von H. von Samson-Himmelstjerna (1879) und Raphael Löwenfeld (1901). Mit einem Hintergrundtext von Pavel Birjukov. Norderstedt: BoD 2023.

TFb_A002 | Leo N. Tolstoi: *Vernunft und Dogma*. Eine Kritik der Glaubenslehre, übersetzt von L. Albert Hauff, 1891. Norderstedt: BoD 2023.

TFb_A003 | Leo N. Tolstoi: *Kritik der dogmatischen Theologie*. Gesamtausgabe, übersetzt von Carl Ritter, 1904. Norderstedt: BoD 2023.

TFb_A004 | Leo N. Tolstoi: *Kurze Darlegung des Evangelium*. Aus dem Russischen von Paul Lauterbach, 1892. Norderstedt: BoD 2023.

TFb_A005 | Leo N. Tolstoi: *Das Evangelium*. Aus der Bibelarbeit, übersetzt von Nachman Syrkin u. a., nebst Begleittexten von Käte Gaede, Nikolay Milkov und Eugen Drewermann. Norderstedt: BoD 2023.

TFb_A006 | Leo N. Tolstoi: *Worin besteht mein Glaube?* Übersetzungen von Sophie Behr (1885) und Raphael Löwenfeld (1902). Mit einer Einleitung von Eugen Drewermann. Norderstedt: BoD 2023.

TFb_A007 | Leo N. Tolstoi: *Was sollen wir denn tun?* Übersetzt von Carl Ritter (1902), mit einer Einführung von Raphael Löwenfeld. Norderstedt: BoD 2023.

TFb_A008 | Leo N. Tolstoi: *Über das Leben*. Übersetzungen von Raphael Löwenfeld und Willy Lüdtke, 1902/1929. Norderstedt: BoD 2023.

TFb_A009 | Leo N. Tolstoi: *Das Reich Gottes ist in Euch*, oder: Das Christentum als eine neue Lebensauffassung, nicht als mystische Lehre. (Christi Lehre und die Allgemeine Wehrpflicht). Übersetzung von Raphael Löwenfeld. Norderstedt: BoD 2023.

TFb_A010 | Leo N. Tolstoi: *Die Christliche Lehre*. Katechetische Schriften für Erwachsene und Kinder. Norderstedt: BoD 2023.

TFb_A011 | Leo N. Tolstoi: *Was ist Kunst?* Aus dem Russischen von Michail Feofanov (1902). Eingeleitet von Dr. Marco A. Sorace. Norderstedt: BoD 2023.

TFb_A012 | Leo N. Tolstoi: *An den Synod*. Texte zur Exkommunikation, Brief an den Klerus und Zeugnisse zum eigenen Glaubensweg. Norderstedt: BoD 2023.

TFb_A013 | Leo N. Tolstoi: *Was ist Religion?* Die Übersetzungen von Nachman Syrkin und Iwan Ostrow (1902), nebst weiteren Texten. Norderstedt: BoD 2023.

TFb_A014 | Leo N. Tolstoi: *Der Weg des Lebens*. Ein Buch für Wahrheitssucher. Neuedition der Übertragung von Adolf Heß, 1912. (Bearbeitung: Ingrid von Heiseler, P. Bürger). Mit einer Hinführung von Holger Kuße. Norderstedt: BoD 2023.

Tolstoi-Friedensbibliothek, Reihe B
(Sammelausgaben, thematische Lesebücher)

TFb_B001 | Leo N. Tolstoi: *Texte gegen die Todesstrafe*. Über die Unmöglichkeit des Gerichtes und der Bestrafung der Menschen untereinander. Mit einem Geleitwort von Eugen Drewermann. (= Tolstoi-Friedensbibliothek Reihe B, Band 1). Norderstedt: BoD 2023.

TFb_B002 | Leo N. Tolstoi: *Staat – Kirche – Krieg*. Texte über den Pakt mit der Macht und das Herrschaftsinstrument Patriotismus. (= Tolstoi-Friedensbibliothek Reihe B, Band 2). Norderstedt: BoD 2023.

TFb_B003 | Leo N. Tolstoi: *Das Töten verweigern*. Texte über die Schönheit der Menschen des Friedens und den Ungehorsam. Neu ediert v. P. Bürger & K. Warnatzsch. (= Tolstoi-Friedensbibliothek: Reihe B, Band 3). Norderstedt: BoD 2023.

TFb_B004 | Leo N. Tolstoi: *Wider den Krieg*. Ausgewählte pazifistische Betrachtungen und Aufrufe 1899 – 1909. (= Tolstoi-Friedensbibliothek: Reihe B, Band 4). Norderstedt: BoD 2023.

TFb_B005 | Leo N. Tolstoi: *Das Gesetz der Gewalt und die Vernunft der Liebe*. Texte über die Weisung, dem Bösen nicht mit Bösem zu widerstehen. (= Tolstoi-Friedensbibliothek: Reihe B, Band 5). Norderstedt: BoD 2023.

TFb_B006 | Leo N. Tolstoi: *Bei den Armen*. Texte über die Lebenswirklichkeit der Beherrschten (= Tolstoi-Friedensbibliothek: Reihe B, Band 6). Norderstedt 2023.

TFb_B007* I Leo N. Tolstoi: *Soziale Sünde und Revolution.* Texte über die moderne Sklaverei, Wege der Befreiung und den Irrweg des Blutvergießens. (= Tolstoi-Friedensbibliothek: Reihe B, Band 7). – *In Vorbereitung für Sommer 2024.

TFb_B008 I Leo N. Tolstoi: *Über Nichtstun, Moral, Recht und Wissenschaft.* Vier kleine Schriften aus den Jahren 1893 und 1909. (= Tolstoi-Friedensbibliothek: Reihe B, Band 8). Norderstedt: BoD 2023.

TFb_B009 I Leo N. Tolstoi: *Vier Auswahlbände und Breviere 1901/1928.* Sinn des Lebens – Gott und Unsterblichkeit – Aufruf zur Bruderschaft. (= Tolstoi-Friedensbibliothek: Reihe B, Band 9). Norderstedt: BoD 2023.

TFb_B010 I Leo N. Tolstoi: *Briefe 1848-1910.* Gesammelt von P. A. Sergejenko – vollständige Ausgabe (1911), mit einem Vorwort des Übersetzers Dr. Adolf Heß (= Tolstoi-Friedensbibliothek: Reihe B, Band 10). Norderstedt: BoD 2023.

TFb_B011 I Leo N. Tolstoi: *Religiöse Briefe.* Übersetzt von Karl Nötzel – Neuedition der Ausgabe von 1922. (= Tolstoi-Friedensbibliothek: Reihe B, Band 11). Norderstedt: BoD 2023.

TFb_B012 I Leo N. Tolstoi: *Begegnung mit dem Orient.* Briefe und sonstige Zeugnisse über die Beziehungen des Dichters zu den Vertretern orientalischer Religionen – bearbeitet von Pavel Birjukov, 1925. (= Tolstoi-Friedensbibliothek: Reihe B, Band 12). Norderstedt: BoD 2023.

TFb_B013* I Leo N. Tolstoi: *Begegnung mit dem Judentum.* Briefe und andere Zeugnisse des Dichters, nebst Darstellungen von jüdischen Zeitgenossen. (= Tolstoi-Friedensbibliothek: Reihe B, Band 13). – *In Vorbereitung für Sommer 2024.

TFb_B014 I Leo N. Tolstoi: *Grausame Genüsse.* Texte über das Leiden der Tiere, die Ernährung ohne Töten und Betäubungsmittelgebrauch. (= Tolstoi-Friedensbibliothek: Reihe B, Band 14). Norderstedt: BoD 2023.

TFb_B015 | Leo N. Tolstoi: *Die sexuelle Frage*. Eine Anthologie des Jahres 1901 – Anhang: Die Kreutzersonate; Übersetzungen von Michail Feofanov, Nachman Syrkin und August Scholz. (= Tolstoi-Friedensbibliothek: Reihe B, Band 15). Norderstedt: BoD 2023.

TFb_B016 | Leo N. Tolstoi: *Pädagogische Schriften*. Gesamtausgabe von Raphael Löwenfeld (1907/1911), zwei Teile in einem Band. Übersetzungen von Otto Buek. (= Tolstoi-Friedensbibliothek: Reihe B, Band 16). Norderstedt: BoD 2023.

TFb_B017 | Leo N. Tolstoi (Bearb.): *Gedanken weiser Männer*. Übersetzt von Adolf Heß. (= Tolstoi-Friedensbibliothek: Reihe B, Band 17). Norderstedt: BoD 2024.

Tolstoi-Friedensbibliothek, Reihe C
(Das dichterische Werk: Romane, Erzählungen, Legenden, Bühnentexte)

TFb_C001 | Leo N. Tolstoi: *Aus meinem Leben*. Kindheit – Knabenalter – Jugendzeit. Übersetzt aus dem Russischen von Hermann Roskoschny, 1890. (= Tolstoi-Friedensbibliothek: Reihe C, Band 1). Norderstedt: BoD 2024.

TFb_C002 | Leo N. Tolstoi: *Kriegsbilder und andere Dichtungen aus der Zeit beim Militär*. Mit einem einleitenden Text von Raphael Löwenfeld. (= Tolstoi-Friedensbibliothek: Reihe C, Band 2). Norderstedt: BoD 2024.

Tolstoi-Friedensbibliothek, Reihe D
(Literatur über L. N. Tolstoi, seine Werk & seine Zeit)

TFb_D001 | Raphael Löwenfeld: *Zwei Schriften über Leo N. Tolstoi und sein Werk*. (= Tolstoi-Friedensbibliothek: Reihe D, Band 1). Norderstedt: BoD 2024.

TFb_D002 | *Antisemitismus, Pogrome und Judenfreunde im russischen Zarenreich*. Quellentexte und Forschungen aus den Jahren 1877-1927. Ausgewählt & bearbeitet von Peter Bürger. (= Tolstoi-Friedensbibliothek: Reihe D, Band 2). Norderstedt: BoD 2024.

*

David L. Lodge:
Krieg ist mit der Religion Jesu Christi unvereinbar

Hinweis auf die erste Ausgabe in deutscher Sprache

Peter Bürger

„Lass nicht mehr den Ruhm der Helden erklingen,
Lass sie nicht mehr von ihren Siegen erzählen.
Bring den Stolz der Völker zu Fall.
Lass den Krieg in die Hölle zurückkehren."
DAVID L. DODGE (1774-1852)

Gegen Ende des 19. Jahrhunderts erfuhr LEO N. TOLSTOI durch Zuschriften, dass ein tieferes Verständnis der Weisung zum Nicht-Widerstehen gemäß der ‚Lehre Christi' schon unabhängig von seinen eigenen Überlegungen in Nordamerika Verbreitung gefunden hatte – keineswegs nur durch Quäker und klassische ‚Friedenskirchen'. So konnte er 1894 in seinem Werk *„Das Reich Gottes ist in Euch"* über

‚Christi Lehre und die Allgemeine Wehrpflicht' die entsprechenden Ausführungen von William LLOYD GARRISON (1805-1879) in einer Bostoner Proklamation des Jahres 1838 sowie den *Non-Resistance*-Katechismus von ADIN BALLOU (1803-1890) berücksichtigen.[1] Unbekannt blieb dem russischen Botschafter des Friedens – jedenfalls zu diesem Zeitpunkt – der eigentliche Pionier des organisierten Pazifismus in den Vereinigten Staaten von Amerika: der New Yorker Kaufmann, Presbyterianer und religiöse Schriftsteller DAVID LOW DODGE (1774-1852).

Als DAVID L. DODGE mit anderen 1815 die früheste Friedensgesellschaft ins Leben rief, hatte er bereits zwei Broschüren über eine christliche Fundamentalkritik des Krieges veröffentlicht. Noch stark an der ‚Geheimen Offenbarung' ausgerichtet war die kleine Flugschrift „*The Mediator's Kingdom not of this World*" von 1809; sie zieht klare Grenzlinien zwischen der Gemeinde des Erlösers und den weltlichen Regierungen, kann mit ihrer drastischen ‚Apokalyptik' und den bibelfundamentalistischen Passagen aus heutiger Sicht aber nicht mehr als hilfreicher Beitrag zu einer Theologie der Gewaltfreiheit aufgefasst werden. Noch immer lesenswert und inspirierend ist hingegen das wegweisende pazifistische Manifest „*War Inconsistent with the Religion of Jesus Christ*", das bereits wenig später – im Jahr 1812 – abgeschlossen gewesen sein soll. Darin entwickelt DAVID L. DODGE seine Ächtung des militärischen Mordapparates in drei Durchgängen: Krieg ist unmenschlich, wider die Vernunft und ein Verbrechen.

Eine gebündelte Neuedition beider Flugschriften nebst ausführlicher Einleitung hat im Jahr 1905 der US-amerikanische Pazifist EDWIN DOAK MEAD (1849-1937)[2] herausgegeben. Diese Ausgabe ist für die ‚edition pace' durch INGRID VON HEISELER aus dem Englischen übersetzt worden – ohne jegliches Honorar. Dank dieser Gabe ist es

---

[1] | Leo N. TOLSTOI: *Das Reich Gottes ist in Euch*, oder: Das Christentum als eine neue Lebensauffassung, nicht als mystische Lehre. (Christi Lehre und die Allgemeine Wehrpflicht). Übersetzung von RAPHAEL LÖWENFELD. Norderstedt 2023, S. 20-35; vgl. auch Leo N. TOLSTOI: *Das Gesetz der Gewalt und die Vernunft der Liebe*. Texte über die Weisung, dem Bösen nicht mit Bösem zu widerstehen. Ausgewählt und neu ediert von Peter Bürger. Norderstedt 2023. – Zur Gesamtübersicht der bislang 30 Bände dieser Reihe vgl. www.tolstoi-friedensbibliothek.de

[2] EDWIN D. MEAD ist u. a. als pazifistischer Herausgeber, Mitarbeiter des Internationalen Friedensbüros und Teilnehmer von Weltfriedenskongressen hervorgetreten.

uns jetzt möglich, noch zeitig vor dem 250. Geburtstag von DAVID LOW DODGE die erste deutsche Ausgabe einer bedeutsamen, hierzulande aber so gut wie unbekannten Grundschrift der nordamerikanischen Friedensbewegung vorzulegen: ‚*Krieg ist mit der Religion Jesu Christi unvereinbar.*‘

David Low Dodge: *Krieg ist mit der Religion Jesu Christi unvereinbar*. Eine pazifistische Pionierschrift aus dem Jahr 1812, mit einer Einführung von Edwin D. Mead - aus dem Englischen von Ingrid von Heiseler. (= edition pace / Regal: Geschichte der Friedensbewegung). Norderstedt: BoD 2024. (ISBN: 978-3-7597-3038-1; Paperback 168 Seiten; 8,90 Euro).

Von der Kohle zur Bombe: Kreuzweg 2023

Annette und Thomas Nauerth

2021 wurde in einem „Kreuzweg für die Schöpfung" ein großes gelbes Holzkreuz von Gorleben nach Lützerath getragen, Zeichen und Symbol für die Verbindung des Widerstandes an beiden Orten gegen die Zerstörung der Schöpfung[1] 2023 ist Lützerath und auch die "Eibenkapelle", wo das Kreuz für zwei Jahre Heimat hatte, zerstört. Die Bagger des Tagebaus Gartzweiler haben nichts übrig gelassen...

Das Kreuz aber wurde gerettet, es kam als Beweismittel in die Asservatenkammer der Polizei zu Aachen, konnte dort befreit werden und wanderte im Sommer 2023 auf einem neuen „Kreuzweg für die Schöpfung" von Lützerath nach Büchel.[2] Es sollte eine Verbindung geschaffen werden zwischen dem Widerstand gegen die Kohle und dem Widerstand gegen die Bombe. Der Versöhnungsbund gehörte zu den Organisationen, die diesen Kreuzweg unterstützt haben, eine kleine Gruppe des Versöhnungsbundes war mit auf dem Kreuzweg.

In beeindruckender Dichte reihten sich auf dem Weg von Lützerath nach Büchel Orte von Zerstörung, Tod und Orte des Widerstandes aneinander, in beeindruckendem Kontrast stehen die Fruchtbarkeit der Landschaft und die Furchtbarkeit menschengemachter Zerstörung.

Der Weg begann mit einem Gottesdienst im Angesicht des Loches, das einmal Lützerath war, ein kaum zu ertragender Anblick vor allem für die, die dort längere Zeit gelebt hatten. Der Weg führte dann am Tagebau Hambach vorbei, wo der RWE Konzern einen „touristischen" Aussichtspunkt geschaffen hat mit dem Namen „TERRA

---

[1] vgl. https://www.katholisch.de/artikel/30689-kreuzweg-fuer-die-schoepfung-polizei-verbietet-banner-mit-papst-zitat - (zuletzt eingesehen am 23.05.2024).
[2] https://kreuzweg-gorleben-garzweiler.de/kreuzweg-buechel/ - (zuletzt eingesehen am 23.05.2024).

NOVA". Gotteslästerlicher, zumindest schöpfungslästerlicher geht es kaum: eine erschütternde Wüstenei wurde geschaffen und der Punkt, wo dieser menschliche Wahnsinn betrachtet werden kann, wird Terra Nova genannt. Von dort aus ging es dann am Hambacher Wald entlang (einige hatten einige Geschichten zu erzählen zu diesem Wald und seinem Widerstand) weiter nach Manebach, einem Ort, von dem fast nur noch die Kirche steht, verbrettert, verriegelt und blockiert: kein Ort mehr für Menschen, selbst nicht für ein Kreuz, auch kein Ort mehr für nur eine einzige Nacht. Von diesem Nicht-Ort Manebach fuhren wir daher zum "Climate Camp against nukes", organisiert von ICAN und IPPNW, weit abgelegen, weil keine Gemeinde in der näheren Umgebung von Tagebau und Militärflughafen es wagte, dem Camp Herberge zu geben. Wir hörten von den Aktionen der IPPNW und von ihren Erfahrungen und erzählten von unseren Erfahrungen. Von diesem Camp aus wurde u.a. eine Blockade des Fliegerhorstes Nörvenich durchgeführt, Ziel unserer nächsten Etappe. In unmittelbarer Nähe des Fliegerhorstes, wo aktuell auch die Bomberstaffel aus Büchel untergekommen ist, liegt die sog. "Antoniuskapelle", letzter Überrest des Ortes Oberbolheim. Wie für die Kohle, so werden auch für das Militär und die Bombe Dörfer geopfert. Wir können in der Kirche beten und singen, können danach Gottesdienst feiern vor dem Tor zum Fliegerhorst. Nur der Himmel konnte seine Trauer angesichts dieses Todesortes nicht zurückhalten, ein fürchterlicher Wolkenbruch überschwemmte uns und den ganzen Fliegerhorst.

Nach dem Ende der Sintflut von oben, auf dem Weg nach Oberelvenich taucht am Horizont dann zum ersten Mal die Eifel auf, wie schön kann die Schöpfung sein, wie sehr sollte man sie bewahren!

Doch der Weg führt zunächst wieder durch Orte der Zerstörung, das Ahrtal wurde durchwandert, die katastrophalen Folgen der verheerenden Überschwemmung sind noch eindrücklich vorhanden. Im Tagebau wird eine Wüstenei geschaffen, um „Energie" zu bekommen, diese Energie wiederum führt zu immer extremerem Wetter, und damit, wie anschaulich sichtbar, zu weiteren Verwüstungen, ein Kreislauf des Todes.

Während uns in Nörvenich die Polizeipräsenz erstaunte (ein Mannschaftswagen für je zwei Pilger*innen erschien uns etwas üppig, Überwachung auch in der Nacht, das hat Steuergelder gekostet!), ist es auf der letzten Etappe nach Büchel ruhig. Nur ein Wagen der Feldjäger steht auf einem Feldweg zwischen zwei Getreidefeldern, und weiß gar nicht, welchen Schrecken die Aufschrift „Feldjäger" bei allen Feldmäusen und -hamstern auslösen kann…. Wir werden in Büchel freundlich empfangen von Menschen aus dem Versöhnungsbund und den lokalen Initiativen gegen den Fliegerhorst Büchel und seine Atombomben. MATTHIAS ENGELKE feierte mit uns Gottesdienst und feierlich wird im Gottesdienst das Kreuz an seinem neuen Standort aufgerichtet.

Es war ein guter Weg, dieser Kreuzweg, ein lehrreicher Weg in vielerlei Hinsicht, Aktivisten aus unterschiedlichen Bewegungen der Friedensbewegung, des Versoehnungsbundes, von Pax Christi und Aktivisten der Widerstandsbewegung gegen die Kohleabbauzerstörungen kamen miteinander ins Gespräch und lernten mit- und voneinander.

Ein einfaches Holzstück, ein gelbes Kreuz, wie lächerlich schien es oft, damit von einem Ort zum anderen zu ziehen. Wie lächerlich scheint es zunächst, zu meinen, mit unseren schwachen Kräften, mit Singen und Beten etwas zu bewirken. Und doch – die mit auf dem Weg waren, haben es gespürt: Da ist mehr. Jede und jeder, der das Kreuz im Lauf der einzelnen Wegstrecken ein Stück übernommen hat, hat damit etwas verbunden, hat die Schwere gespürt, die Last und hat im Laufe des Wegs etwas getragen von dem Riss, von der Gewalt, der Schwere, aber auch von der Hoffnung, dass es mehr gibt, als ein Stück Todesholz, dass es Gemeinschaft gibt, die trägt, die unterstützt in den Kämpfen. Wir haben erfahren, dass es für diese Erfahrungen eine Sprache benötigt, Zeichen, die über Worte hinausgehen, aber eben auch Worte, die anrühren, die in Sprache fassen, was unfassbar ist an Zerstörung, Gewalt und die demgegenüber die Hoffnung aufrichten: Bei uns hat schon mal einer Brot geteilt, das reichte für alle. Bei uns ist schon einmal aufgestanden aus dem Tod, gegen den Tod, für das Leben aller.

NEGEN und CONNY, und all den Menschen aus Lützerath, die den Weg vorbereitet haben, sei Dank für diese Erfahrung, die wir jetzt miteinander teilen. Möge das Kreuz an seinem neuen Ort den Widerstand so stärken, wie es ihn in Lützerath gestärkt hat!

Kreuzweg für die Schöpfung: Von Lützerath nach Büchel
Friedenswiese vor dem Atomwaffenlager Büchel
Foto: Thomas Nauerth

Schöpfung und Widerstand

Thomas Nauerth

1. Das Wort „Schöpfung" ist Ausdruck einer (religiösen) Überzeugung und/oder Erfahrung: der Stoff, aus dem wir sind, in dem wir sind und durch den wir leben, ist Geschenk und Geheimnis.
2. Bewahrung und Achtung ergeben sich aus solchem Verständnis von Schöpfung als ebenso natürliche Reaktionen wie Widerstand gegen jede Zerstörung und Unachtsamkeit.
3. Solcher Widerstand muss notwendigerweise gewaltfrei sein. Denn jede Gewalt ist Zerstörung von etwas, das Geschenk und Geheimnis ist. Gewalt ist so Inbegriff unachtsamen Handelns.
4. In vier Felder oder Arbeitsbereiche lässt sich das, was mit widerständigem Handeln gemeint ist, unterteilen: Bildung; Solidarität; Aufbau und Protest.
5. Bildungsarbeit im Horizont gewaltfreien Widerstands versteht sich als Widerspruch gegenüber dem herrschenden Geist einer Gesellschaft, die im Namen von Besitz, Eigentum und Mehrung des Kapitals unfähig scheint, Zerstörung als Zerstörung zu begreifen. Solche Bildungsarbeit ist immer auch Lehre von der Schöpfung in all ihren biblischen Dimensionen.
6. Mit „Aufbau" ist gemeint, gewaltfreie, achtsame Alternativen modellhaft zu entwickeln und schöpfungsgemäße Lebensformen einzuüben. "Protest" umfasst alle Aktionen, die sozusagen direkt, körperlich sich bestimmten gesellschaftlichen gewalthaltigen und schöpfungszerstörerischen Erscheinungsformen entgegenstellen. Solche eigentlichen, direkten Formen des Widerstands fordern wiederum Solidaritätsarbeit, sie können nur in einem vielfältigen solidarischen Getragensein dauerhaft gelebt werden.
7. Alle Felder bzw. Arbeitsbereiche gewaltfreien Widerstands sind elementar nicht nur auf Mut (und die Bereitschaft, auch einmal das eine oder andere Gesetz nicht allzu ernst zu nehmen) angewiesen, sondern vor allem auf Phantasie und Kreativität.

8. Ein besonderes Gespür für die Bedeutung symbolischer Kommunikation ist darüber hinaus wichtig. Der Mensch ist zwar das Tier, das sprechen kann, er ist immer aber auch ein Wesen, das um die Grenze der Sprache weiß, er ist immer auch ein Zeichentier, das Symbole liebt und braucht. Gewaltfreier Widerstand weiß darum und trägt dem Bedürfnis nach „materieller" symbolischer Verstärkung des gesprochenen Wortes Rechnung, manchmal durch eine zusätzliche Meile (vgl. Mt 5,41), manchmal durch ein gelbes Holzkreuz, wie beim „Kreuzweg für die Schöpfung", manchmal durch etwas Klebstoff, wie bei der „Letzten Generation". Erst das Gespür für diese Art der Kommunikation entscheidet darüber, ob widerständigen Protestaktionen gewaltfrei bleiben oder nicht.

9. Alle direkten, körperlich betonten widerständigen Handlungsweisen, auch das Zerschneiden von Zäunen, Zerstören von Waffen, Besetzen von Orten oder technischem Zerstörungsgerät, sind als starke symbolische *Zeichen* zu verstehen. Es wäre verfehlt, irgendwie damit zu rechnen, dass solche Handlungen direkt etwas bewirken können (Frieden, Abrüstung, Ende der Zerstörungen).

10. Der Sinn widerständiger gewaltfreier Handlungen, auch der radikalsten, ist vielmehr immer die von Hoffnung getragene Überzeugung, dass eine Gesellschaft manchmal starke Zeichen braucht, um lernen zu können, um etwas zu verstehen, um aus einer bestimmten geistigen Haltung, einer gesellschaftlichen Verhärtung des Herzens, biblisch einer Verstockung herauszufinden. Es geht um gesellschaftliche Lernprozesse, es geht um Verwandlung der Mächte, gerade auch der geistigen Mächte, die in einer Gesellschaft oft unheilvoll herrschend sein können: *„Denn wir haben nicht gegen Menschen aus Fleisch und Blut zu kämpfen, sondern gegen die Fürsten und Gewalten, gegen die Beherrscher dieser finsteren Welt, gegen die bösen Geister des himmlischen Bereichs."* (Eph 6,12)

Gewaltfreiheit nach John Dear –

10 Thesen im Gespräch

Anja Vollendorf

JOHN DEAR *ist katholischer Theologe und Aktivist, Jesuit, Hochschullehrer und Autor. Er wurde von Erzbischof* DESMOND TUTU *für den Nobelpreis nominiert. Er ist von* MARTIN LUTHER KING *und* GANDHI *geprägt worden. Mehr als 35 Bücher hat er geschrieben. In deutscher Sprache liegen vor: „Ein Mensch des Friedens und der Gewaltfreiheit werden. Ausgewählte Aufsätze und Reden, 2018" und „Gewaltfrei leben, 2019" bei der edition pace im Ökumenischen Institut für Friedenstheologie. John Dear folgte im Herbst 2023 der Einladung des Ökumenischen Instituts zu einem Online-Gespräch. Zwölf Mitglieder und Freund*innen des Instituts nahmen teil. Im Folgenden habe ich den Beitrag John Dears aus meiner Perspektive thesenartig zusammengefasst. Es ist eine persönliche Momentaufnahme.*

1. Die USA bewegen sich in Richtung Faschismus. Es ist deutlich: Die Welt ist süchtig nach Gewalt. Sie ist *„insane".* Sie ist verrückt und krank. DONALD TRUMP hat sich mit der Ideologie des Nationalsozialismus beschäftigt. Das hat Auswirkungen. In welche Richtung bewegen wir uns?
2. John Dear bezieht sich auf DANIEL BERRIGAN, Jesuit, Autor und Friedensaktivist aus den USA. Auch er hält die Welt für süchtig nach dem Tod, als ob es normal wäre, Menschen oder den Planeten zu zerstören. Aus Dr. Martin Luther Kings letzter Rede, der sogenannten Berggipfelrede, stammt folgendes Zitat: „Es gibt in dieser Welt keine Wahl mehr zwischen Gewalt und Gewaltlosigkeit. Entweder Gewaltlosigkeit oder Nicht-Existenz. An diesem Punkt stehen wir heute."[1] Wir haben also nicht die Wahl

---

[1] Zitiert nach: https://www.lebenshaus-alb.de/magazin/004944.html. Zugriff am 19.01. 2024.

zwischen Gewalt und Gewaltfreiheit, sondern zwischen Gewalt-
freiheit oder Tod. Die USA bewegen sich auf einen kompletten
Kollaps zu, denn sie erwarten einen großen ökonomischen Crash.
In den USA funktioniert der Weltfriede nicht.

3. John Dear sagt, dass er sein Leben damit verbracht hat, Martin
Luther King und Mahatma Gandhi zu erreichen. Er bedauert, dass
Christ*innen in die Kirche gehen und denken, dass sie die großen
Friedensstifter*innen der Welt sind. *„It's clumsy."* Das ist zu
plump. Wir müssen uns bewusst machen, dass wir getötet werden
können, wenn wir für einen Stopp des Tötens eintreten. Die
meisten Menschen leben wie in einem Zombie-Video. Menschlich
zu leben heißt aber gewaltfrei zu sein. Und da ist nichts Passives
dabei. Es geht um Einheit. Es geht um universales Leben, um Leiden und Leidenschaft. Es geht um den Frieden.

4. Das Buch „gewaltfrei leben" ist eine soziale und politische
Methodologie. Um drei Richtungsanzeigen geht es:
– Sich selbst zu lieben. Denn es hassen sich sehr viele Menschen.
Die hohe Rate der Selbsttötungen in den USA beweist es. Der ras-
sistische Egoismus beweist es. Stattdessen sollten Menschen trai-
nieren, nicht mit ihrer inneren Gewalt(bereitschaft)
zusammenzuarbeiten.
– Seinen Nächsten zu lieben und sich ständig zu fragen: Wer ist
das?
– In oder mit einer Basisbewegung zusammen zu arbeiten.

5. Kirchenleitungen: Die meisten der katholischen Bischöfe sprechen
sich trotz aller Vorbehalte innerhalb der Lehre vom gerechten
Krieg dann doch für den Krieg und damit für Gewalt aus. In dem
Fall spricht John Dear über Jesus. Gandhi sagte, dass Jesus die
gewaltfreieste Person ist, die er kennengelernt hätte. Die
Bergpredigt Mt 5-7 ist die größte Lehre der Gewaltfreiheit, meint
Gandhi. Nach Matthäus 5,38 sagt Jesus: „Ihr habt gehört, dass
Gott gesagt hat: Auge um Auge und Zahn um Zahn." Und im
nächsten Abschnitt ist von der Feindesliebe die Rede (Mt 5,43).
John Dear versucht das zu unterrichten: Die Natur Gottes ist
Gewaltfreiheit. Gott ist Frieden. Gott ist ein Friedensstifter.
Gandhi sagte: Das Königreich Gottes ist Frieden.

6. Das führt uns zur eschatologischen Gewaltfreiheit. Wir müssen Gewaltfreiheit praktizieren. Wir haben als Bürger*innen des Königreichs Gottes, als Brüder und Schwestern des gewaltfreien Jesus, zu leben. Dann kommen wir in Schwierigkeiten und tragen das Kreuz. Denn das Evangelium aus der gewaltfreien Perspektive zu lesen, heißt nicht: „Geh, brich ihre Leiber für uns *(Go, break their bodies for us)*". Jesus legte das Schwert nieder. Wir sind Nachfolger*innen des gewaltfreien Jesus. Was wir tun können: Dabei bleiben, das zu lehren.

7. Martin Luther King konstatierte immer wieder: Wir gehen in ein gewaltfreies Leiden. Denn Gewalt ist ein Komplettversagen *(total failure)*. Wir sind einer Gehirnwäsche unterzogen worden, die in der Kultur der Gewalt besteht. Wenn wir über Gewaltfreiheit reden, reden wir nicht von einer Utopie. Wir haben sie global zu institutionalisieren.

8. Wie folgen wir Jesus nach? fragt sich John Dear. Er ist pessimistisch, aber hoffnungsvoll. Für ihn ist die Bibel voller Hoffnung. Denn Hoffnung gibt es im gewaltfreien Jesus. Wir können Gottes Königreich nicht selbst machen. Aber wir können es willkommen heißen. Wir brauchen nicht zu verzweifeln.

9. Glaube und Gewaltfreiheit liegen nahe beieinander. Es geht um ein bedingungsloses Setzen auf Gott, sich auf Gott zu stützen. „Nicht mein, sondern dein Wille geschehe."

10. John Dear wurde verhaftet, weil er am Pentagon aus dem Evangelium des Johannes gelesen hat. Er hat gegen Atomwaffen gekämpft. Er ist wegen einer Aktion 9 Monate ins Gefängnis gekommen. Welches Risiko wir eingehen, ist eine wichtige Frage, aber wir sind Leute des Gebets. John Dear: „Du brauchst eine Gemeinschaft, eine Gruppe von Menschen, mit denen du diese Fragen besprechen kannst." Wir brauchen eine globale *grassroot*-Bewegung zur Jüngeraussendung (vgl. Lk 10). Da werden Lämmer zu den Wölfen gesandt.

Rezensionen

*Wolfgang BENZ (Hrsg.), Erinnerungsverbot? Die Ausstellung „Al Nakba"
im Visier der Gegenaufklärung. Metropol Verlag. 192 Seiten. Berlin 2023.
19,00 €*[1]

„ABER SIE DURCHSCHAUEN NICHT, WORAUF ES ANKOMMT" (RÖM 10,2)[2]

„Nach 16 Jahren israelischer Militärblockade starteten palästinensische Kämpfer aus dem Gazastreifen einen beispiellosen Angriff, bei dem Hunderte von Israelis getötet und verwundet und Zivilisten entführt wurden. Die israelische Regierung erklärte den Krieg, startete Luftangriffe, bei denen Hunderte von Palästinensern getötet und Tausende verwundet wurden, bombardierte Wohnhäuser und drohte mit Kriegsverbrechen gegen die belagerten Palästinenser in Gaza. Die israelische Regierung mag gerade erst den Krieg erklärt haben, aber ihr Krieg gegen die Palästinenser begann vor über 75 Jahren. Die israelische Apartheid und Besatzung – und die Komplizenschaft der Vereinigten Staaten bei dieser Unterdrückung – sind die Quelle all dieser Gewalt. Die Realität wird davon geprägt, wann man die Uhr anstellt" – so das „Die Wurzel der Gewalt" überschriebene Statement der Jewish Voice for Peace vom 7. Oktober 2023. Und der Text endet mit der selbstkritischen Hoffnung: „Wir alle haben Befreiung, Sicherheit und Gleichheit verdient. Der einzige Weg dorthin besteht darin, die Ursachen der Gewalt zu beseitigen, angefangen bei der Mitschuld unserer eigenen Regierung."[3]

---

[1] Die Seitenzahlen im Text beziehen sich auf das vorzustellende Buch.
[2] In der Übersetzung der Bibel in gerechter Sprache. Das Zitat in der Lutherübersetzung hat REINHARD HAUFF als Überschrift seines Beitrages zum Verbot der Ausstellung auf dem Kirchentag 2023 gewählt. Es trifft freilich auch auf viele weitere kirchliche Stellungnahmen und Gebetsvorschläge für den Sonntagsgottesdienst seit dem 7. Oktober 2023 zu.
[3] https://www.jewishvoiceforpeace.org/2023/10/statement23-10-07/?sourceid=1002365 &emci=b5d3f301-5765-ee11-9937-00224832eb73&emdi=1279ec77-6865-ee11-9937-00224832eb73&ceid=201751 (zuletzt abgerufen am 07.11.2023)

„Die Realität wird davon geprägt, wann man die Uhr anstellt…“. Die vom Verein Flüchtlingskinder e.V. gestaltete „historisch präzise“ (Micha Brumlik, 47) Ausstellung „Die Nakba – Flucht und Vertreibung der Palästinenser 1948" beginnt vor 75 Jahren. Das Wort „Nakba" bedeutet „Zerstörung, Unglück, Katastrophe". „Worum geht es? Um eine Ausstellung, die in Wort und Bild belegt, dass im Prozess der Gründung des Staates Israel in den Jahren 1947 und 1948 alles in allem 800 000 Palästinenserinnen und Palästinenser, sowohl langjährig geplant als auch spontan von jüdisch-israelischen Streitkräften vorsätzlich, aus ihrer Heimat vertrieben wurden, um ein einheitliches, jüdisch besiedeltes Staatsgebiet zu gewährleisten; eine Tatsache, die inzwischen auch von seriöser israelischer Forschung nicht mehr bestritten wird" (Micha Brumlik, 31). Doch „an die Nakba zu erinnern bedeutet, sich in Konfliktzonen zu begeben. Aus unterschiedlichen Gründen ist sie in Israel und in Deutschland, wenn nicht völlig unbekannt, dann als vermutete Parteinahme für Palästina und Affront gegen Israel stigmatisiert. Das erfahren auch die wenigen, die über den historischen Sachverhalt informieren wollen, auf Schritt und Tritt" (Wolfgang Benz, 9).

Die Ausstellung wurde bisher in Deutschland fast 200mal gezeigt. So war sie auch auf dem Ökumenischen Kirchentag in München 2010 und auf den Evangelischen Kirchentagen in Hamburg (2013), Stuttgart (2015), Berlin (2017) und Dortmund (2019) zu sehen. Beim Kirchentag in Nürnberg (2023) wurde sie von dessen Leitungsgremien unter dem Präsidenten des Kirchentages, dem CDU-Politiker DE MAIZIÈRE – trotz vieler, auch ausgesprochen prominenter Einsprüche und Proteste – begründungslos verboten.

Dieser offensichtliche Skandal und in der Geschichte der Kirchentage einmalige Vorgang einer bewussten Verhinderung von Aufklärung und Diskussion führte zu dem von WOLFGANG BENZ – ehemaliger Leiter des Zentrums für Antisemitismusforschung an der TU Berlin – herausgegebenen Buch, das ich in wenigen Ausschnitten vorstellen und einordnen möchte.

Im Anhang des Buches wird das Begleitheft, das den Inhalt der Ausstellung abbildet, dokumentiert. Auf 13 Tafeln werden – ohne jede Bewertung – die Ereignisse im Jahr 1948 in Palästina, die Nakba als Kontext der Gründung des Staates Israel, dargestellt. Die Diskussion, die auf dem Kirchentag „in engstirniger Observanz von falsch verstandenem Philosemitismus" (Wolfgang Benz, 13) verweigert wurde, kann so nachgeholt werden – sie ist mehr als überfällig!

Der Band versammelt u.a. Autor:innen wie ALEIDA ASSMANN, BASHIR BASHIR, MICHA BRUMLIK, AMOS GOLDBERG, ERNST TUGENDHAT, CHARLOTTE WIEDEMANN und MOSHE ZUCKERMANN. Ihre Texte beziehen sich auf das Verbot der Ausstellung und vornehmlich auf die Zeit von 1948 bis 2023 in Palästina/Israel und deren Vorgeschichte der Shoa. Sie machen deutlich, dass Tatsachen nicht durch Empörung und prohibitive Erinnerungspolitik aus der Welt zu schaffen sind: „Wenn die Gründung des Staates Israel sich in nicht geringem Maße der den Juden widerfahrenden Katastrophe des Holocaust ‚verdankte' (wie es Israel selbst immer wieder betont hat), die Errichtung des Staates Israel aber zwangsläufig mit der kollektiven Katastrophe der Palästinenser einherging, dann ist eine reale geschichtliche Verbindung vorhanden, ob man es nun artikuliert oder nicht." (Moshe Zuckermann, 10) Doch – so der Holocaust-Historiker „Omer Bartov, geb. 1954 – habe es damals zwei dominante Verneinungen gegeben: Nie über ein europäisches Gestern sprechen und nie über das Palästina, das es vorher gab. ‚Mit uns begann die Geschichte. Menschen wie ich galten als erste Generation von Einheimischen, während die Araber als die viel länger Einheimischen entnormalisiert wurden'." (Charlotte Wiedemann, 49) Diese Entnormalisierung reicht freilich bis in die unmittelbare Gegenwart, wenn Minister BEZALEL SMOTRICH im Oktober 2021 in der Knesset arabischen Abgeordneten zurief: „Ihr seid nur hier, weil Ben Gurion den Job 1948 nicht zu Ende gebracht und euch herausgeworfen hat."[4]

Angesichts solcher Aussagen, die keineswegs Ausnahmen sind, und ihres 75jährigen gewaltsamen Hintergrundes gehörte wenig Voraussicht dazu, wenn MURIEL ASSEBURG im Mai 2023 vermutet hat: „Die Situation dürfte sich in nächster Zeit weiter zuspitzen. Denn die im Dezember 2022 in Israel gebildete Regierungskoalition zielt auf eine jüdische Vorherrschaft im gesamten Gebiet zwischen Mittelmeer und Jordan ab. ... Der erste Satz der Regierungsleitlinien lautet: ‚Das jüdische Volk hat ein exklusives und unveräußerliches Recht auf alle Teile des Landes Israel. Die Regierung wird die Besiedlung aller Teile des Landes Israel – Galiläa, den Negev, den Golan, sowie Judäa und

---

[4] „Smotrich at Knesset: Ben Gurion should have ‚finished the job'". In: Times of Israel, 3.10.2021. Zitiert von Charlotte WIEDEMANN, Trauma 1948, 57.

Samaria (die biblischen Begriffe für das Westjordanland) fördern.'" (90) Auch diese Aussage ist eine der Kontinuitäten der vergangenen 75 Jahre in Nahost und gegenwärtiger Schwerpunkt der rechtsradikalen Mitglieder der Regierung NETANJAHU.

Das Buch nimmt schließlich auch Stellung zur Frage der Kritik an der Politik des Staates Israel und deren bewusster Vermischung mit dem Antisemitismus-Vorwurf. So wird auch die Rede zur Eröffnung der Ausstellung aus dem Jahr 2008 dokumentiert, in der Ernst Tugendhat vorausschauend zur Frage der Kritik an Israel, die „immer schon, besonders aber in den letzten Jahren rechter Regierungskoalitionen als Antisemitismus abgeschmettert wird" (Zuckermann, 61), Stellung nimmt: „Man kann sich vom Antisemitismus nicht befreien, indem man Juden für nicht kritisierbar erklärt, sondern nur, indem man sich zu ihnen wie zu normalen Menschen verhält, die wie alle Menschen je nach den Umständen, in dem, was sie tun, kritisiert oder gelobt werden können." (182) Deutlicher wird 2019 Moshe Zuckermann: „Israel fügt also nicht nur den Palästinensern unermessliches Leid zu, sondern es erstickt mittlerweile an der eigenen Politik, weiß mithin selbst nicht mehr, wie es mit den selbst erzeugten Umständen umgehen soll. Wer Israels Politik heutzutage kritisiert, darf sich also nicht nur als Parteigänger der unterdrückten Palästinenser begreifen, sondern sich nicht minder als besorgter Sachwalter wirklicher israelischer Interessen fühlen. Schon lange treibt nicht wenige Bürger Israels die Ahnung um, dass Israel vor sich selbst gerettet werden müsse, wenn es historisch überdauern soll" (Zuckermann, 62). So schließt auch der Beitrag von Micha Brumlik mit der Sorge, dass dahingestellt bleiben muss, ob mit dem skandalösen Verhalten der Kirchentagsleitung „am Ende der israelbezogene Antisemitismus erst recht verstärkt wird: indem man dem Kirchentag sowie seinen auch jüdischen Teilnehmerinnen und Teilnehmern nun leicht vorwerfen kann, die Wahrheit zu verschweigen" (47).

Das von Wolfgang Benz herausgegebene Buch ist insgesamt ein Lehr- und Lernbuch politischer Bildung hinsichtlich des Demokratie- und Politikverständnisses der für den Kirchentag in Nürnberg 2023 Verantwortlichen als auch zu 75 Jahren israelisch-palästinensischer Geschichte und ihrer Bezüge zur Bundesrepublik Deutschland. Dabei „steht im Mittelpunkt die Suche nach Verständigung und Versöhnung von Menschen aus dem jüdischen und dem arabischen

Lager in Israel, die die versteinerte und tabuisierte Erinnerung durch ein gemeinsames historisches Bewusstsein ablösen wollen." (Wolfgang Benz, 10)

Als ein solches Lehr- und Lernbuch kann es nicht zuletzt ausgesprochen hilfreich sein für einen Beratungsprozess, den der Ökumenische Rat der Kirchen bei seiner Vollversammlung in Karlsruhe 2022 angestoßen hat und der in den deutschen Kirchen weitgehend totgeschwiegen wird. In der Entschließung zu diesem Beratungsprozess heißt es: „Kürzlich haben zahlreiche internationale, israelische und palästinensische Menschenrechtsorganisationen und juristische Instanzen Studien und Berichte veröffentlich, in denen steht, die Politik und die Maßnahmen Israels liefen auf ‚Apartheid' im völkerrechtlichen Sinn hinaus. Innerhalb dieser Vollversammlung unterstützen einige Kirchen und Delegierte den Gebrauch dieses Begriffs nachdrücklich und machen geltend, er erkläre die Realität der Menschen in Palästina/Israel sowie die Position unter dem Völkerrecht zu treffen, während andere den Begriff unangemessen, nicht dienlich und schmerzhaft empfinden. Wir sind in dieser Hinsicht nicht einer Meinung. Wir müssen uns nach wie vor mit diesem Problem befassen, während wir auf dem Weg der Gerechtigkeit und des Friedens weiterhin zusammenarbeiten." Und dann folgen drei Aufgabenstellungen:

- Alle Mitgliedskirchen, denen ein anhaltender Friede und Sicherheit im Nahen Osten ein Anliegen ist, mögen sich aktiv an Bestrebungen für den Dialog mit allen Seiten beteiligen, um eine Lösung zu finden, die die Menschenrechte achtet und gleiche Bürgerschaft für alle in der Region lebenden Menschen mit einschließt.
- Die weltweite ökumenische Gemeinschaft der Kirchen möge sich beraten und Gedanken machen über alternative Strategien, Perspektiven und umfassende Lösungen für Palästina/Israel, bei denen alle Menschen vor dem Gesetz die gleichen Rechte haben, im Gegensatz zum aktuellen System von Kontrolle, Ausgrenzung und Diskriminierung. …

– Der ÖRK möge die Auswirkungen der kürzlich veröffentlichten
Berichte von B'Tselem, Human Rights Watch und Amnesty Inter-
national untersuchen, diskutieren und erörtern und die
Leitungsgremien mögen angemessen darauf reagieren."[5]
Der am 7. Oktober 2023 ausgebrochene kriegerische Konflikt zwi-
schen der Hamas und Israel nötigt einmal mehr den ökumenischen
Weg der Gerechtigkeit und des Friedens im Blick auf Nahost wirklich
gehen zu wollen. Es geht – nicht zuletzt – um Feindesliebe, um wech-
selseitige „Entteufelung" (ERNST LANGE) der Gegner in diesem Krieg.
Und für uns in Deutschland und den Kirchen hier geht es um Infor-
mation, Studium und Diskussion, Gebet und Aktion – im Interesse an
Israel, Palästina und dem gesamten Nahen Osten.

Gottfried Orth

*

*M.-T. FACHON / M. A. SCHNEIDER O.Cist. / W. J. STUEBER (Hrsg.): Suche
den Frieden und jage ihm nach. Anneliese Debray – Ein Leben für den
Frieden. EOS Verlag. 391 Seiten. Sankt Ottilien 2018. 13,50 €*

Das Buch ist zum einen die Biographie von ANNELIESE DEBRAY (1911-
1985) und ein Buch zur Geschichte des Hedwig-Dransfeld-Hauses
(HDH, Bendorf), zum andern freilich – ganz im Sinne der mit dieser
Biographie geehrten Frau – ein Buch der Ermutigung zum Dialog im

---

[5]   www.oikoumene.ord/de/resources/documents/seeking-justice-and-peace-for-all-in-
the-middle-east [abgerufen am 07.11.2023]
Vgl. dazu auch die vier Materialhefte zum ökumenischen Prozess für Gemeinde-
seminare und Synoden, die vom Kairos Palästina Solidaritätsnetz herausgegeben
worden sind:
Heft 1: Der Palästinensische Schrei nach Hoffnung und die Antwort der Kirchen.
Heft 2: Das System der Apartheid in Israel.
Heft 3: Wie können Kirchen in den USA und Europa helfen, Völkerrecht und
Menschenrechte in Palästina/Israel durchzusetzen?
Heft 4: Zionismus und die Kirchen – Eine Stellungnahme.

Kontext ökumenischer und interreligiöser Begegnungen und zur innergesellschaftlichen wie internationalen Friedensarbeit.

Im Nachwort des Buches hält WERNER JAKOB STUEBER fest: „Vielleicht ist es zutreffend zu sagen, Anneliese Debray war geleitet von zwischenmenschlicher Begegnung im radikal offenen Geist, die eigene geistig-kulturelle Herkunft befragend und herausfordernd." (356) Und der Text des Buches – dem folgt noch eine reiche Bilddokumentation – schließt mit einem Zitat von Anneliese Debray: „Friede ist täglich, stündlich zu tun. Im Sein-wollen statt im Haben-wollen, in kleinen Schritten, im Mut zur Initiative und ohne Unterlass. Wir brauchen die gegenseitige Ermutigung." (361) Vielleicht ist damit das gesamte Buch in seiner Herausforderung umschrieben: Sein-wollen statt Haben-wollen, was dazu führt, das Recht des Anderen anzuerkennen, von dem ich mich herausfordern lassen und dem ich antworten muss. Das dazu gehörende Motto des Buches ist ein Zitat von MARTIN BUBER: „Alles wirkliche Leben ist Begegnung" – Anneliese Debray hatte das HDH Ende der 1960er Jahre unter diesen Satz gestellt.

Zwischen dem Motto zu Beginn und dem Zitat von Anneliese Debray am Ende des Nachwortes finden sich sechs große Kapitel zu den Themen „Frühe Prägungen und wichtige Wegbegleiter", „Jahre der Reifung und Verantwortung", „Facettenreiches Engagement", „Kirche und interreligiöser Dialog", Gesellschaftliche Brennpunkte" und „Persönliche Begegnungen, Nähe und Abschied".

Nach einem widerständigen Leben in der Zeit des Nationalsozialismus übernahm sie in Bendorf die Leitung des Sekretariats des Jugendbundes des Katholischen Deutschen Frauenbundes. In vielen Werkwochen und Tagungen setzte sie sich für eine religiöse und geistige Neuorientierung ein. Seit 1946 wirkte sie hauptamtlich im HDH und übernahm 1950 dessen Leitung. Ich benenne nur wenige Schlaglichter des reichen (Arbeits-)Lebens von Frau Debray in diesem besonderen Haus: da geht es in den 1950er und 1960er Jahren um die „Mystikerinnen der offenen Augen" (J. B. METZ), um soziale Verantwortung und um das entschiedene Plädoyer für einen freiwilligen sozialen Dienst, um Kriegsdienstverweigerung und Zivildienst, um Spiritualität und Praxis der Gewaltfreiheit mit HILDEGARD GOSS-MAYR und JEAN GOSS. Der interreligiöse Dialog lag Debray besonders am Herzen und hatte im HDH einen verlässlichen Ort: hier fanden jüdisch-christliche Bibelwochen ebenso statt wie der jüdisch-muslimische Dialog sowie Bemühungen um die Verständigung zwischen Israel und den arabischen Nachbarn. Internationalität war das eine, zugleich aber ging es auch um gesellschaftliche Brennpunkte im eigenen Land: so war das HDH ein offenes Haus für Ferienaufenthalte und Fortbildungen der Müttergenesung, für Kuren und Freizeiten für psychisch erkrankte Menschen oder die Arbeit mit älteren Menschen. Was später selbstverständlich wurde, war damals oft Pionierarbeit.

Und alle Veranstaltungen des HDH wurden „unter dem Begriff der Friedensarbeit zusammengefasst. Die Leitung des HDH wollte ein Zeichen setzen, dass friedliche Begegnungen und eine Koexistenz von Juden, Christen und Muslimen aus verschiedenen Herkunftsländern möglich sind." (99 f)

„Sagen und Tun, was jetzt dran ist" (57) kann als Motto über der Arbeit und dem Leben von Anneliese Debray stehen und dazu gehörten Freunde und Wegbegleiter, denen unter dem Titel „Vereint in der Sehnsucht nach Frieden" ein eigenes Kapitel im Buch gewidmet ist und deren Namen wenigstens genannt seien: „der Kleriker Pater Manfred Hörhammer, der spirituelle Begleiter; Dr. Charlotte Schiffler, die kritische intellektuelle Freundin; Reuven Moskovitz, der große jüdisch-israelische ‚Exot', der seine progressive politische Auffassung vom Frieden in Israel/Palästina durchgetragen und durchlitten hat" (53); dazu der „Humanist und Pazifist Karlheinz Koppe mit dem Codewort ‚Frieden', der sich auch für die feministische Friedensforschung engagierte" (78).

So ist das Buch zum einen ein zeitgeschichtliches Dokument, zum andern erinnert es an das, was einmal war und was deshalb wieder sein kann.

Gottfried Orth

*

Konstantin SACHER: *Dorothee Sölle auf der Spur. Annäherung an eine Ikone des Protestantismus. Leipzig 2023. 164 Seiten. 22,00 €*

Vom „Bahnhof Hochkamp" in Hamburg nach Luzern am Vierwaldstädter See, „wo sich die Luxushotels am Seeufer aufreihen"... – ... und dazwischen – und das sind nur wenige Andeutungen – eine „Straße namens Gottesweg", was den Autor freute, „Überwachungskameras", „Kinder auf dem Weg zum Tennis", „Villen, die mich staunen lassen", „diese vornehme letzte Ruhestätte" und „ein stattliches Haus in einem der reichsten Teile Hamburgs".

Es ist ein brillant geschriebenes Buch und beim Lesen fiel mir jene Klausel ein, die oftmals am Ende von Krimis im Fernsehen erscheint: „Die Handlung und alle handelnden Personen sind frei erfunden. Jegliche Ähnlichkeit mit lebenden oder realen Personen wären rein zufällig." So bleibt mir schleierhaft, was der Autor mit diesem Buch erreichen wollte, sagt es doch mehr über den Autor und seine Sicht der Dinge, als über DOROTHEE SÖLLE, der die Spurensuche gewidmet ist: es ist wirklich lediglich „ein kleines persönliches Buch" anstelle einer geplanten Habilitationsschrift geworden.

Es ist ein Buch voller Urteile, nur vier Beispiele: die Habilitationsschrift Sölles ist „kein Jahrhundertbuch ... aber auch heute noch sehr zu empfehlen", „die Ausgabe ihrer gesammelten Werke ist überhaupt nicht zu empfehlen", „Schon in diesen ersten Gedanken entlarvt sich Sölles perfider Blick auf ihr Heimatland" oder „aus der Perspektive von heute erinnert Sölles Verhalten und ihr Umgang mit der Geschichte und mit politischen Ereignissen an Querdenker, Verschwörungstheoretiker oder zumindest die Verbreiter von Fake-News". Hier scheint mir der Autor selbst über die von ihm entdeckten Pfade Sölles hinwegzubrausen, wenn er ihr vorwirft: „Vielmehr gehört es geradezu zu ihrem Programm, über die Feinheiten einer ambivalenzsensiblen Gegenwartsanalyse hinwegzubrausen..." Wie heißt es doch in einer Rezension von JOHANNES FISCHER, dem ich in seiner Einschätzung des Buches von Sacher nicht zustimme: „Wer ein Urteil aufstellt, der muss vielmehr intersubjektiv nachvollziehbare Gründe für dessen Wahrheit präsentieren." Bei Konstantin Sacher: komplette Fehlanzeige.

Wenn ein Theologe sich auf die Spurensuche macht, müsste es, so dachte ich, irgendwann auch einmal um theologische Auseinandersetzungen gehen. Mit dieser Erwartung las ich das Kapitel IV, in dem es um Sölles Buch „Stellvertretung" geht. Doch leider Fehlanzeige: Was es da zu lesen gibt, ist die sicher spannende Geschichte um die Inverlagnahme des Buches... Im Kapitel VI dann doch etwas Theologie. Gekonnt zeichnet Sacher den Argumentationsgang des Buches nach. Doch weitgehend geschieht dies kontextlos, was den gesellschaftlichen und politischen Kontext angeht, in den dieses Buch ‚hineinplatzt' und den GUSTAV HEINEMANN seinerzeit so charakterisierte: „Sieht man wirklich nicht, dass die dominierende Weltanschauung unter uns nur aus drei Sätzen besteht: Viel verdienen – Soldaten, die das verteidigen – und Kirchen, die beides segnen?" Doch auch die anschließende theologische Debatte wird nicht referiert, nicht einmal bedacht, beispielsweise die Aufmerksamkeit, die GOLLWITZER diesem Buch „zum Gespräch mit Dorothee Sölle" widmet. Das ist schade, war sie doch im Urteil eines Schülers und Freundes Gollwitzers „die einzige echte theologische Gesprächspartnerin, die Gollwitzer hierzulande gefunden hatte" (PETER WINZELER). Wie Blöcke fallen scheinbar Sölles Bücher vom Himmel. Und doch: mit einem bemerkenswerten Satz schließt dies VI. Kapitel: „Dorothee Sölle war die bildungsbürgerliche Kämpferin gegen die Bürgerlichkeit der christlichen Religion." Ja, möchte ich dem Autor zurufen, und das hätte ihn auf eine andere Spur führen können, die vom Abenteuer bürgerlichen Bewusstseins erzählt, wenn sich Menschen wie Dorothee Sölle, wie Helmut Gollwitzer, wie RUDI DUTSCHKE auf den Weg zum Klassenverrat machen. Das wäre ambivalenzsensibel gewesen: „Wieso ist das Leben so verdammt ungerecht? Ich bekomme so viel und andere so wenig. Aber es wäre ja schade, es deshalb nicht zu genießen, oder? Also versuche ich den Schmerz und die Dankbarkeit zu verbinden und daran zu arbeiten, dass alle Menschen auf dieser Welt bekommen, was sie brauchen" – wie es einer meiner Lehrer einmal formulierte.

Sodann wirft Sacher einen Blick auf „Phantasie und Gehorsam" (1968), das ‚nicht recht in Sölles Denken passt', das „vielleicht das unpolitischste Buch Sölles überhaupt ist" und dass sie „vielleicht geschrieben hätte, nur dem Druck des Verlages nachgegeben zu haben, dem gut laufenden Erstling ein weiteres Buch folgen zu lassen". Da scheint die „Spurensuche" des Autors auf der Strecke geblieben zu sein, war Glück doch ein Lebensthema Sölles – in Reflexion und (!) Poesie – bis zu ihrem letzten Vortrag 2003 in Bad Boll und schmückte der Slogan „La fantaisie au pouvoir" genau in jenem Jahr die Mauern von Paris; so hatte das Buch einen enormen politischen – sozialistischen! – Kontext und fügte sich zudem ein in zeitgleiche Überlegungen zu Glück und (!) Phantasie – des etwa gleichaltrigen ERNST LANGE.

Jetzt sind wir in den späten 1960er Jahren, und hier beobachtet Sacher „eine zunehmende Kritik am sogenannten (sic!, v.m.) kapitalistischen System". Warum der Autor hier das Wörtchen „sogenannt" benutzt, bleibt sein Geheimnis, ist doch „Kapitalismus" ein analytischer Begriff für eine ganz klar zu beschreibende Wirtschaftsform. Doch das interessiert den Autor wenig, wenn er Sölles Büchlein „Politische Theologie" polemisch als „Befreiungsschlag hin zu noch mehr Phantasie" deutet. Hätte Sacher sich der Mühe unterzogen den politischen und theologischen Kontext dieses Buches zur Kenntnis zu nehmen – Gründung der Christ:innen für den Sozialismus, die Sozialismusdebatte in der evangelischen wie in der katholischen Theologie jener Jahre an einigen Fakultäten und Instituten – wäre es ihm möglicherweise schwerer gefallen, Sölle „die Taliban-Tendenz oder auch den Hang zum Fundamentalismus" zu unterstellen. Doch nicht nur die theologische Debatte hat der Autor nicht zur Kenntnis genommen, sondern ebenso etwa die der Philosophen und Sozialwissenschaftler jener Jahre, die Frankfurter Schule oder ERNST BLOCH oder WOLFGANG ABENDROTH oder FRIGGA und WOLFGANG HAUG oder oder oder… Alles Fehlanzeige, als schriebe Sölle für sich…

Ein kurzes Kapitel – und damit schließe ich den Durchgang durch das Buch – ist der Verleihung der Theodor-Heuss-Medaille gewidmet, offenbar um zu zeigen, „wie radikal Sölle zu diesem Zeitpunkt dachte": Sie berichtete in ihrer Dankesrede davon, dass sie eine Untersuchungsgefangene im Gefängnis besuchen wollte, „aber dies sei nicht möglich gewesen". Und Sacher weiter: „Dieser Untersuchungshäftling war allerdings nicht irgendjemand. Es handelte sich um Ulrike Meinhof, die seit 1972 in Untersuchungshaft saß und wegen

Mordversuchs angeklagt war. Es handelte sich also immerhin um eine Terroristin, der Sölle einen Besuch im Gefängnis abstatten wollte. Diese Erwähnung Meinhofs an diesem Ort zeigt, wie radikal Sölle zu diesem Zeitpunkt dachte. Und es zeigt auch, wie sehr sie die Provokation suchte. Sölle sagte, es gehöre zu den ältesten christlichen Selbstverständlichkeiten, Gefangene zu besuchen. Weiter: ‚Es ist eines der sieben Werke der Barmherzigkeit, so selbstverständlich wie Nackte kleiden, Tote beerdigen oder Hungrige zu speisen. Offenbar leben wir in einem Land, in dem die Werke der Barmherzigkeit von staatlichen Stellen verboten werden.' Dies alles sagte sie in Anwesenheit des Bundeskanzlers Willy Brandt." Was soll ein solcher Satz? Majestätsbeleidigung? Was soll das Prädikat radikal? Sölle zitiert Mt 25: Ich bin im Gefängnis gewesen und ihr seid zu mir gekommen… Niemand kann einen solchen Besuch verwirkt haben. Es gehört schlicht zur Glaubwürdigkeit einer Dorothee Sölle, dass sie ULRIKE MEINHOF besuchen wollte, wie es zur Glaubwürdigkeit Gollwitzers gehörte, Ulrike Meinhof beerdigt zu haben. Und es würde jeder Christin und jedem Christen m. E. gut anstehen, dies zu tun und sich sagen zu lassen: „das habt ihr mir getan". So beginnt Glauben als im Entwurf Christi leben.

Doch um diese Spur aufzunehmen, dazu hätte es nicht zuletzt auch einer Berücksichtigung des poetischen Werkes von Dorothee Sölle bedurft. Wer Dorothee Sölle, die sich selbst als jemand begriffen hat, die sich theo-logisch und theo-poetisch ausgedrückt hat, auf die Spur kommen will, ohne ihre Gedichte mit zu bedenken, landet nahezu notwendig neben der Spur. Leider gibt es weitere Fehlanzeigen: die Pazifismus- und Gewaltfreiheitsdebatte, innerhalb derer sich Sölle theo-logisch und theo-poetisch positioniert hat, die missionstheologischen Spuren, die Sölle hinterlassen hat (bei der Gossner Mission und darüber hinaus) und schließlich und vor allem ihre Arbeit und ihr Mitdenken in der ökumenischen Bewegung und die Rolle, die sie und ihre Bücher und Vorträge innerhalb der weltweiten ökumenischen und feministischen Theologie gespielt haben.

Das alles wären Möglichkeiten der Spurensuche gewesen, die Antwort geben auf die Frage, was es heißt, im Entwurf Christi zu leben – doch das alles hat Sacher versäumt. Was bleibt ist suggestiver Boulevardjournalismus – leider in einem ehrenwerten theologischen Verlag…   *Gottfried Orth*

Stefan SEIDEL: *Entfeindet euch! Auswege aus Spaltung und Gewalt.* 125 Seiten. München 2024. 20,00 €.

In seinem Essay fordert der Journalist, Theologe und Psychologe STE-FAN SEIDEL zu einer Zeitenwende auf, die diesen Namen wirklich verdient: Gegen die allgegenwärtige Kriegslogik in der bundesdeutschen Öffentlichkeit der Gegenwart setzt er eine Friedenslogik der Beziehung, des Miteinanders, des Dialogs und vor allem der *Entfeindung*. Er beschreibt damit die inneren, psychologischen, philosophischen und spirituellen Grundlagen einer Praxis der Gewaltfreiheit, die für ihn angesichts der allgegenwärtigen Kriegsvorbereitungen und Kriegshandlungen das Gebot der Stunde ist.

Das Buch ist in zwei Kapitel unterteilt, „Verfeindungen" und „Entfeindungen", ohne dass die beiden Themen wirklich systematisch getrennt voneinander behandelt würden. Im ersten Kapitel geht es immer auch um Strategien des Verlernens und des Abbaus von Verfeindungen, und im zweiten werden immer neue Aspekte der Verfeindungen beschrieben, um Strategien ihrer Überwindung aufzuzeigen. Auf diese Weise gewinnt das Buch eine schwingende, oszillierende Dynamik, durch welche sowohl die Komplexität von Verfeindungsprozessen als auch die notwendige Vielfalt der Entfeindungsstrategien spürbar werden. Den Begriff der Entfeindung übernimmt Seidel von PINCHAS LAPIDE, der damit „das Programm der Bergpredigt" (S. 59) charakterisiert habe.

Eine zentrale Stellung im Buch besitzen die Abschnitte über biblische Vorbilder der Gewaltfreiheit und der Entfeindung, (S. 38-60). Seidels Ausführungen über die Bergpredigt Jesu spielen in diesen Abschnitten wiederum die Hauptrolle. Während der Rest des Buches weniger stark theologisch geprägt ist, sondern insbesondere mit Perspektiven aus der Psychologie, aber auch anderen Autor:innen im Dialog steht, macht Seidel hier deutlich, dass das Bewusstsein um eine Verankerung in „der umfassenden und unendlichen Liebe Gottes" (S. 51) die Möglichkeit eröffnet, Feindbilder und eigene Ängste und Verletzungen zu überwinden, um alternative Formen zur gewaltsamen Konfliktaustragung entwickeln zu können. Durch die Einbeziehung von Erfahrungen von ETTY HILLESUM weitet Seidel diesen Gedanken bis in Bereiche der Mystik.

Diese spirituellen und biblischen Überlegungen nehmen eine Schlüsselposition im Buch ein, in dem es ansonsten durchaus auch ohne Bezug auf religiöse Überlegungen zum einen darum geht, Mechanismen zu erkennen, mit denen gegenwärtig Feindbilder geschaffen, verfestigt und verabsolutiert werden, sodass insbesondere der Krieg, aber auch andere Formen gewalttätiger Auseinandersetzungen als scheinbar einzig richtiger Ausweg erscheinen. Zum anderen zielt Seidel auf den im Buchtitel angegebenen Appell: Er zeigt verschiedene Strategien auf, wie Menschen die Spaltung in Freund und Feind überwinden können, vor allem auf psychologischer, aber in der Konsequenz durchaus auch auf sozialer, kultureller, medialer und politischer Ebene. Seidel tritt dabei mit einer Vielzahl von Autor:innen aus dem 20. und 21. Jahrhundert in Dialog. Auch wenn sich manche Passagen wie eine Aneinanderreihung von teils sehr langen Zitaten lesen, kann der Autor auf diese Weise aber auch deutlich machen, auf welch breite Basis er sich bei seinem Appell stützen kann. Bei Seidels Verwendung des Begriffs „Friedenslogik" (zuletzt S. 118) hätte man sich allerdings eine Bezugnahme auf HANNE-MARGRET BIRCKENBACH und ihre Arbeit sowie auf die Initiative „Sicherheit neu denken" gewünscht.

Einen breiten Raum nehmen im Buch auch Beispiele aus den gewaltfreien Protesten in der DDR 1989 als einer „Bewährungsprobe der Bergpredigt" (S. 63) ein, an denen Seidel demonstriert, welche gewaltfreie Kraft Entfeindungsprozesse, zumal religiös motivierte, auch in politisch und militärisch extrem heiklen Situationen entfalten können.

Seidels Interpretationen biblischer Texte lassen leider häufig viel zu wünschen übrig: Gen 1 handelt eben nicht vom „Garten Eden" (S. 38) und die Vertreibung der Menschen aus diesem Garten muss auch nicht unbedingt als „Strafe" (ebd.) gelesen werden. Die „Geschichte von Jesus Christus" als „Verkörperung der von den Propheten erträumten geheilten Zukunft Gottes" (S. 42) zu verstehen, missversteht das Verhältnis von Erstem und Neuem Testament. Trotz dieser oft etwas oberflächlichen Exegese gelingt es jedoch dem Autor, den Beitrag der Bibel und insbesondere der Evangelien zu aktuellen Strategien der Entfeindung deutlich zu machen.

Seidel ist ein leidenschaftlicher Appell gelungen, der einen wichtigen Beitrag in der gegenwärtigen Debatte darstellt. Auch wenn die politischen, vor allem geopolitischen und andere Machtfragen nicht im Fokus seines Interesses stehen, lassen sich an seinem Essay die persönlichen, psychologischen und spirituellen Aspekte von Verfeindung und Entfeindung sichtbar machen. Seidel unterstützt dadurch aus einer unverzichtbaren Perspektive heraus die derzeit immer dringender werdenden Aufrufe zu Gewaltfreiheit, zur Ablehnung des Kriegs und zum Widerstand gegen seine vielfältige Vorbereitung.

Stefan Silber

Bruderkrieg – Foto: Stefan Silber

Statt eines Nachwortes

Wo ist dein Bruder? Wo ist deine Schwester?

Friedenspredigt in Sankt Familia Kassel, 5. März 2023[1]

Stefan Silber

Liebe Schwestern und Brüder!

In Fußwegentfernung von meinem Zuhause steht ein Gedenkstein für ein Gefecht zwischen hessischen und preußischen Soldaten. Unter der Jahreszahl 1866 sind die Wappen der beiden Staaten eingraviert und darunter steht: „Bruderkrieg – Tod ohne Sinn". 1866 gehörte unsere Gegend schon zum Königreich Bayern, aber im Zuge der Auseinandersetzungen zwischen Österreich und Preußen stießen damals unversehens hessische und preußische Truppen in Bayern aufeinander. Am Freitag, dem 13. Juli 1866 starben bei diesem Gefecht in Frohnhofen 194 Soldaten.

„Bruderkrieg – Tod ohne Sinn": Wenn ich an diesem Stein vorbeikomme, habe ich schon oft gedacht: Jeder Krieg führt zu Tod ohne Sinn. Und: Jeder Krieg ist doch auch ein Bruderkrieg. Denn meistens sind benachbarte Völker an einem Krieg beteiligt – Menschen, die über Generationen miteinander gelebt und geteilt, untereinander geheiratet und miteinander gefeiert haben. So wie eben

---

[1] Der Text wurde für diese Veröffentlichung gekürzt; der Predigtstil wurde dabei beibehalten.

Bayern, Hessen und Preußen. Und genauso, wie wir es in der Gegenwart auch in der Ukraine sehen können, aber auch in vielen anderen Kriegen der Welt: Bruderkriege – Tod ohne Sinn.

Auch in der Bibel wird auffallend oft von Gewalt zwischen Brüdern erzählt: Die Söhne Davids töten sich gegenseitig im Kampf um die Thronfolge. Jakob betrügt Esau und dieser sucht ihn zu töten. Die Söhne Jakobs verkaufen ihren Bruder Josef in die Sklaverei. Der bekannteste Brudermord in der Bibel ist aber zugleich der erste. Wir hören daher jetzt die Geschichte von Kain und Abel.[2]

Die Geschichte von Kain und Abel findet sich auch im Koran, dem Heiligen Buch des Islam. Dort wird erzählt, dass die beiden Söhne Adams „beide ein Opfer darbrachten, und es von dem einen angenommen und von dem anderen nicht angenommen wurde. Da sagte dieser (also Kain): ‚Wahrhaftig, ich schlage dich tot.' Jener (also Abel) erwiderte: ‚Gott nimmt nur von den Gottesfürchtigen etwas an.'" Und dann sagt im Koran Abel zu Kain: „Wenn du auch deine Hand nach mir ausstreckst, um mich zu erschlagen, so werde ich doch nicht meine Hand nach dir ausstrecken, um dich zu erschlagen. Ich fürchte Gott, den Herrn der Welten." (Koran 5,27-28)[3]

Über das hinaus, was wir aus den ersten Kapiteln der Bibel kennen, wird im Koran diese Ergänzung erzählt: Abel ist nicht nur das erste Mordopfer der Geschichte, sondern auch der erste, der gewaltfrei Widerstand gegen die Gewalt leistet. In dem Moment, in dem die Gewalt in die Geschichte der Menschheit Einzug hält, erkennt er, dass es falsch ist, sich ihr zu beugen, und er weigert sich, an der Gewaltspirale mitzudrehen. Die richtige Reaktion auf die Gewalt, sagt der koranische Abel, ist, sich ihr zu verweigern, selbst wenn es das eigene Leben kostet. Abel warnt seinen Bruder sogar noch, dass er mit diesem Mord die Verantwortung für alle weitere Gewalttat auf Erden übernimmt. Deswegen heißt es im Koran abschließend, „dass, wenn jemand einen Menschen tötet, […] es so sein soll, als hätte er die ganze Menschheit getötet; und wenn jemand einem Menschen

---

[2] An dieser Stelle wurde im Gottesdienst Gen 4,3-16 als Lesung vorgelesen. Alle Bibelzitate in dieser Predigt stammen aus der Einheitsübersetzung 2016.
[3] Der Koran. Die Übersetzung seiner Bedeutung in der deutschen Sprache. Aus dem Arabischen von Abu-Rida Muhammad Ibn Ahmad RASSOUL, Hyderabad: Goodword 2013.

das Leben erhält, es so sein soll, als hätte er der ganzen Menschheit das Leben erhalten." (Koran 5,32)

In der Bibel stellt Gott dem Kain dann diese berühmte Frage: „Wo ist Abel, dein Bruder?" Sie erinnert an die erste Frage Gottes, die ein Kapitel zuvor erzählt wird: „Adam, wo bist du?" Natürlich weiß Gott, wo Adam ist, genauso wie Gott weiß, wo der ermordete Abel ist. Gott konfrontiert den Täter mit seiner Tat, er fragt Kain, wie er Eva gefragt hat: „Was hast du getan?" Was getan wurde, wird nicht zugedeckt, nicht verschwiegen, nicht beiseitegeschoben. „Das Blut" Abels „erhebt seine Stimme und schreit" zu Gott „vom Erdboden".

Aber es schreit nicht nach noch mehr Blut. Es schreit nicht nach Rache. Kain, der erste Mörder der Geschichte, wird nicht mit dem Tod bestraft. Noch einmal wird die Spirale der Gewalt durchbrochen. Wie Abel erhebt auch Gott nicht seine Hand gegen Kain, um ihn zu erschlagen. Er wird bestraft, verbannt, vertrieben, aber Gott macht ihm ein Zeichen zu seinem Schutz, damit niemand ihn erschlagen soll. Die Eskalation der Gewalt wird noch einmal aufgehalten, Kain verbleibt im Unrecht, das Kainsmal macht dieses Unrecht für immer sichtbar. Sein Bruder Abel, der gewaltfreie, der sich weigerte, selbst Gewalt auszuüben, noch nicht einmal um sich zu schützen, bleibt im Recht.

So endet diese Erzählung in der Bibel, mit der vom Einbruch der Gewalt in die Geschichte der Menschheit berichtet wird. Das ist eine erklärende Erzählung, mit der Grundsätzliches über das Zusammenleben der Menschen gesagt wird, über die Gewalt und wie man sie überwinden kann. Die Gewalt hat nicht das letzte Wort, genau wie an der vergleichbaren Stelle im Koran:

Wer einem Menschen das Leben erhält, und sei es das Leben des Täters, der hat der ganzen Menschheit das Leben erhalten.

Man kann diese Interpretation der Geschichte von Kain und Abel kritisch sehen und als zu idealistisch ablehnen. Denn die Gewalt bleibt ja trotzdem in der Welt, und von den Nachkommen Kains wird erzählt, dass sie die Gewalt noch einmal verstärken und verschlimmern. Nur zwei Kapitel später sieht Gott voller Enttäuschung, dass „die Erde voller Gewalttat" ist (Gen 6,13). Aber das entspricht nicht dem Willen Gottes, denn Gott fragt immer noch: Kain, wo ist dein Bruder? Was hast du getan? Diese Frage bleibt im Raum. Gott lässt das Schreien des Blutes des ermordeten Abel nicht ungehört. Er fragt nach den Opfern der Gewalttat und fordert Rechenschaft von den Tätern. „Was hast du getan?" – Übernimm Verantwortung für die Gewalt, die durch deine Taten in die Welt gekommen ist! Stelle dich gegen die Gewalt, nimm dir deinen Bruder Abel zum Vorbild, der sich weigerte, sich der Gewalt zu beugen!

Und Gott fragt nicht nur nach den Brüdern. Gott fragt auch: Kain, wo ist deine Schwester? Wo sind all die Frauen und Mädchen, die Gewalt erleiden, vertrieben werden, vergewaltigt, missbraucht, getötet? Ihr Schreien, ihre Klagerufe werden von Gott ebenso gehört wie das Schreien ihrer Brüder. Aber auf der Erde wird es oft missachtet. Gewalt gegen Frauen wird vielfach verschwiegen, verdrängt oder verharmlost.

Aber wie soll man der Gewalt begegnen? Wie kann man die Gewalt gegen Schwestern und gegen Brüder unterbrechen, unterbinden? Etwa mit noch mehr Gewalt? Mit drastischen Strafen, mit viel Polizei, mit schweren Waffen, Panzern und Raketen? In der Erzählung vom ersten Brudermord versuchen zunächst Abel und dann Gott selbst, die Spirale der Gewalt zu durchbrechen. Doch mit der Gewalttat Kains ist die Gewalt in der Welt und die Nachkommen Kains, ja alle Nachkommen Adams und Evas füllen die Erde mit Gewalttat und Verderben. Gewalt zieht Gewalt nach sich; es entwickelt sich ein Teufelskreis, eine Spirale der Gewalt, sodass am Ende, kurz vor der Sintflut, Gott auf die Erde sieht, und „siehe, sie war verdorben" (Gen 6,12). Gewalt lässt sich nicht mit Gewalt beseitigen.

Um aus dem Teufelskreis der Gewalt auszubrechen, braucht es intelligentere Lösungen: dazu braucht es die Frage nach dem Bruder und nach der Schwester, die Aufmerksamkeit für die Opfer der Gewalt und ihre Leiden. Wer versucht, diesen Teufelskreis mit Gewalt zu durchbrechen, wird ihn nur noch verschlimmern. Gewaltfreie Lösungen dagegen eröffnen neue Möglichkeiten. Hier wird ein erster Schritt zur Überwindung der Gewalt, zum Verlassen des Teufelskreises unternommen. Wer sich der Gewalt verweigert, kann eine breite Palette anderer Handlungsmöglichkeiten entdecken, mit denen die Gewalt überwunden werden kann.

Ebenfalls in der Bibel, aber viele Seiten später, bietet uns Jesus vielfältige Lösungen ohne Gewalt an. Er praktiziert sie auch selbst, denn in mehr als einer Situation durchbricht Jesus unmittelbare oder strukturelle Gewalt, indem er sich wie Abel weigert, sich an ihr zu beteiligen. Als seine Gegner eine Frau zu ihm in den Tempel schleppen, die – wie sie behaupten – „beim Ehebruch ertappt worden war" (Joh 8,3), droht mit der Steinigung der Frau unmittelbare, tödliche Gewalt. Und Jesus weiß, dass diese Schriftgelehrten sich im Recht wissen, denn schließlich kennen sie sich in der Bibel aus, die ja offenbar solche Art von Gewalt legitimiert. Jesus blickt aber auch tiefer und sieht die strukturelle Gewalt, die in der Situation am Werk ist. Denn wenn die Frau wirklich beim Ehebruch ertappt worden ist, war sie dabei ja nicht allein. Wo ist der Mann, der ebenfalls die Ehe gebrochen hat? Warum wird die Frau hier alleine beschuldigt, öffentlich beschämt und mit dem Tod durch Steinigung bedroht?

Hier soll die Gewalt als öffentliches Schauspiel inszeniert werden – die einen können sich auf der Seite der Gerechten und des Gesetzes fühlen, die anderen ihre Lust an der Gewalt ausleben, die dritten freuen sich, dass endlich mal wieder etwas los ist. Die öffentliche Erniedrigung einer Frau bestätigt gegen alle eventuellen Zweifel erneut die gesellschaftliche Unterordnung aller Frauen. Not, Schmerzen und vielleicht der Tod der Frau sind ein angemessener Preis, denn schließlich hat sie es ja nicht anders verdient. Aber Jesus spielt dieses Schauspiel nicht mit.

Seine kreative Lösung besteht darin, in diesem Fall, dass er nichts tut. Er bückt sich und schreibt mit dem Finger auf die Erde – was auch immer er da schreibt. Er könnte stattdessen der Gewalt zustimmen, das wäre das einfachste, oder er könnte sich dagegen aussprechen – das wäre möglicherweise wirkungslos und würde das Schauspiel nur noch unterhaltsamer machen. Jesus wählt einen anderen Weg. Er konfrontiert die Menschen mit ihrer eigenen Schuld: „Wer von euch ohne Sünde ist, werfe als Erster einen Stein auf sie."

Das ist Jesu intelligente Lösung, die die Situation entwaffnet und den Menschen die Steine aus der Hand nimmt, ohne Gewalt anzuwenden. Es ist der Blick in ihr Gesicht und in ihre Herzen, der sie entwaffnet.

Es ist, als hätte Gott erneut zu Kain gesagt: Was hast du getan? Was die Frau getan hat – oder auch nicht getan hat – ist nun nicht mehr wichtig. Nun zählt, was ich getan habe, ich, Schriftgelehrter, Frommer, Gerechter, Schaulustiger – der ich schon den Stein in der Hand hatte, um Gerechtigkeit walten zu lassen. Kain, was hast du getan? Wo ist dein Bruder, wo ist deine Schwester? Willst du erneut

Gewalt üben, die Hand erheben gegen deine Schwester, gegen deinen Bruder Abel, dessen Blut schon längst von Erdboden gegen dich zeugt?

Jesus durchbricht die Gewalt. Ohne selbst Gewalt anzuwenden. Er widersteht denen, die zu Tätern werden wollen, indem er sie anschaut und sie mit sich selbst konfrontiert. Erst danach wendet er sich auch der Frau zu. Der Frau, die schon als Schuldige identifiziert worden war, der Gesetzesbrecherin. Doch auch dieses Vergehen interessiert Jesus nicht. Er verurteilt nicht.

Er wendet das Gesetz an, das bestimmt: Du sollst deinen Nächsten lieben wie dich selbst. Am Ende haben alle gewonnen: Jesus, der die bedrohende Gewalt unterbrechen und abwenden konnte, die selbsternannten Richter und Henker, die einen ehrlichen Blick auf sich selbst gewonnen haben, die Frau, die überraschenderweise ihr Leben wiedergewonnen hat, und das Gesetz, das nicht mehr dem Tod dienen muss, sondern für das Leben da sein kann.

Möglich wurde diese win-win-Lösung dadurch, dass Jesus die Menschen ehrlich mit sich selbst konfrontiert. Er sieht auch in den Gewalttätern Menschen, die ein Gewissen haben und zur Selbsterkenntnis in der Lage sind. Er sieht auch in den schuldig Gesprochenen Menschen, die Not leiden, Angst haben und leben wollen. Auf diese Weise kann er gewaltfrei die Gewalt durchbrechen.

Der Blick auf die Menschlichkeit, die Verletzlichkeit und die Verletztheit der Menschen ist das, was Kain fehlte. Deswegen erschlug er seinen Bruder. Jesus zeigt, dass dieser Blick auf die Menschlichkeit der Menschen heilen kann und die Gewalt durchbricht. Mit diesem Blick schaut Jesus vor allem auf Menschen, die in Not sind, ohne danach zu fragen, ob es irgendwelche Gründe geben könnte, die diese Not scheinbar rechtfertigen. Menschen mit Aussatz, auch wenn sie aus dem verhassten samaritanischen Ausland kommen, werden unter diesem Blick rein. Ihr gewaltsamer Ausschluss aus der Gemeinschaft der Mitmenschen kann beendet werden. Sogar noch die Kranken, von denen man glaubt, dass sie von Dämonen besessen sind, werden von Jesus als verletzliche und verwundete Menschen gesehen und aus der Gewalt dieser unheimlichen Mächte gerettet. Jesu Blick auf die Menschlichkeit der Menschen ist stärker als ihre Ausschlussmechanismen, stärker als ihre religiösen Vorschriften, stärker noch als die unheimlichen Mächte, welche die Menschen gefangen halten können.

Jesus verwirklicht das, was Gott sich von Kain gewünscht hätte: Er sieht im Mitmenschen den Bruder und die Schwester. Deswegen ist die Nächstenliebe für Jesus das zentrale Gebot gemeinsam mit der Gottesliebe. Und was genau ist Nächstenliebe? wird Jesus gefragt. Ein Mensch, sagt Jesus, der die Not eines anderen Menschen sieht, so wie der barmherzige Samariter, auch wenn das schon wieder so ein Ausländer ist. Jesus weigert sich, Feinde zu haben. Selbst noch in seinen Verfolgern sieht er Menschen und ihre Verletzlichkeit. Er sieht die Gewalt, der sie selbst unterworfen sind, und weigert sich, an der Gewaltspirale weiter zu drehen. Vielmehr lehrt er seine Jüngerinnen und Jünger, sogar ihre Feinde zu lieben.

Für Jesus ist der Schritt von der Nächstenliebe zur Feindesliebe nicht weit. Beides sind seine Brüder, seine Schwestern. Nächste und Feinde sind beides Menschen, die Strukturen der Gewalt ausgeliefert und unterworfen sind, verwundbare und verwundete Menschen. Das konsequente Verweigern der Gewalt kann sie aus der Spirale der Gewalt, des Hasses und der Feindschaft befreien.

Wer sich heute auf Jesu Lehre von der Feindesliebe beruft, muss damit rechnen, dass er für verrückt erklärt wird. Zu Jesu Zeiten hätte es geheißen: Er ist von einem Dämon besessen (vgl. Mk 3,22). Auch Jesus wurde für verrückt gehalten, weil er an den Menschen glaubte und hoffte, dass der Mensch von der Gewalt lassen kann. Wer heute wie Jesus die Ansicht vertritt, dass die Gewalt nur gewaltfrei durchbrochen werden kann, dass der Krieg nicht durch immer neue, immer schwerere Waffen beendet wird, sondern durch einen Waffenstillstand und Verhandlungen, der wird als naiv und idealistisch oder gleich als Verräter gebrandmarkt, dem das Leid der Kriegsopfer nichts bedeutet.

Dabei ist das Gegenteil der Fall: Das Leid der Opfer des Kriegs ist der entscheidende Grund dafür, den Teufelskreis der Gewalt zu beenden und gewaltfrei nach intelligenten Lösungen zu suchen. „Treten wir in Kontakt mit den Wunden" (FT 261)[4], mahnt Papst Franziskus. Es sind die Wunden der Menschen, die uns die Wahrheit über den

---

[4] Papst FRANZISKUS: Enzyklika *Fratelli Tutti* über die Geschwisterlichkeit und die soziale Freundschaft, Assisi, 3. Oktober 2020 (Verlautbarungen des Apostolischen Stuhls 227) Bonn 2020. Auch i. F. als FT mit Absatznummer zitiert.

Krieg sagen. Er nennt dabei ausdrücklich auch die Frauen, weil er weiß, dass überall auf der Welt Frauen in ganz besonderer Weise unter dem Krieg leiden, nämlich unter der frauenverachtenden Gewalt, die im Krieg sogar als eine Waffe eingesetzt wird.

Darüber hinaus schlägt der Krieg jedoch viele Wunden. Und zwar sind es die Wunden der Menschen auf beiden Seiten der Front, auch die Wunden der Soldaten, in den Lazaretten, die Wunden der Familien zuhause, die geliebte Menschen an die Gewalt des Krieges verlieren. Die Wunden des Krieges sehen auf beiden Seiten der Front gleich aus. Auch die Täter sind verletzliche und verletzte Menschen.

Angesichts des russischen Überfalls auf die Ukraine scheint uns diese Erkenntnis nicht leicht zu fallen. Die Rollen sind so eindeutig verteilt: Hier der Aggressor, dort die Überfallenen. Aber im Kontakt mit den Wunden ändert sich diese eindeutige Rollenzuteilung. Die Gewalt des Krieges hat viele Wunden geschlagen, hat Menschen in der Ukraine und in Russland verwundet und getötet. Je länger die Gewalt dieses Krieges geübt wird, umso mehr werden diese Wunden werden, umso größer die Zerstörungen, die Verletzungen, die Traumata dieses Krieges.

Deswegen ist es notwendig, den Bruder, die Schwester sowohl in der Ukraine wie auch in Russland zu sehen. Dann wird es auch möglich, einen Ausweg zu finden, der die Gewalt unterbricht und die Zerstörungen beendet. Ein solcher Ausweg bedeutet nicht, dass der eine seinen Willen gegen den anderen durchsetzen darf. Vielmehr geht es um Lösungen, in denen alle ihre Menschlichkeit zurückerhalten. Und es geht auch um die Selbsterkenntnis des Täters: Was hast du getan? Die Schuld der Täter soll nicht ausgelöscht und vom Tisch gewischt werden. Sondern es sollen sich alle zur Gerechtigkeit hinbewegen.

Indem Papst Franziskus den Blick auch auf die Täter richtet, macht er ernst mit der Lehre Jesu von der Liebe zu den Feinden, ja, mit der Weigerung, Feinde zu haben und Feinde zu sein: Auch die Aggressoren, von denen die Gewalt ausgeht, sind Menschen, sind Brüder und Schwestern, keine Feinde. „Der andere" – schreibt Franziskus – „darf niemals auf das reduziert werden, was er vielleicht gesagt oder getan hat, sondern muss im Hinblick auf die Verheißung, die er in sich trägt, geachtet werden – eine Verheißung, die immer einen Hoffnungsschimmer zurücklässt" (FT 228).

Der andere ist eine Verheißung, auch der Feind, auch der Gewalttäter. Das heißt nicht, dass ich die Gewalttat gutheißen soll, sondern dass ich trotz der Gewalttat den Menschen erkennen kann, der im Täter, in der Täterin steckt. Den Menschen in all seiner Verletztheit und Verletzlichkeit.

Im Angesicht der Gewalt fällt das schwer. Gerade so grenzenlose Gewalt, wie wir sie im Krieg in der Ukraine und in den vielen Kriegen weltweit erleben können, macht es uns schwer, im Aggressor noch den Bruder zu sehen. Deswegen ist es so wichtig, dass wir auf die Vorbilder aus der Bibel schauen, Jesus, Abel, Gott selbst, die sich der Gewalt und der Feindschaft verweigern und nicht müde werden, den Bruder, die Schwester, den Mitmenschen zu sehen.

Es ist dieser Schimmer einer Hoffnung, der Abel von seinem Bruder Kain unterscheidet. Der eine wird zum Mörder, der andere nicht. Der eine durchbricht den Teufelskreis der Gewalt, der andere praktiziert die Gewalt. In dieser Geschichte, die Judentum, Christentum und Islam miteinander verbindet, wird Abel gerechtfertigt, auch wenn er sterben muss. Doch auch für Kain halten die religiösen Traditionen den Schimmer einer Hoffnung aufrecht. Gottes Verheißung bleibt auch für den Täter, die Täterin in Kraft. Auch der Gewalttäter kann sich noch zur Gewaltfreiheit, zur Menschlichkeit bekehren. Zumindest dürfen wir das hoffen.

Gewaltfreiheit hat ihren Preis. Die Bibel verschweigt das nicht. Abel erleidet die Gewalt, die er sich weigert zu üben, und Jesus erleidet die Gewalt, gegen die er mit gewaltfreien Mitteln gehandelt hat. Gewaltfreiheit ist keine einfache, sichere Praxis, um die Gewalt zu verhüten und zu verhindern. Sie kann einen hohen Preis erfordern. Aber nicht nur die Gewaltfreiheit hat ihren Preis, sondern auch die Gewalt. In der Gegenwart können wir diesen Preis der Gewalt täglich in unseren Nachrichten sehen. Es ist ja nicht so, dass mit der Gegengewalt die Aggression wirklich einfach beendet werden könnte. Vielmehr verlangt auch die verteidigende Gewalt einen hohen Preis an Todesopfern, an Zerstörungen, an Umweltschäden und an langanhaltenden Traumata.

Welchen Preis sind wir bereit zu zahlen? Jesus und Abel zeigen uns Wege, um der Gewaltspirale zu entkommen. Mit ihnen sind viele Menschen in der Geschichte gewaltfreie Wege gegangen, um Unrecht und Gewalt zu beenden und zu überwinden.

Kain, wo ist dein Bruder, wo ist deine Schwester? Wir sind vor dieser Frage keine unbeteiligten Dritten. Wir sind selbst Teil der Gewalt, die in so vielen Bereichen unserer Gesellschaft, unserer Welt herrscht. Wir stehen nicht neben Kain und Abel auf dem Feld und könnten eingreifen. Wir sind in die Gewalt hineinverwoben, sind Kain und Abel zugleich, sind Täter und Opfer, Schaulustige und Richter, sind Schriftgelehrte und Fromme auf der Suche nach der richtigen Bedeutung der Gebote. An uns gehen die Fragen, die Gott in der Bibel stellt: Mensch, wo bist du? Wo ist dein Bruder, wo ist deine Schwester? Was hast du getan? Was wirst du tun? Hast du deinem Bruder, deiner Schwester ins Gesicht geschaut? Hast du die Wunden gesehen, aber auch die Verheißung, die Hoffnung, die Zukunft, die der Schöpfer in dieses Gesicht hineingelegt hat?

Autorinnen und Autoren

JÖRG ALT, P. Dr. Jörg Alt SJ ist Hochschulseelsorger und Mitarbeiter der Jesuitenmission in Nürnberg. Er hat Philosophie, Theologie und Sozialethik studiert und in Soziologie promoviert. Seit 2019 ist er öffentlichkeitswirksam in der Klimabewegung engagiert, insbesondere bei der "Letzten Generation". Er ist Autor zahlreicher Publikationen, zuletzt zusammen mit LINA EICHLER und HENNING JESCHKE: *Die letzte Generation – das sind wir alle*, Solms: Bene 2023.

DETLEF BALD, Dr. phil, Jg. 1941. Zeithistoriker und Friedensforscher zur Militär- und Sicherheitspolitik im Kalten Krieg, zur Atombewaffnung und zur Bundeswehr. Arbeiten zum Widerstand der Weißen Rose und zu Bonhoeffer.

PETER BÜRGER ist examinierter Krankenpfleger, Theologe und Publizist. Seine Bücher zum Thema: *„Das Lied der Liebe kennt viele Melodien"* (vier Auflagen 1997-2005); *„Die Fromme Revolte – Katholiken brechen auf"* (2009); *„Wie die Menschheit eins ist. Die katholische Lehre ‚Humani generis unitas' für das dritte Jahrtausend"* (2016); *„Oscar Romero, die synodale Kirche und Abgründe des Klerikalismus"* (2020). Aktuelles Forschungsprojekt: *„Kirche & Weltkrieg"*. *(https://kircheundweltkrieg.wordpress.com)*.

MATTHIAS-W. ENGELKE, Dr. theol, evangelischer Pfarrer, verheiratet, Vater, Großvater, Verfasser von *„Zelt der Friedensmacher. Die christliche Gemeinde in Friedensethik und Friedenstheologie"* (2019) und *„Das Minutenbuch"* (2020), Mitglied im Internationalen Versöhnungsbund, IFOR und im deutschen Zweig, von 2010-2016 als Vorsitzernder, sowie im Ökumenischen Institut für Friedenstheologie/Ecumenical Institute of Peace Theology. Friedenspoltisch aktiv für eine atomwaffenfreie Welt, vgl. *http://fastenkampagne.blogspot.com https://independent.academia.edu/MatthiasWEngelke) https://www.ausgotteskraeutergarten.de/*

STEFAN FEDERBUSCH, ist Mitglied der Ordensgemeinschaft der Franziskaner und Provinzialvikar (Stellvertreter des Provinzleiters) in München. Er ist Redaktionsleiter der Zeitschriften FRANZISKANER und TAUWETTER sowie Mitglied der Provinzkommission für Gerechtigkeit, Frieden und Bewahrung der Schöpfung. Er gehört pax christi an und dem Ökumenischen Institut für Friedenstheologie.

GUDULA FRIELING, Dr., ist freiberufliche katholische Theologin aus Dortmund und Aktivistin, sie engagiert sich im Ökumenischen Institut für Friedenstheologie sowie in der Kirchenasyl- und Klimagerechtigkeitsbewegung. Ihre Dissertation *„Christliche Ethik oder Ethik für Christen? Die Universalität der christlichen Ethik auf dem Prüfstand"* erschien 2016 im Friedrich-Pustet-Verlag.

KAREN HINRICHS, Pfarrerin, Direktorin des Friedensinstituts der Evangelischen Hochschule Freiburg
Karen.Hinrichs@eh-freiburg.de

BENJAMIN ISAAK-KRAUß ist Pastor der Mennonitengemeinde Frankfurt am Main. Mindestens so einflussreich wie sein Theologiestudium in Heidelberg und Elkhart (USA) sind für ihn die Erfahrungen in verschiedenen gewaltfreien Bewegungen in Palästina, Lesbos und Turtle Island (Nordamerika). Dabei begegnet er immer wieder Menschen, die von CHED MYERS und anderen in der Radikalen Nachfolge geprägt wurden.

WOLFGANG KRAUß, 1954, verheiratet, Vater und Großvater. Mitglied der kommunitären Hausgemeinschaft Bammental. MA Anglistik und Germanistik. Verlagslektor. Geschäftsführer des Deutschen Mennonitischen Friedenskomitees 1984-2008. Prediger der Mennonitengemeinden Heidelberg-Bammental und Augsburg. Initiator des Projektes „Die andere Reformation in Augsburg", Erinnerung an die Täuferbewegung im öffentlichen Raum der Stadt.

MUHAMMAD SAMEER MURTAZA, Dr., ist Islam- und Politik-wissenschaftler, islamischer Philosoph und Buchautor, sowie freier Mitarbeiter bei der Stiftung Weltethos, wo er zu Gegen-wartsströmungen im Islam, islamischer Philosophie, Gewaltlosigkeit im Islam und Islam und Weltethos forscht. Weiter wirkt er als wissen-schaftlicher Gutachter bei der renommierten in Pakistan heraus-gegebenen islamwissenschaftlichen Fachzeitschrift Hamdard Islami-cus mit. Er ist gefragter Vortragsredner und publiziert in ver-schiedenen Magazinen und Tageszeitungen.

ANNETTE NAUERTH, ausgebildete Krankenschwester, Ärztin, war an der Hochschule Bielefeld als Professorin tätig und von 2018-2024 Vorsitzende des Versöhnungsbundes.

THOMAS NAUERTH, Dr. theol. habil.; apl. Prof. für Religionspädagogik am Institut für Katholische Theologie Universität Osnabrück; Mitglied im Internationalen Versöhnungsbund / Deutscher Zweig und im Ökumenischen Institut für Friedenstheologie / Ecumenical Institute of Peace Theology. Redakteur der Homepage *www. friedenstheologie.de* Arbeitsschwerpunkte: Friedenstheologie, Frie-denserziehung und biblische Bildung
(vgl. auch http://independent.academia.edu/ThomasNauerth)

GOTTFRIED ORTH, Dr. theol., Pfarrer und Professor für Evangelische Theologie und Religionspädagogik (TU Braunschweig), freier Trainer für Gewaltfreie Kommunikation, Mitglied u.a. im Komitee für Grundrechte und Demokratie sowie im Ökumenischen Institut für Friedenstheologie. *g.orth@tu-bs.de*

JANNIK SCHÄFER hat Musik und katholische Religion auf Lehramt in Köln, Osnabrück und Jerusalem studiert. Seit 2023 ist er im Schul-dienst tätig. Seit 2021 engagiert er sich bei den Christians for Future und hat die Ortsgruppe Osnabrück gegründet.

STEFAN SILBER, PD Dr. theol. habil., vertritt die Professur für Dogmatik an der Universität Vechta. Er unterrichtete als Gastprofessor an Katholischen Universitäten in San Salvador, Cochabamba und Quito, ist Mitglied des Wissenschaftlichen Beirats von pax christi Deutschland und des Ökumenischen Instituts für Friedenstheologie. Zuletzt ist von ihm erschienen: Postkoloniale Theologien. Eine Einführung (UTB 5669), Tübingen: Narr Francke Attempto 2021.

URSULA SILBER, Dr., katholische Theologin, Rektorin für Bildung und Konzeption am Martinushaus Aschaffenburg, Mitglied bei pax christi.

EGON SPIEGEL,. Prof. Dr. Prof. h.c., Diplomtheologe, Diplompolitologe, ausgebildeter Pastoralreferent, Advisory Professor am UNESCO-Lehrstuhl für Friedenswissenschaft der Nanjing University, Nanjing/China, bis 2022 Inhaber des Lehrstuhls für Praktische Theologie der Universität Vechta.

GEORG STEINS, Dr., ist Professor für Biblische Theologie/Exegese des Alten Testaments am Institut für Katholische Theologie der Universität Osnabrück, georg.steins@t-online.de.

ANJA VOLLENDORF, Pastorin im Verein für Innere Mission, Bremen, Gründungsmitglied im Institut für Friedenstheologie, Kuratoriumsmitglied bei „Gewaltfrei handeln e. V.", 2017-2021 Kirchenrätin im Dezernat Ökumene der Evangelischen Kirche im Rheinland, 2014-2017 Friedensfachkraft mit Brot für die Welt in Bukavu, Demokratische Republik Kongo, davor Gemeindepfarrerin in Bochum, seit 2021 Mitglied der ökumenischen Lebensgemeinschaft des Laurentiuskonvents.

STEFAN VOGES, Dr. theol., Pastoralreferent im Bistum Aachen, Geistlicher Beirat von pax christi Aachen.

JOHANNES WEISSINGER, GEB. 1948, 1967 Kriegsdienstverweigerung, 1968/1969 Zivildienst (Bethel), Studium der evangelischen Theologie, Pfarrer der EKvW im Gemeindedienst (Dortmund, in mit der Ehefrau geteilter Stelle Schwerte und Lünen) und für Erwachsenenbildung (Kirchenkreis Wittgenstein), Mitarbeit in Gremien und Gruppen der westfälischen Landeskirche besonders zu den Themen Sozialer Friedensdienst, Friedensverantwortung der Kirche, Juden-Christen, seit 1983 Vorsitzender der Regionalen AG Westfalen der EAK (Ev. Arbeitskreis Kriegsdienstverweigerung und Frieden). Mitarbeit im Ökumenischen Institut für Friedenstheologie.

edition pace

Begründet von Thomas Nauerth
und Peter Bürger

John Dear
EIN MENSCH DES FRIEDENS
UND DER GEWALTFREIHEIT WERDEN
Ausgewählte Aufsätze und Reden.
Norderstedt: BoD 2018 – ISBN: 978-3-7460-8898-3

Heinrich Missalla
„GOTT MIT UNS"
Die deutsche katholische Kriegspredigt 1914-1918.
Norderstedt: BoD 2018 – ISBN: 978-3-7528-1568-9

Christian Weisner / Friedhelm Meyer / Peter Bürger (Hg.)
„GEDENKT DER HEILIGSPRECHUNG VON OSCAR ROMERO
DURCH DIE ARMEN DIESER ERDE"
Dokumentation des Ökumenischen Aufrufes
zum 1. Mai 2011 – Zuschriften – Lesesaal.
Norderstedt: BoD 2018 – ISBN: 978-3-7460-7979-0

Reinhard J. Voß
DIE KATHOLISCHE KIRCHE IN DER DR KONGO
IM KONTEXT VON GESELLSCHAFT UND ÖKUMENE.
Norderstedt: BoD 2019 – ISBN: 978-3-7481-4482-3

Matthias-W. Engelke
ZELT DER FRIEDENSMACHER
Die christliche Gemeinde
in Friedenstheologie und Friedensethik.
Norderstedt: BoD 2019 – ISBN: 978-3-7494-3645-3

IM SOLD DER SCHLÄCHTER
Texte zur Militärseelsorge im Hitlerkrieg
Hg. R. Schmid, Th. Nauerth, M.-W. Engelke, P. Bürger.
Norderstedt: BoD 2019 – ISBN: 978-3-7481-0172-7

John Dear
GEWALTFREI LEBEN
Aus dem Englischen von Ingrid von Heiseler,
herausgegeben von Thomas Nauerth.
Norderstedt: BoD 2019 – ISBN: 978-3-7494-5179-1

DIE SEELEN RÜSTEN
Zur Kritik der staatskirchlichen Militärseelsorge
Hg. R. Schmid, Th. Nauerth, M.-W. Engelke, P. Bürger.
Norderstedt: BoD 2019 – ISBN: 978-3-7494-6804-1

Peter Bürger
Oscar Romero, die synodale Kirche
und Abgründe des Klerikalismus
Zum 40. Todestag des Lebenszeugen aus El Salvador.
Norderstedt: BoD 2020 – ISBN: 978-3-7504-9377-3

Ullrich Hahn
Vom Lassen der Gewalt
Thesen, Texte, Theorien zu
Gewaltfreiem Handeln heute.
Herausgegeben von
Annette Nauerth & Thomas Nauerth.
Norderstedt: BoD 2020 – ISBN: 978-3-7519-4442-7

Wilhelm Wille
Sie sagen Friede, Friede …
Zwanzig Jahre Forum Friedensethik
in der Evangelischen Landeskirche in Baden (FFE).
Norderstedt: BoD 2020 – ISBN: 978-3-7526-2956-9

Thomas Nauerth /
Ökumenisches Institut für Friedenstheologie (Hg.)
Was ist Friedenstheologie ?
Ein Lesebuch.
Norderstedt: BoD 2020 – ISBN: 978-3-7526-4444-9

George Pattery S.J.
GANDHI ALS GLAUBENDER
Eine indisch-christliche Sichtweise
Aus dem Englischen von Ingrid von Heiseler.
Herausgegeben von Klaus Hagedorn & Thomas Nauerth.
Norderstedt: BoD 2021 – ISBN: 978-3-7557-0056-2

Ulrich Frey
AUF DEM WEG DER GERECHTIGKEIT UND DES FRIEDENS
Texte aus drei Jahrzehnten
Herausgegeben von Gottfried Orth.
Norderstedt: BoD 2022 – ISBN: 978-3-7543-8569-2

Thomas Nauerth / Annette M. Stroß (Hg.)
IN DEN SPIEGEL SCHAUEN
Friedenswissenschaftliche Perspektiven für das 21. Jahrhundert.
Ein Lesebuch mit Texten von Egon Spiegel.
Norderstedt: BoD 2022 – ISBN: 978-3-7562-2081-6

Jochen Vollmer
„FRIEDENSKIRCHE WERDEN – ANKOMMEN IM
POSTKONSTANTINISCHEN ZEITALTER".
Friedenstheologische Beiträge zur Entgiftung von Kirche und Glauben.
In Zusammenarbeit mit dem OekIF, hg. von Matthias-W. Engelke.
Norderstedt: BoD 2023 – ISBN: 978-3-7583-0420-0

Gottfried Orth (Hg.)
… DASS GERECHTIGKEIT UND FRIEDEN SICH KÜSSEN
Helmut Gollwitzer (1908-1993).
Norderstedt: BoD 2024 – ISBN: 978-3-7583-7214-8, 12,90 €

Alfred Hermann Fried:
GESCHICHTE DER FRIEDENSBEWEGUNG.
Eine Darstellung zum Pazifismus bis 1912.
(edition pace | Regal zur Geschichte des Pazifismus 1).
Norderstedt: BoD 2024.
(ISBN 978-3-7597-0334-7; Paperback; 256 Seiten; 10,90 Euro).

Ludwig Quidde:
ÜBER MILITARISMUS UND PAZIFISMUS.
Vier friedensbewegte Texte aus den Jahren 1893-1926.
(edition pace | Regal zur Geschichte des Pazifismus 2).
(ISBN 978-3-7597-0320-0; Paperback; 184 Seiten; 8,90 Euro).

Richard Barkeley:
DIE DEUTSCHE FRIEDENSBEWEGUNG 1870-1933.
Unveränderter Text der Darstellung von 1947 – Bibliographie.
(edition pace | Regal zur Geschichte des Pazifismus 3).
Norderstedt: BoD 2024.
(ISBN 978-3-7597-0405-4; Paperback; 156 Seiten; 8,90 Euro).

Eberhard Bürger:
FRIEDENSBEWEGUNGEN IN DER ÖKUMENE
UM DIE ZEIT DES ERSTEN WELTKRIEGS – EIN ÜBERBLICK
(edition pace | Regal zur Geschichte des Pazifismus 4).
Norderstedt: BoD 2024.
(ISBN 978-3-7597-0660-7; Paperback; 148 Seiten; 8,60 Euro)

Dieter Riesenberger:
DIE KATHOLISCHE FRIEDENSBEWEGUNG IN DER WEIMARER REPUBLIK.
Neuedition der Auflage von 1976.
Mit einem Vorwort von Walter Dirks und einem
Nachruf für Dieter Riesenberger von Helmut Donat.
(edition pace | Regal zur Geschichte des Pazifismus 5).
Norderstedt: BoD 2024.
(ISBN 978-3-7597-0649-2; Paperback, 368 Seiten; 14,90 Euro).

David Low Dodge:
KRIEG IST MIT DER RELIGION JESU CHRISTI UNVEREINBAR.
Eine pazifistische Pionierschrift aus dem Jahr 1812,
mit einer Einführung von Edwin D. Mead - aus dem Englischen
von Ingrid von Heiseler. (= edition pace / Regal: Geschichte
der Friedensbewegung). Norderstedt: BoD 2024.
(ISBN: 978-3-7597-3038-1; Paperback 168 Seiten; 8,90 Euro).

Johann von Bloch:
DIE WAHRSCHEINLICHEN POLITISCHEN UND WIRTSCHAFTLICHEN FOLGEN
EINES KRIEGES ZWISCHEN GROßMÄCHTEN.
Neuedition der Übersetzung von 1901 mit Begleittexten von B. Friedberg,
Manfred Sapper und Jürgen Scheffran. (= edition pace | Band 19 –
Regal: Pazifisten & Antimilitaristen aus jüdischen Familien 1). Norderstedt:
Bod 2024.
(ISBN: 978-3-7597-2313-0; Paperback; 176 Seiten; 9,90 Euro).

Gottfried Orth (Hg.)
ICH MÖCHTE ETWAS FÜR DEN FRIEDEN TUN …
Ernst Lange oder: Das Paradies könnte heute sein. edition pace
Norderstedt: BoD 2024 – ISBN: 978-3-7597-3070-1, 191 Seiten, 12,90 €

edition pace

Die hier fortgesetzte *edition pace*,
initiiert von Thomas Nauerth und Peter Bürger,
erschließt Quellentexte, Inspirationen & Forschungsbeiträge
zu folgenden Themenschwerpunkten:

Kultur der Gewaltfreiheit und des Friedens;
Persönlichkeiten, Spiritualität und Praxis
des gewaltfreien Widerstandes;
Friedenstheologie, Kritik der Kriegsreligion;
Kirchliche Friedenslehren und Geschichte des
religiös motivierten Pazifismus;
Ökumenische und interreligiöse Lernprozesse
in der Bewegung für Gerechtigkeit, Frieden und
Bewahrung der Schöpfung